LEXIQUE
SCIENCE POLITIQUE

TROISIÈME ÉDITION

PHILIPPE BOUDREAU
CLAUDE PERRON

Achetez
en ligne ou
en librairie
En tout temps,
simple et rapide!
www.cheneliere.ca

CHENELIÈRE
ÉDUCATION

Lexique de science politique
3e édition

Philippe Boudreau, Claude Perron

© 2011 Chenelière Éducation inc.
© 2006, 2002 Les Éditions de la Chenelière inc.

Conception éditoriale : Luc Tousignant
Édition : Frédéric Raguenez
Coordination : Josée Desjardins
Révision linguistique : Manon Leroux
Correction d'épreuves : Natacha Auclair
Conception graphique : Josée Bégin
Conception de la couverture : Alain Reno

Dans cet ouvrage, le masculin est utilisé comme représentant des deux sexes, sans discrimination à l'égard des hommes et des femmes, et dans le seul but d'alléger le texte.

Des marques de commerce sont mentionnées ou illustrées dans cet ouvrage. L'Éditeur tient à préciser qu'il n'a reçu aucun revenu ni avantage conséquemment à la présence de ces marques. Celles-ci sont reproduites à la demande des auteurs en vue d'appuyer le propos pédagogique ou scientifique de l'ouvrage.

**Catalogage avant publication
de Bibliothèque et Archives nationales du Québec
et Bibliothèque et Archives Canada**

Boudreau, Philippe, 1965-

    Lexique de science politique

    3e éd.

    Publ. antérieurement sous le titre : 350 mots clés de science politique. 1998.
    Comprend des réf. bibliogr.
    Pour les étudiants du niveau collégial.

    ISBN 978-2-7650-2982-3

    1. Science politique – Dictionnaires français. I. Perron, Claude, 1948- . II. Boudreau, Philippe, 1965- . 350 mots clés de science politique. III. Titre.

JA62.B74 2011   320.03   C2011-940336-6

5800, rue Saint-Denis, bureau 900
Montréal (Québec) H2S 3L5 Canada
Téléphone : 514 273-1066
Télécopieur : 514 276-0324 ou 1 800 814-0324
info@cheneliere.ca

ISBN 978-2-7650-2982-3

Dépôt légal : 2e trimestre 2011
Bibliothèque et Archives nationales du Québec
Bibliothèque et Archives Canada

Imprimé au Canada

3 4 5 6 M 18 17 16 15 14

Nous reconnaissons l'aide financière du gouvernement du Canada par l'entremise du Fonds du livre du Canada (FLC) pour nos activités d'édition.

Gouvernement du Québec – Programme de crédit d'impôt pour l'édition de livres – Gestion SODEC.

LEXIQUE DE
SCIENCE POLITIQUE

TROISIÈME ÉDITION

A vant-propos

Ce lexique vise à rendre accessible à des étudiants de niveau postsecondaire le vocabulaire de base de la science politique. Il s'appuie sur notre expérience de l'enseignement de cette discipline et sur des années d'expérimentation de versions antérieures du présent ouvrage. Tout ce travail passé nous incite à croire que l'une des clefs indispensables pour pénétrer l'univers politique est la compréhension des notions et concepts fondamentaux élaborés pour le décrire et l'expliquer. Que sont les concepts, sinon des tentatives de représenter schématiquement des pans entiers de la réalité observée qui, sans cet effort d'abstraction, resterait difficilement saisissable?

Si tous les politologues s'entendent sur le rôle crucial que joue la maîtrise de termes élémentaires de la science politique dans la compréhension des réalités examinées, force est de constater qu'à ce jour, en Amérique, peu de lexiques de langue française poursuivant cet objectif de vulgarisation ont été publiés. Bien souvent, les lexiques disponibles s'adaptent mal au contexte particulier des études postsecondaires en langue française au Canada. Ils sont centrés sur la France ou l'Europe et renvoient à un vocabulaire politique qui n'est pas toujours celui que l'on trouve ici; de surcroît, ils sont dispendieux. Le présent ouvrage prétend donc combler le besoin d'un lexique qui, tout à la fois, aborde les fondements de la science politique, convient à l'étude de la scène politique québécoise et canadienne, couvre la dimension internationale et est vendu à un prix abordable.

On notera que nous n'avons pas retenu un type uniforme de définitions. Certaines sont courtes et précises, alors que d'autres sont fouillées et demanderont plus d'une lecture. Par ailleurs, certaines définitions sont purement techniques, tandis que d'autres véhiculent, de toute évidence, un point de vue. Cette hétérogénéité renvoie à la nature même des termes et des concepts: ceux-ci peuvent avoir un caractère tantôt plus formel ou neutre, tantôt plus normatif.

Ceci nous amène à une dernière remarque. Certains pourront nous demander – et avec raison – pourquoi tel terme figure dans le lexique alors que tel autre en est absent. Ces entrées se sont imposées d'elles-mêmes, au fil des ans, en fonction des questions posées par les diverses cohortes d'étudiants. Cependant, nous avons tenu compte de nombreuses suggestions d'ajouts dans cette nouvelle édition et tenons à remercier toutes les personnes qui nous ont écrit.

Remerciements

Pour leur contribution à la réalisation de cet ouvrage et à celle des éditions précédentes, dont il est forcément tributaire, nous voulons remercier les nombreux étudiants qui, au fil des ans, par leurs questions et commentaires, nous auront amenés à développer sans cesse le lexique et, souvent, à revoir et à préciser certaines définitions. Il en est de même pour de nombreux collègues de diverses disciplines des sciences humaines, dont le regard critique nous a été des plus précieux. Nous tenons à souligner tout particulièrement l'apport professionnel de collègues politologues, soit Sébastien Despelteau du Cégep Marie-Victorin, Daniel Gauthier du Collège de Valleyfield, Laurier Millette du Cégep de Saint-Jérôme et Félix-Olivier Riendeau du Collège de Maisonneuve. Nous remercions également et tout spécialement Jean Murdock, du Cégep de Jonquière, pour sa collaboration indéfectible depuis les toutes premières éditions de nos ouvrages. Enfin, merci à Maryse Lauzon et à Céline Dumas pour leurs conseils judicieux et leur aide inestimable.

Philippe Boudreau, philippe.boudreau@collegeahuntsic.qc.ca

Claude Perron, clperron@videotron.ca

Abdication

▨ Au sens large, renonciation, démission, abandon. Dans une **monarchie,** décision du souverain, qu'elle soit volontaire ou forcée, de renoncer au pouvoir politique et aux privilèges qui y sont rattachés. Expression synonyme dans ce cas : abandon du trône.

Aborigène

▨ Synonyme d'**autochtone.** Contrairement à l'anglais *aboriginal*, le terme « aborigène » est surtout associé, en français, aux populations autochtones d'Australie.

Abrogation

▨ Action de supprimer une **loi** ou une partie d'une loi. En règle générale, ce pouvoir appartient à une **assemblée législative** (par exemple, **Parlement**).

▨ Invalidation d'une loi ou de dispositions d'une loi par un tribunal habilité à le faire (par exemple, Cour de cassation, Cour suprême, Cour d'appel), généralement sur la foi de son interprétation de la **Constitution** ou d'autres lois.

Absolutisme

▨ Système de **gouvernement** qui s'est développé en Europe à partir du XVIe siècle. Les **théories** absolutistes, souvent basées sur le **droit** divin, vont permettre de concentrer tous les pouvoirs (**législatif, exécutif** et **judiciaire**) entre les mains du roi, qui devient ainsi « empereur en son royaume » (Duverger, 1971, p. 454). La France, sous le règne de Louis XIV (ce dernier aurait déclaré : « l'État, c'est moi. »), représente un exemple classique de ce type de **régime** politique. Pratiquement tous les **États** d'Europe vont connaître ce mode de gouvernement entre le XVIe et le XVIIIe siècle.

L'absolutisme monarchique permettra d'assurer la **souveraineté** des royaumes face au pape, de renforcer l'autorité du roi au regard de celle des autres seigneurs et de mettre en place un appareil politique et administratif centralisé pouvant régir l'ensemble du territoire et la population. En ce sens, ce système de gouvernement préfigure l'État moderne.

Aujourd'hui, on qualifie d'absolutistes des **systèmes politiques** très différents, mais qui ont en commun l'exercice d'un pouvoir concentré qui n'est soumis à aucun contrôle.

≫ **despotisme, dictature, tyrannie**

Abstention

▨ Le fait de ne pas se prononcer, que ce soit durant un scrutin ou dans le cadre d'une assemblée délibérante. Ne signifie pas forcément que l'on n'a aucune opinion sur la question soumise au vote, ni que l'on se désintéresse du débat. Peut être pertinente lorsque aucune des options proposées ne semble satisfaisante, lorsqu'on n'a pas encore tout à fait arrêté son choix ou même lorsqu'on considère l'exercice de consultation comme étant futile et insignifiant.

Dans des élections (provinciales, fédérales, législatives, présidentielles, etc.), l'abstention consiste à ne pas se rendre aux urnes ; en pratique, elle correspond au refus de participer. Au Canada, le **taux de participation** aux élections fédérales est significativement en baisse depuis des décennies, passant d'une moyenne de 74,3 % durant la période 1930–1988 à une moyenne de 63,7 % durant la période 1993–2008 (il atteint un creux historique de 58,8 % le 14 octobre 2008). Un phénomène semblable, mais un peu plus récent, existe aussi au Québec, où le taux de participation aux élections provinciales est passé d'une moyenne de 78,2 % durant la période 1931–1998 à une moyenne de 66,4 % durant la période 2003–2008 (il atteint un creux historique de 57,4 % le 8 décembre 2008). Aux élections municipales, les taux de participation sont, sauf exception, encore plus faibles.

>> **cynisme**

Accommodement raisonnable

Issu de la jurisprudence, il s'agit d'une forme d'arrangement dont le but est d'assouplir l'application d'une norme ou d'une règle en faveur d'une personne qui serait menacée de discrimination en raison de particularités protégées par la loi, l'égalité entre les sexes ou la liberté religieuse par exemple. C'est dans le cadre d'une cause liée au monde du travail, en 1985, que cette notion est reconnue par la Cour suprême du Canada comme étant inhérente au droit à l'égalité.

Ainsi, dans un cadre raisonnable, c'est-à-dire respectant certaines contraintes financières et matérielles, ne devant pas porter atteinte aux droits d'autrui et ne devant pas nuire au bon fonctionnement d'une institution ou de la société, les accommodements visent désormais à contrer la discrimination qui pourrait être basée sur le sexe, la grossesse, l'âge, le handicap, la religion… Concrètement, ce sont les femmes et les handicapés qui, dans le monde du travail, ont le plus bénéficié de ces mesures d'inclusion.

Au Québec, depuis les années 2000, les accommodements raisonnables sont au cœur de débats publics parfois acrimonieux et sont souvent l'objet de **désinformation** et de **démagogie.** Selon une frange des médias et de l'opinion publique, des demandes d'accommodements « incessantes et déraisonnables » de la part de membres de minorités ethniques ou de communautés religieuses menacent « les valeurs et la culture québécoises », ce qui amène le gouvernement à mettre sur pied la Commission de consultation sur les pratiques d'accommodement reliées aux différences culturelles, mieux connue sous le nom de Commission Bouchard-Taylor. Au-delà des préjugés et des idées préconçues, ces accommodements, à tout le moins dans leur dimension religieuse, soulèvent des enjeux importants relatifs au **féminisme,** à la **laïcité,** de même qu'au vivre-ensemble et à l'intégration dans les sociétés pluriethniques.

>> **interculturalisme, multiculturalisme**

Accord

>> **convention, traité**

Accord de Charlottetown

▨ À Charlottetown, à l'Île-du-Prince-Édouard, en 1992, les représentants du gouvernement du Canada, des 10 provinces, des 2 territoires, des nations autochtones et des organisations métisses s'entendent et signent ledit accord. Il s'agit d'un ultime effort pour modifier la **Constitution** canadienne. Dans la foulée de l'échec de l'**Accord du lac Meech,** deux ans plus tôt, les tenants de cette nouvelle entente prétendaient qu'elle répondait aux exigences de l'ensemble des parties. Mentionnons, entre autres, les cinq demandes du Québec à l'époque de Meech, dont celle du statut de société distincte et une garantie que celui-ci se verrait allouer le quart des sièges à la **Chambre des communes** quel que soit son poids démographique au sein de la fédération ; les demandes des autres provinces concernant une éventuelle réforme du **Sénat** canadien, la révision du partage des **compétences législatives** entre les deux ordres de gouvernement et des limites du «pouvoir de dépenser» du gouvernement fédéral ; les demandes des **territoires,** qui voulaient obtenir le statut de provinces ; de même que les aspirations des nations autochtones concernant leur droit inhérent à l'autonomie gouvernementale. Le tout devait se faire sans remettre en question le rôle prépondérant du gouvernement fédéral, notamment dans les domaines de l'économie, du développement social et des disparités régionales. Complexe sur les plans politique et juridique, se prêtant à plusieurs interprétations souvent diamétralement opposées, sorte de fourretout selon ses détracteurs, l'accord est rejeté dans une proportion de 55 % (de 57 % au Québec) par la population canadienne lors du référendum tenu le 26 octobre 1992.

Accord du lac Meech

▨ Entente signée en juin 1987 à la résidence d'été du **premier ministre** du Canada par ce dernier et par les premiers ministres des 10 **provinces.** Parrainé par Brian Mulroney et Robert Bourassa (1933–1996), cet accord vise à modifier la **Loi constitutionnelle de 1982** que le Québec refuse toujours de ratifier.

L'accord, aussi nommé Meech-Langevin, respecte les cinq conditions minimales d'adhésion formelle du Québec à la **Constitution** canadienne, telles qu'elles ont été formulées par le gouvernement du Parti libéral du Québec, à savoir la reconnaissance du fait « que le Québec forme au sein du Canada une société distincte», des pouvoirs accrus en matière d'immigration, la nomination de trois des neuf juges de la Cour suprême fondée sur une liste de candidatures fournie par le Québec, un droit de retrait des programmes conjoints avec compensation financière et un droit de *veto* sur toute question constitutionnelle.

Devant être ratifié par les 11 **parlements** à l'intérieur d'un délai de trois ans, l'Accord du lac Meech devient caduc en 1990 à la suite de la non-ratification des **assemblées législatives** du Manitoba et de Terre-Neuve.

>> **asymétrique, fédéralisme, rapatriement, ROC**

Acte

▨ Texte qui consacre ou valide une situation sur le plan juridique. Dans ce sens, l'acte prend généralement la forme d'une loi et il correspond à une volonté, éventuellement démocratique, de régir une situation sur la base du droit.

▦ Dans le droit britannique et autrefois au Canada et au Québec, nom donné à un projet de loi (*bill*) une fois qu'il est adopté par un **parlement**. À titre d'exemples, mentionnons l'**Acte de Québec** (1774), l'**Acte constitutionnel** (1791) et l'**Acte de l'Amérique du Nord britannique** (1867).

Acte constitutionnel (1791)

▦ Loi de la **métropole** anglaise qui constitue le Haut et le Bas-Canada et les dote de nouvelles institutions politiques parlementaires de type britannique. Ainsi, chacune des deux entités se voit accorder une **Chambre** d'assemblée élue. Par contre, la Couronne nomme le gouverneur et les membres des Conseils exécutif et législatif de chacune des deux **colonies.** Ces derniers contrôlent le budget (les «subsides») et ils ont un droit de *veto* sur les décisions prises par les Chambres d'assemblée. « C'est là donner au peuple la parole mais pas nécessairement le pouvoir » (Mann Trofimenkoff, 1986, p. 73). L'assemblée élue a en effet le pouvoir **législatif,** mais c'est Londres et l'aristocratie coloniale qui contrôlent le pouvoir **exécutif,** le **gouvernement.** C'est dans ce contexte que va commencer la lutte pour l'obtention de la **responsabilité ministérielle,** pour une démocratie parlementaire réelle, lutte qui culmine avec les **Rébellions de 1837–1838** pour aboutir, en 1848, à l'octroi, par Londres, du statut de gouvernement responsable.

Acte d'Union (1840)

▦ En 1840, cette loi anglaise impose l'union des Haut et Bas-Canada (qui deviennent respectivement le Canada-Ouest et le Canada-Est). Cette nouvelle province appelée le Canada-Uni est dotée des **institutions** politiques de 1791 : un gouverneur, un Conseil exécutif et un Conseil législatif nommés par Londres, et une **Chambre** d'assemblée élue. Dans la foulée du rapport Durham, qui propose d'assimiler les Canadiens français, l'Acte d'Union fait de l'anglais la seule langue officielle de la **colonie.** Enfin, bien qu'il compte 200 000 habitants de plus, le Bas-Canada se voit attribuer un nombre de députés égal à celui du Haut-Canada. Les Canadiens français deviennent donc minoritaires à la Chambre d'assemblée, puisqu'aux députés canadiens-anglais du Haut-Canada s'ajoutent les députés canadiens-anglais représentant les circonscriptions anglophones du Bas-Canada.

Acte de l'Amérique du Nord britannique (1867)

▦ Devenu formellement, en 1982, la **Loi constitutionnelle de 1867.**
» **Loi constitutionnelle de 1982, statut de Westminster**

Acte de Québec (1774)

▦ En 1774, la Grande-Bretagne dote sa **colonie** française d'Amérique du Nord d'une nouvelle **Constitution,** qui annule la **Proclamation royale de 1763.** Il s'agit d'un revirement radical de la politique britannique à l'endroit de cette colonie. Le « Québec » d'alors est doté d'un territoire allant de l'Ohio et du Mississippi jusqu'au Labrador (reconstituant presque celui de la Nouvelle-France). Les lois civiles, la langue et les

institutions françaises sont rétablies, de même que le régime seigneurial, le libre exercice de la religion catholique et la dîme. Le serment du Test, datant de 1763, étant aboli, les Canadiens français ont désormais accès aux charges publiques, donc au Conseil législatif, dont les membres sont nommés par le gouverneur.

Cette politique de conciliation des Britanniques à l'égard des **élites** canadiennes-françaises, soit le clergé et les seigneurs, vise à faire du « Québec » un contrepoids aux 13 colonies américaines rebelles.

Acteur

▨ Notion centrale en science politique, l'acteur est celui qui agit, dans la société, sur la scène politique, en défendant des intérêts, des valeurs et des croyances, et en participant d'une façon ou d'une autre (par la parole, l'écriture ou l'action directe) à des débats ou, encore, à des **conflits** qui sont d'intérêt public. L'acteur est donc au cœur de la vie politique, il tente d'influencer la gouverne de la **Cité.** Il peut s'agir d'un individu (**citoyen, intellectuel,** politicien, etc.), d'un groupe organisé (**groupe de pression, parti** politique, etc.) ou d'une **institution** (clergé, armée, **gouvernement**). Dans l'actualité politique quotidienne, les exemples concrets d'acteurs politiques engagés dans des débats ou conflits sont légion. Les comportements et les attitudes des différents acteurs ou, encore, des différentes forces politiques sont un objet d'étude important de la **science politique.**

Activiste

▨ Personne qui se consacre à la défense d'une cause politique. Militant de façon intensive, l'activiste agit généralement au sein d'un groupe ou d'un parti marginal ou clandestin, et il ne rejette pas *a priori* le recours à des moyens d'action illégaux ou violents, comme l'action directe.

▨ Sous l'influence de l'anglais, le terme a connu un glissement de sens et veut plus ou moins dire, de nos jours, **militant.**

>> **cyberactiviste**

Administration publique

▨ Ensemble des **organismes** (sociétés, agences, régies, etc.) et du personnel au service de l'**État.** Les fonctionnaires sont chargés de la mise en application des **politiques,** sans intervention directe dans le processus de prise de décision. Selon leur place dans la hiérarchie administrative et la définition de leur tâche, les employés de l'État contribuent éventuellement au travail de conception des **lois** ou **règlements,** dont la responsabilité revient cependant aux autorités politiques (le **ministre** ou, en dernière instance, le **premier ministre** dans le cas du **régime parlementaire**).

▨ Domaine de la **science politique** dont la spécialité est l'étude des structures et des modes de fonctionnement de l'administration publique. On y étudie les **théories** et les phénomènes liés à la gestion des affaires publiques (l'effet des grandes politiques des **gouvernements,** les phénomènes de bureaucratie, etc.), de même que le **droit** administratif, les processus budgétaires, etc.

Afrikaner

Peuple blanc d'Afrique du Sud formé des descendants des colons d'origine hollandaise, allemande et française qui ont débarqué au XVIIᵉ siècle ou après. Ils étaient désignés autrefois par le terme « Boers » (paysans). Les Afrikaners constituent plus de la moitié de la population blanche sud-africaine, l'autre contingent de Blancs étant essentiellement composé de personnes d'origine britannique. C'est à la communauté afrikaner que l'on attribue la conception et l'installation du régime d'**apartheid** en Afrique du Sud.

Aide liée

En **relations internationales,** sorte d'assistance économique fournie – le plus souvent par une agence gouvernementale – à un **État,** à condition que celui-ci utilise l'aide aux fins et selon les modalités définies par le bailleur de fonds. L'aide liée « oblige le pays bénéficiaire à donner la préférence à l'achat de technologie ou de produits en provenance du ou des pays fournisseurs, qui peuvent ainsi voir refluer en sens inverse l'argent déboursé » (Commission française Justice et Paix, 1990, p. 300).

Ajournement

Suspension ou report d'un débat, d'un vote, d'une assemblée, d'une **séance parlementaire** ou d'une **session parlementaire** à une date ultérieure, déterminée ou non (dans ce dernier cas, on utilisera l'expression latine *sine die*).

Ajustement structurel

Terme générique employé pour désigner un train de mesures mises de l'avant par certaines institutions financières internationales (comme le **Fonds monétaire international (FMI)** et la **BIRD**) et imposées aux États afin de leur indiquer la façon de prendre en charge un problème d'endettement qui, dorénavant, les dépasse. Selon le *Dictionnaire critique de la globalisation* de Jacques B. Gélinas, les États signataires des programmes d'ajustement structurel doivent dévaluer la monnaie nationale pour favoriser l'exportation des produits de base (agricoles, miniers, forestiers, etc.) dans le but de générer des devises qui seront allouées par la suite au paiement de la dette. Toujours dans le but de transférer des capitaux aux créanciers, ils doivent réduire les dépenses publiques (dans des domaines comme l'éducation ou la santé) de même que réduire les subventions (notamment aux produits alimentaires). Enfin, ils doivent privatiser les entreprises et les services publics (énergie, transport, eau, etc.), supprimer les barrières douanières et laisser libre cours aux capitaux et à la concurrence étrangère.

Ces politiques, devant permettre aux pays visés de remplir leurs obligations au regard du **service de la dette,** provoquent néanmoins des problèmes internes mis en évidence par des soulèvements populaires. Par exemple, la « révolte du pain » en Tunisie (1984), les émeutes dites du « Caracazo » au Venezuela (1989), le mouvement des *piqueteros* en Argentine (2001), etc. Faisant le bilan de ces politiques, diverses études ont montré que, dans nombre de cas, les interventions du FMI ont aggravé les déficits plutôt qu'aidé à rétablir l'équilibre budgétaire.

>> **dette extérieure, néocolonialisme**

ALENA

- L'Accord de **libre-échange** nord-américain (ALENA), signé le 17 décembre 1992 et en vigueur depuis le 1er janvier 1994, est une entente entre le Canada, les États-Unis et le Mexique qui prévoit l'instauration progressive de la libre circulation des biens et des services entre les trois pays.

  L'ALENA reconduit un certain nombre d'ententes bilatérales entre le Canada et les États-Unis dans des domaines comme l'automobile, le textile, le vêtement et l'agriculture, ententes qui s'appliquaient déjà depuis la signature de l'accord de libre-échange canado-américain (ALE) le 1er janvier 1989. L'ALENA vise surtout la suppression des barrières tarifaires et autres entraves au commerce existant entre les trois pays, de façon à constituer une zone de libre-échange intégrée, comptant en 2010 près de 450 millions d'habitants et pouvant rivaliser avec d'autres grands ensembles économiques.

  >> **libéralisme économique, mondialisation, néolibéralisme, ZLEA**

Aliénation

- Au sens juridique, synonyme de transmission, de cession ou d'abandon d'un bien ou d'un droit.

- Au sens philosophique, transformation de l'homme (sujet actif) en chose (objet passif). L'individu aliéné est celui qui cesse de s'appartenir, qui perd sa **souveraineté** et qui devient l'esclave des choses, l'objet des **institutions.** Il peut s'agir, par exemple, d'aliénation religieuse (soumission au divin, à l'Église), d'aliénation économique (soumission au capital, au marché, à la production et à la consommation) ou, encore, d'aliénation politique (soumission au pouvoir de l'État ou à celui des appareils **technocratiques**). Synonymes : chosification et réification.

Alignement (ou aligné)

>> **non-alignement (ou non-aligné)**

Alliance

- De façon générale, peut désigner toute situation où il y a **coalition** entre deux ou plusieurs forces politiques pour faciliter l'atteinte d'un objectif commun. À titre d'exemples, mentionnons l'entente du 12 juin 1995 qui scelle l'alliance entre l'Action démocratique du Québec, le Bloc québécois et le Parti québécois en vue du référendum sur la souveraineté du 30 octobre 1995. Au niveau fédéral, on peut citer le projet avorté d'alliance parlementaire de décembre 2008 entre le Parti libéral du Canada, le Nouveau Parti démocratique et le Bloc québécois, visant à renverser le gouvernement conservateur de Stephen Harper.

Alliance militaire

- Désigne une union de plusieurs pays qui s'engagent, par un traité ou un pacte, à assurer collectivement leur sécurité et à se prêter mutuellement secours en cas de guerre. L'Organisation du traité de l'Atlantique Nord (**OTAN**), qui regroupe 28 pays, dont le Canada, est l'alliance militaire la plus puissante de la planète. Exemples d'autres alliances militaires : l'Union de l'Europe occidentale (UEO), le Conseil de coopération du Golfe (CCG) et l'ANZUS (regroupant l'Australie, la Nouvelle-Zélande et les États-Unis).

Altérité

▓ Du latin *alteritas*, différence. Contraire de l'**identité.** Caractère de ce qui est autre, étranger, différent de soi, voire opposé à soi. Si l'être humain arrive à dire «je» et à forger sa personnalité, il le fait dans une large mesure à travers son rapport à ceux qui l'entourent, en se définissant face à eux. Ainsi, l'identité et l'appartenance se construisent-elles dans le rapport à l'Autre, dont la découverte est nécessaire pour arriver à distinguer ce qui caractérise le «soi».

Ce qui est vrai de l'être humain comme individu l'est également des communautés, par exemple les nations. Dans ce sens, la notion d'altérité est utilisée par plusieurs auteurs traitant des rapports interculturels, interethniques ou internationaux. Ils montrent que l'Autre a souvent une fonction politique, car il joue un rôle constitutif dans l'identité des individus et des peuples. L'affirmation de l'identité d'une nation, par exemple, s'exerce constamment dans le rapport **dialectique** à l'Autre, dont elle veut à la fois se distinguer et, paradoxalement, obtenir la reconnaissance. Dans les débats sociaux et dans les relations internationales, ce rôle de l'altérité est parfois chargé d'une connotation plus conflictuelle, lorsque les **acteurs** s'en servent pour accroître les **antagonismes,** en polarisant les appartenances et en accusant l'Autre de divers maux. La conscience de ces enjeux liés à l'altérité est un préalable à la reconnaissance des identités nationales, au dialogue interculturel et à la coopération Nord-Sud.

Altermondialiste

▓ Qualifie des idées, des personnes ou des organisations qui rejettent le modèle économique dominant sur la planète, à savoir la **mondialisation** néolibérale, le **productivisme,** la recherche effrénée de profit, bref, le **capitalisme** (décrit comme inhumain et destructeur). Ces personnes et organisations mettent de l'avant des propositions dites alternatives qui, bien que souvent complémentaires, varient énormément d'un groupe – ou d'un individu – à l'autre. Toutes ces propositions appellent une autre mondialisation, celle-là à visage humain, axée sur l'un ou plusieurs des éléments suivants : développement durable, commerce équitable, démocratie participative, coopération et dialogue Nord-Sud, nouvel ordre économique international, réforme agraire, anti-impérialisme, respect de la diversité culturelle, socialisme du XXIe siècle, émancipation des femmes et des peuples, paix, solidarité, bien commun, etc.

» **forum social, globalisation, néolibéralisme**

Alternance

▓ Sur la scène politique, phénomène du passage répétitif du pouvoir d'un parti à un autre. Situation particulièrement courante dans les systèmes politiques où domine le bipartisme.

Dans certaines organisations (**syndicats, partis,** etc.), on peut faire de l'alternance un principe absolu, incontournable : les statuts et règlements prévoient alors l'obligation, pour un élu, de quitter son poste après un nombre déterminé d'années ou de **mandats.**

Ce principe existe également sous d'autres formes. Par exemple, l'alternance d'un anglophone et d'un francophone au poste de **gouverneur général** depuis 1952, l'alternance d'un homme et d'une femme au microphone dans les assemblées délibérantes de certaines organisations.

Ambassade

Délégation officielle et permanente d'un État dans un pays étranger. L'ambassade a comme mission de représenter les intérêts de cet État dans le pays hôte. Le terme désigne bien sûr le lieu où se trouvent les bureaux de l'ambassadeur, celui qui détient le rang le plus élevé dans la hiérarchie diplomatique, mais aussi et surtout, il s'agit au sens large de l'ensemble du personnel et des services liés à cette mission de représentation. Celle-ci consiste, entre autres, à protéger les intérêts, et au besoin, les ressortissants nationaux du pays représenté, à recueillir de l'information, à développer des relations profitables sur différents plans (diplomatique, économique, scientifique, culturel) et à conduire des négociations à cette fin.

Amendement

Modification apportée au contenu d'une **motion,** d'une **loi,** d'un **règlement** ou d'une proposition.

Amnistie

Prérogative des autorités publiques qui permet l'annulation officielle d'une condamnation. Pardon légal.

Anarchie

Ce terme peut avoir deux sens complètement opposés.

Selon certains, l'anarchie, synonyme de confusion, de désordre, voire de chaos, serait le résultat d'une absence d'autorité ou, encore, la conséquence de l'impuissance des pouvoirs publics à faire respecter la loi et l'ordre. Situation découlant de la disparition ou de la destruction de l'État, dans un pays donné.

>> **État en déliquescence, implosion**

Pour d'autres, les anarchistes, il s'agirait tout au contraire d'un « état sociétaire harmonieux résultant naturellement de la suppression de tout appareil gouvernemental » (Proudhon, dans Grawitz, 1994, p. 17).

>> **anarchisme**

Anarchisme

Théorie et mouvement **révolutionnaires** nés au XIXe siècle. Proches des mouvements ouvrier et socialiste, opposés à toute forme d'**oppression** sociale et à toute autorité pouvant contraindre la liberté des individus, les théoriciens anarchistes comme Pierre Joseph Proudhon (1809–1865) et Mikhaïl Bakounine (1814–1876) proposent une nouvelle société, sans État ou gouvernement et sans droit à la propriété privée, fondée sur l'union libre d'associations autogestionnaires où régnerait une harmonie naturelle.

>> **anarchie, autogestion, libertaire**

Antagonisme

État d'opposition entre deux forces, deux principes ou, encore, deux tendances.

>> **conflit, polarisation**

Antisémitisme

Haine à l'égard des Juifs. Le terme « sémite » désigne des peuples de l'Asie occidentale ayant en commun des langues ou des dialectes semblables, dits sémitiques : Juifs, Arabes, etc.

Ce sentiment raciste connaît son apogée lors de la Seconde Guerre mondiale, quand l'Allemagne nazie orchestre la Shoah, ou l'**Holocauste,** et se rend responsable – avec ses alliés – de la mort d'environ six millions de Juifs.

>> **nazisme, racisme, xénophobie**

Apartheid

Mot d'origine **afrikaner** qui signifie « développement séparé des races ». Système **raciste** mis en place par la communauté blanche d'Afrique du Sud, minoritaire, et visant à assurer sa domination sur les populations non blanches du pays, majoritaires. Bien que la mise en œuvre de politiques de ségrégation raciale dans ce pays remonte au moins au XIXe siècle, on situe habituellement la naissance formelle du régime de l'apartheid en 1948, date de l'arrivée au pouvoir du National Party, son principal artisan.

Les principaux piliers juridiques sur lesquels repose le système de ségrégation raciale, au XXe siècle, sont le Natives Land Act (1913), qui confisque aux autochtones 87 % du territoire sud-africain, ne leur laissant le droit de jouir que de l'équivalent de 13 % de la superficie du pays, le Population Registration Act (1950), qui classifie toutes les personnes selon leur « **race** » et leur groupe ethnique, et le Group Areas Act (1949), qui assigne aux non-Blancs une zone de résidence bien précise.

L'apartheid prend officiellement fin en 1994, date de l'accession au pouvoir du Congrès national africain (ANC) dirigé par Nelson Mandela, à la suite d'élections libres et démocratiques.

Apatride

Qui est sans patrie. Qui a perdu sa **nationalité.** Cette éventualité peut se présenter au moment de la disparition d'un **État** ou dans d'autres circonstances dramatiques. Par exemple, la création unilatérale de l'État d'Israël, en 1948, a créé d'un seul coup plusieurs centaines de milliers de Palestiniens apatrides. Autre possibilité : un individu n'est admissible à aucune nationalité, tant en vertu des **lois** de l'État dans lequel il est né que de celles de tout autre État vers lequel il voudrait se tourner pour revendiquer sa nationalité.

APEC

Asia Pacific Economic Cooperation. Organisation régionale réunissant une vingtaine de pays situés sur trois continents (Amérique, Asie, Océanie) et dont le territoire donne – dans la plupart des cas – sur l'océan Pacifique. La grande majorité d'entre eux sont des pays développés (Australie, Canada, États-Unis, Japon, Nouvelle-Zélande) ou de **nouveaux pays industrialisés** (Chili, Chine, Corée du Sud, Fédération de Malaisie, Mexique, Singapour, Taiwan, Thaïlande). Le but de l'APEC est de développer les échanges économiques entre ses membres et, éventuellement, de créer d'ici 2020 une zone de libre-échange couvrant la région.

Apolitique

Peut qualifier une attitude individuelle d'indifférence à l'égard de la vie politique, forme dite passive (Nay, 2008, p. 118) : ne pas lire les journaux, ne pas écouter les informations, se tenir en dehors des conflits qui concernent l'ensemble de la société, n'afficher aucune opinion, refuser de prendre position, ne pas voter, etc. Le manque de compétence politique ou le repli des citoyens sur leur vie privée peuvent être à l'origine de ce type d'apolitisme, lequel, par ailleurs, peut être encouragé par des autorités qui préfèrent gouverner une population passive.

Le terme peut aussi qualifier une conception de la société (et donc une prise de position politique) véhiculée par certains acteurs politiques (forme active, toujours selon Nay), qui nie l'existence d'intérêts conflictuels ou de clivages sociaux et qui prône des approches et des solutions techniques ou comptables aux problèmes sociaux ou, encore, qui prétendent pouvoir gouverner au nom de tous, en fonction des « intérêts supérieurs de la nation » ou sur la base de tout autre argument d'autorité.

Enfin, certains qualifient d'apolitique l'attitude d'organisations à caractère social (syndicat, groupe d'intérêt, **ONG, organisme gouvernemental**) voulant ou devant garder leur indépendance par rapport aux partis politiques et qui refusent donc d'être associées à ceux-ci. Dans ce cas, il serait toutefois plus juste de qualifier cette position de « non partisane ».

» *gomperism*, **technocrate**

Apparatchik

Mot d'origine russe qui servait à désigner, jusqu'en 1991, un membre de l'appareil de direction du régime, c'est-à-dire une personne qui contrôlait, avec d'autres, le Parti communiste d'Union soviétique et, par le fait même, l'État soviétique. Par extension, le terme est employé encore aujourd'hui pour désigner, dans d'autres pays, des personnes qui, parmi la classe politique ou dans les organisations, occupent depuis longtemps un poste de contrôle et de pouvoir.

Appel nominal

>> **vote par appel nominal**

Arbitrage

▨ Mode de règlement de conflits où l'on recourt à une ou à plusieurs personnes (arbitres), ou encore à une **institution** créée à cette fin (tribunal d'arbitrage), choisies ou acceptées par les parties prenantes au litige. Sur le plan international, il s'agit d'une procédure de règlement pacifique des conflits, encadrée par le droit public international et des institutions spécifiques (par exemple, la Cour internationale de justice) ou créées dans le cadre d'accords internationaux (comme c'est le cas pour l'**ALENA**). L'arbitrage existe aussi sur le plan national comme moyen de résoudre des conflits sociaux ou syndicaux. Dans ce dernier cas, au Québec, par exemple, il s'agit d'une procédure facultative clairement encadrée par les lois sur le travail.

▨ Le terme peut aussi désigner le règlement lui-même, ou la sentence dans le cas d'un tribunal (règlement ou sentence que l'on qualifiera alors d'arbitral).

Aristocratie

▨ Du grec *aristoi*, les meilleurs, et *kratos*, pouvoir. Dans l'Antiquité, ce terme pouvait désigner soit un groupe prédominant de la société, soit un **régime** politique où le pouvoir était contrôlé, généralement sur une base héréditaire, par un nombre restreint de personnes (par opposition à la monarchie, gouvernement par un seul, et à la démocratie, gouvernement par l'ensemble du peuple).

En France, sous l'Ancien Régime, le même terme, synonyme de **noblesse,** désignait un des trois ordres (les deux autres étant le clergé et le **tiers état**).

Par extension, de nos jours, le terme peut servir à désigner ceux qui, dans un groupe social, occupent une position privilégiée en raison de leur fortune, de leur origine sociale, etc.

>> **élite, oligarchie**

Armes de destruction massive

▨ Armes conçues pour tuer un très grand nombre de personnes ou pour causer des dégâts matériels importants et durables aux infrastructures ou à l'environnement. Elles peuvent être de nature radiologique, nucléaire, bactériologique ou chimique (RNBC). Compte tenu de leur grande puissance de frappe et de leur rayon d'action étendu, elles sont difficiles à contrôler et donc non sélectives, atteignant des cibles militaires autant que civiles.

Utilisées exceptionnellement jusqu'à maintenant (gaz moutarde lors de la Première et de la Seconde Guerre mondiale, bombe H sur Hiroshima et Nagasaki en 1945 et gaz sarin lors de la guerre entre l'Iran et l'Irak en 1980–1988), les armes de destruction massive ont toutefois causé moins de destruction que les armes conventionnelles au cours du xxe siècle. Principalement dissuasives, elles restent, dans le cas des armes biologiques et chimiques surtout, relativement accessibles (faciles à produire, peu coûteuses, efficaces, faciles à déplacer et difficiles à détecter) et donc «attrayantes».

Au plan **stratégique,** elles peuvent permettre à des **puissances** de moindre envergure, à des États dits « voyous » ou à des groupes terroristes, par exemple, de contrer la nette supériorité des grandes puissances au plan des forces conventionnelles.

Objets de traités internationaux (Traité de non-prolifération de 1970, Convention sur les armes biologiques de 1975 et Convention sur les armes chimiques de 1992), les armes de destruction massive sont une réalité et une préoccupation incontournables dans le cadre des **relations internationales.**

» **dissuasion**

Arrêté

▨ En **régime parlementaire,** décision administrative ou réglementaire prise par un **ministre** (arrêté ministériel) ou par le **Conseil des ministres** (arrêté en Conseil).

Asile

▨ Refuge accordé à un étranger. Plusieurs pays de la planète offrent l'asile à certains immigrants ou **réfugiés** ; cela consiste à les accueillir et à leur donner la possibilité de s'installer parce qu'ils sont victimes de persécution ou pourchassés dans leur pays d'origine.

▨ Droit d'asile : selon *Le Petit Robert*, « **immunité** en vertu de laquelle une autorité peut offrir l'accès d'un lieu à une personne poursuivie et l'interdire à ses poursuivants ».

Assemblée constituante

▨ Assemblée politique ayant pour tâche d'élaborer une **constitution.** En principe, une telle assemblée est conçue et organisée de telle sorte que tous les secteurs et toutes les tendances que l'on trouve au sein de la société soient démocratiquement représentés. Synonyme : Constituante.

Assemblée législative

▨ Au sens large, désigne une **institution** titulaire du pouvoir **législatif.**

▨ De façon plus précise, l'expression peut aussi désigner une **chambre** spécifique ; c'est le cas pour six **provinces** canadiennes (*Legislative Assembly*, en anglais), tout comme c'était le cas au Québec jusqu'en 1968, lorsque la Chambre a pris le nom d'**Assemblée nationale.**

Assemblée nationale

▨ Nom donné à l'**Assemblée législative** de certains **États,** à l'instar de ce qui s'est fait dans la France révolutionnaire de 1789.

▨ Nom donné à la **chambre** du **Parlement** du Québec depuis 1968. L'Assemblée nationale du Québec est le siège des pouvoirs **législatif** et **exécutif.** Elle est composée de 125 **députés** représentant la population d'autant de **circonscriptions électorales.** Les députés, des candidats représentant généralement un **parti** politique, sont élus au **suffrage** universel direct au moyen d'un **mode de scrutin** majoritaire uninominal à un seul tour. C'est le **premier ministre** qui choisit la date des élections (générales ou partielles). Toutefois, la **Constitution** prévoit que le **mandat** de l'Assemblée nationale ne peut dépasser cinq ans. Institution politique d'importance capitale où, en principe, sont débattus, amendés et votés les projets de **loi** et où le **gouvernement** doit répondre de la direction des affaires publiques.

On constate de nos jours un déplacement des pouvoirs vers le **Conseil des ministres,** voire vers le premier ministre, au point où d'aucuns parlent de crise du **régime.** Ce phénomène peut s'expliquer par le fait qu'au Québec, le gouvernement est pratiquement toujours majoritaire, que les députés sont liés par la discipline de parti et que l'ascendant des **technocrates** sur la classe politique est de plus en plus important.

Asymétrique (fédéralisme)

Terme employé par opposition au fédéralisme symétrique, dont le modèle est une **fédération d'États** dans laquelle toutes les entités fédérées sont traitées uniformément et sont donc parfaitement égales entre elles. Au Canada, le fédéralisme asymétrique est une conception des relations fédérales-provinciales qui s'est construite sur le rejet de l'idée que les 10 provinces étaient des entités équivalentes et, par conséquent, devaient avoir exactement les mêmes droits ou pouvoirs.

Idée chère aux partisans d'une réforme majeure de la fédération canadienne, très présents au Québec mais peu nombreux dans le *Rest of Canada* (**ROC**), le fédéralisme asymétrique est parfois conçu comme une solution de rechange à la souveraineté du Québec, solution préservant l'unité canadienne. Dans le cadre des négociations entre Ottawa et les provinces, il met de l'avant un traitement distinct pour le Québec, non seulement à cause de sa spécificité nationale, mais aussi pour protéger les domaines qui sont de sa **compétence législative.** En effet, le Québec a développé de lui-même, selon ses propres critères – et souvent avant Ottawa –, tout un attirail de mesures gouvernementales et de programmes sociaux (prêts et bourses, réseau universel de garderies, formation de la main-d'œuvre, congés parentaux, accueil et insertion des immigrants, etc.) dont il souhaite conserver la pleine gestion.

En rejetant les normes pancanadiennes qu'Ottawa tente d'imposer aux provinces, ainsi que l'ingérence du gouvernement fédéral dans les champs d'autonomie provinciale jalousement gardés, la formule du fédéralisme asymétrique reflète une situation qui, au Québec, existe déjà *de facto*, mais porte aussi l'espoir qu'il est possible de transformer la constitution canadienne pour que, d'une part, elle traduise des rapports entre les **peuples** (plutôt qu'entre 10 provinces égales) et que, d'autre part, elle consacre clairement les pouvoirs et les institutions qui définissent ces spécificités nationales. Synonymes approximatifs : fédéralisme flexible, fédéralisme à géométrie variable et fédéralisme d'ouverture.

>> **Accord de Charlottetown, Accord du lac Meech**

Autarcie

Situation d'un **État** qui se suffit absolument à lui-même et qui a donc complètement coupé ses échanges économiques avec l'extérieur. Depuis quelques siècles, cette éventualité semble relever de l'**utopie** : aucun État ne l'a parachevée durant les **temps modernes,** même si plusieurs ont essayé. Forme ultime du **protectionnisme.** Synonyme : économie fermée.

Autochtone

Au sens large, qualifie tout ce qui est originaire du territoire dont on parle. Il peut s'agir, par exemple, d'espèces végétales ou animales ou, encore, de produits quelconques. Synonymes : local, régional, spécifique, vernaculaire, etc.

Dans un sens plus précis, des **peuples** ou **nations** sont dits autochtones lorsqu'ils sont originaires, par voie ancestrale, de la région qu'ils habitent et qu'ils n'y sont donc pas venus par « immigration ». C'est le cas, par exemple, des Maoris en Nouvelle-Zélande, des Incas au Pérou et des Innus au Québec. Synonymes : **aborigène,** indigène.

Au Canada, l'article 35 de la **Loi constitutionnelle de 1982** confirme des droits existants aux peuples autochtones, notion qui selon les termes de la loi, comprend « les Indiens, les Inuits et les Métis du Canada ».

Autodétermination

Capacité de décider pour soi, d'adopter librement sa ligne de conduite. Aptitude d'un **acteur** à déterminer ce qui est souhaitable pour lui, à choisir parmi différentes options celle qui lui convient le mieux. Par exemple, en vertu du droit des peuples à l'autodétermination, c'est aux Québécois qu'il appartient de décider s'ils veulent que le Québec devienne un État **souverain** ou qu'il continue de faire partie de la fédération canadienne.

Autogestion

Principe selon lequel l'ensemble des personnes concernées contrôle une entreprise ou une organisation. Par exemple, en appliquant ce principe dans un cégep, les étudiants, les employés et les enseignants contrôleraient directement, ou par l'intermédiaire de représentants élus, le fonctionnement, la gestion et la direction de l'institution. Au sein d'une certaine tendance du mouvement socialiste, chez les anarchistes tels que Pierre Joseph Proudhon (1809–1865) et Mikhaïl Bakounine (1814–1876), comme pour une partie du mouvement syndical, le principe de l'autogestion a été perçu comme une troisième voie entre le **capitalisme,** où l'entreprise est sous le contrôle des propriétaires, et le **communisme,** lequel prône la centralisation des pouvoirs dans les mains de l'État.

L'autogestion se distingue de la cogestion, qui est un mode d'organisation reposant sur une administration conjointe de l'entreprise par les travailleurs et les propriétaires.

>> **anarchisme, écologisme**

Autonomie

Capacité de décider et de fonctionner seul, de s'administrer soi-même. Souvent employé pour décrire la distance séparant un acteur donné de l'**État** – ou, encore, un organisme public ou parapublic du **gouvernement,** au sens strict. Par exemple, plusieurs personnes et organismes estiment que les projets de loi sur la **gouvernance** des cégeps et universités, mis de l'avant par le ministère de l'Éducation, remettent en question l'autonomie dont jouissent ces établissements, en les soumettant davantage aux modèles gestionnaires en vogue dans le privé et au gouvernement, plutôt que de les laisser s'administrer eux-mêmes en prenant appui sur les forces vives qui les constituent (la population étudiante, les professeurs et les autres personnels).

À distinguer de l'**indépendance,** qui réfère à une séparation complète (par exemple, l'indépendance du système judiciaire au regard du pouvoir politique).

>> **autogestion**

En **relations internationales,** statut intermédiaire donné à une entité que l'on considère ni indépendante ni complètement fondue dans l'État dont elle fait partie. Par exemple, le Kosovo, république yougoslave autonome.

>> **décentralisation**

Autoritaire

Au sens large, dominateur, intolérant, intransigeant.

En **science politique,** qualifie un **régime** où les dirigeants ont tendance à contrôler le **pouvoir** sans partage. Il y a souvent **cooptation** (sous différentes formes), les décisions sont prises en cercle fermé et les dirigeants évitent de rendre compte de leurs actes à la **société civile.** Un tel type de régime a tendance à restreindre l'exercice des droits, comme le droit à l'information (contrôle de l'information, secret ou censure), et à réprimer les libertés, comme les libertés d'opinion, de presse, d'association, de manifestation, etc. Il y a donc forcément méfiance à l'égard du **pluralisme** politique, voire **intolérance** et, selon le cas, les dirigeants feront usage de la force et de la **coercition** pour maintenir leur pouvoir sur l'ensemble de la société.

>> **absolutisme, despotisme, dictature, tyrannie**

Autorité

Selon le contexte, le terme peut désigner le fait ou le droit d'exercer un **pouvoir** (« La direction de l'école a l'autorité de… »), le statut attribué à une personne ou à une **institution** (« La direction représente l'autorité au sein de l'école… ») ou le ou les titulaires du pouvoir (« Les autorités de l'école, soit la direction, ont décidé… »). Au sens large, il peut s'agir de l'ascendant ou de l'influence d'un individu ou d'un groupe sur un autre individu ou un autre groupe. Plus ou moins synonyme de pouvoir, la notion d'autorité peut toutefois sous-entendre qu'il s'agit d'un type de relation empreinte d'une certaine **légitimité,** donc basée sur des valeurs ou des règles acceptées.

Avant-garde

Individus ou groupes qui font office de précurseurs, c'est-à-dire qui sont l'incarnation même du progrès, du plus récent développement, de l'ultime percée dans leur domaine d'activité (littérature, arts visuels, musique, science, idéologie, action sociale, etc.). Par son influence et son rayonnement, l'avant-garde est censée contribuer à l'avancement général de la pensée, de la création, de l'activité dans un secteur donné.

- Selon Vladimir Illitch Lénine (1870–1824), au sein du Parti (communiste), groupe d'individus qui ont les attributs nécessaires pour être la «conscience éclairée» de l'organisation et pour guider la classe ouvrière dans sa marche vers la prise du pouvoir politique, puis l'instauration du **socialisme.**

>> **centralisme démocratique**

Ayatollah

- Au sommet de la hiérarchie du clergé **chiite,** on trouve les *mojtahed*, experts en droit religieux et docteurs de la foi, qui ont la capacité de livrer une interprétation des textes sacrés et de prononcer des décrets religieux (*fatwas*). Un ayatollah est un *mojtahed* de haut rang, particulièrement savant, qui assume le rôle de guide spirituel.

  En Iran, dans la foulée de la Révolution islamique de 1979, la constitution de la République islamique confère aux ayatollahs une place prépondérante dans les institutions politiques du pays, notamment dans le Conseil de la révolution. Ceux-ci sont à la tête de l'État iranien.

>> **théocratie**

*B*ackbencher

- En **régime parlementaire** de type britannique, membre d'une **assemblée législative** qui n'occupe aucune autre fonction (**ministre,** adjoint parlementaire, leader parlementaire, etc.) que celle de **député,** et dont le siège est généralement situé à l'arrière de ceux qui sont attribués aux ministres ou aux dirigeants des partis de l'**opposition.** En français, on utilise parfois l'expression «député d'arrière-ban» (ou d'arrière-banc).

Backlash

- Expression d'origine américaine qu'on utilise pour désigner le «contrecoup», le «choc en retour» ou, encore, un «effet de rétroaction», soit les conséquences ou les effets (souvent imprévus) qui peuvent découler d'un événement, d'un changement, d'une décision ou de l'application d'une **politique.** Les récents attentats terroristes en Espagne (2004) et au Royaume-Uni (2005), attentats revendiqués par des islamistes, pourraient être des manifestations de ce phénomène en réponse à la politique d'intervention militaire du gouvernement de ces pays en Irak. Dans un autre registre, l'augmentation des taxes sur les produits et services (TPS, TVQ, etc.) peut, par exemple, favoriser le «travail au noir», donc faire perdre des revenus à l'**État,** de la même façon que l'augmentation du salaire minimum peut mener à des mises à pied dans des petites entreprises, qui deviennent moins «concurrentielles», et ainsi défavoriser les personnes qui auraient dû en bénéficier.

Bâillon

En **régime parlementaire** de type britannique, mesure qui permet au **gouvernement** de suspendre les règles et procédures de l'**Assemblée législative,** donc de museler l'**opposition** en limitant radicalement le temps d'intervention alloué aux **groupes parlementaires** pour débattre d'un ou de plusieurs projets de **loi.** Synonyme : guillotine parlementaire.

>> **prorogation du Parlement**

Balance commerciale

La balance commerciale d'un pays indique la différence entre la valeur de ses exportations de marchandises et la valeur de ses importations de marchandises au cours d'une période donnée. Si, par exemple, la somme des stocks (en dollars) qu'il vend à l'étranger est supérieure à la somme des stocks qu'il achète aux autres pays, le solde de la balance commerciale sera positif. À l'inverse, la balance sera déficitaire si la valeur des biens importés dépasse celle des biens exportés.

Balance des paiements

La balance des paiements fait le compte de toutes les opérations économiques (flux) menées par un pays avec l'étranger, au cours de la période étudiée. Font partie de ce compte la **balance commerciale** ainsi que le solde des opérations sur les services, les transferts, la balance des capitaux, etc.

Balance du pouvoir

Expression qui décrit une situation propre au **régime parlementaire,** situation qui se produit quand aucun des grands partis politiques n'a la majorité absolue des **sièges** à l'**Assemblée législative** et qu'un parti politique, généralement de moindre importance, détient un nombre suffisant de sièges pour permettre à l'un des grands partis d'atteindre cette majorité. Le choix d'alliance ou de coalition de ce **tiers parti** déterminera lequel des grands partis exercera le pouvoir.

Balkanisation

Expression dérivée des Balkans, nom d'une péninsule située à l'extrémité sud-est de l'Europe. Terme apparu dans les milieux diplomatiques et chez les spécialistes en relations internationales pour désigner le processus conduit il y a un siècle par de grandes puissances mondiales à l'égard de certaines possessions européennes (Albanie, Bulgarie, Grèce, Roumanie, Yougoslavie, etc.) de l'Empire ottoman et de l'Empire austro-hongrois, au moment de leur effondrement ou peu avant. Ces territoires, les Balkans, font alors l'objet d'un découpage sur une base ethnique, découpage devant en principe sauvegarder les identités nationales, mais dont le but plus ou moins avoué est d'affaiblir l'ensemble de la région tout en préservant l'**hégémonie** de la Russie, de la France et de la Grande-Bretagne.

▦ Au sens large, morcellement d'une entité politique (État unitaire, fédération, confédération) en une multitude de fragments.

» **partition**

Ballotage

▦ Phénomène propre aux élections à plusieurs tours, comme les présidentielles en France. Situation dans laquelle se retrouvent les candidats n'ayant pas obtenu, à l'issue du premier tour de scrutin, le seuil requis de voix pour être élus (par exemple, 50 % + 1) et qui devront donc se soumettre à un second tour de scrutin afin de déterminer qui sera vainqueur. Cette période qui sépare les deux tours d'une élection peut donner lieu à des tractations entre les formations politiques, en vue du report des voix d'un candidat moins populaire au profit d'un candidat ayant de meilleures chances de l'emporter. Une situation de ballotage peut se produire dans le cas des courses à la chefferie des partis politiques canadiens et québécois si plus de deux candidats sont en lice, et qu'aucun n'obtient la majorité absolue au premier tour, comme ce fut le cas pour le Parti libéral du Canada en 2006, alors que huit candidats aspiraient à la direction du parti.

Bandoeng (ou Bandung)

▦ Importante ville d'Indonésie située sur l'île de Java, non loin de Jakarta, la capitale. Bandoeng accueille, en 1955, la première conférence des chefs d'État des pays non-alignés, événement qui symbolise l'éveil politique des peuples du **tiers-monde** aux réalités de l'hégémonie des **États** impérialistes occidentaux et développés (États-Unis, URSS, France, Grande-Bretagne, etc.). Parmi les 29 États représentés à cette conférence afro-asiatique, il y a l'Indonésie, les Philippines, la Birmanie (Myanmar), la Chine, l'Inde, le Pakistan, l'Irak, l'Iran, la Libye, l'Éthiopie et le Soudan.

Au-delà du rejet des deux blocs issus de la **guerre froide,** la conférence traduit une remarquable prise de conscience du poids des États « non blancs » par rapport à celui des puissances impérialistes. Bandoeng donne un nouveau souffle au processus de rupture du lien colonial entre les territoires d'Afrique et les métropoles européennes, dénonce la **discrimination** raciale (**apartheid** en Afrique du Sud, **sionisme** en Palestine) et relance l'enjeu de la lutte contre le sous-développement.

» **autodétermination, décolonisation, non-alignement**

Banque mondiale

» **BIRD**

Bicaméralisme (ou bicamérisme)

▦ Caractéristique de certains **parlements** composés de deux **chambres.** C'est le cas, entre autres, du Parlement canadien (**Chambre des communes** et **Sénat**), du Congrès des États-Unis d'Amérique (**Chambre** des représentants et chambre du Sénat) et de l'**Assemblée législative** de Russie (Conseil de la fédération et Douma).

░ Conception selon laquelle les finalités du pouvoir législatif sont mieux servies lorsque ce pouvoir est divisé en deux chambres se faisant contrepoids.

Bidonville

░ «Agglomération d'abris de fortune» (*Le Petit Robert*) à la périphérie de certaines villes. Conséquence d'une urbanisation rapide et non contrôlée, ce phénomène atteint des proportions très importantes dans les pays du **tiers-monde.** Des dizaines, voire des centaines de milliers de personnes, installées illégalement et sans travail régulier, y vivent dans des conditions insalubres, sans eau courante ni électricité, sans système de récupération des déchets. Les favelas de Rio, au Brésil, les *townships* en Afrique du Sud ou encore les *bustees* de Calcutta (Inde) sont parmi les exemples qui ont été les plus médiatisés.

Bien commun

░ Notion à laquelle plusieurs **discours** politiques font référence. Il serait sans doute plus juste de mettre l'expression au pluriel, car en fonction des valeurs et des finalités qui le définissent, plusieurs conceptions du bien commun sont possibles.

Pour sa part, Ricardo Petrella en donne la définition qui suit, résolument **progressiste** : «L'objet du bien commun est la richesse commune, à savoir l'ensemble des principes, des règles, des institutions et des moyens qui permettent de promouvoir et de garantir l'existence de tous les membres d'une communauté humaine. Sur le plan immatériel, l'un des éléments du bien commun est constitué par le triptyque reconnaissance-respect-tolérance dans les relations avec l'autre. Sur le plan matériel, le bien commun se structure autour du droit à l'accès juste pour tous à l'alimentation, au logement, à l'énergie, à l'éducation, à la santé, à l'information, à la démocratie et à l'expression artistique» (Petrella, 1998, p. 13).

Ainsi défini, le bien commun ne peut être conçu de façon à justifier l'**intolérance,** les inégalités, les injustices ou le recours à des mesures de répression ou d'austérité. Dans ce sens, on invoquera plutôt «les intérêts supérieurs de la nation» qui font tantôt appel à la pureté de la «**race**», tantôt à l'intégrisme religieux, ou, encore, au maintien de la loi et de l'ordre, voire à l'équilibre financier des budgets de l'État.

Bilatéral

░ Qui implique deux **acteurs,** deux parties. En relations internationales, relatif à deux gouvernements, deux **États.** Par exemple, la surtaxe imposée par le gouvernement américain sur l'importation du bois d'œuvre canadien en août 2001 ainsi que l'**embargo** sur l'importation du bœuf canadien décrété par le même gouvernement en mai 2003 ont causé des frictions dans les relations bilatérales entre les deux États.

Bilinguisme

░ Au Canada, l'**Acte de l'Amérique du Nord britannique** de 1867 reconnaît l'anglais et le français comme les deux langues officielles de certaines **institutions** fédérales et québécoises. En 1969, à la suite du rapport de la Commission royale d'enquête sur le bilinguisme et le biculturalisme, le gouvernement fédéral de Pierre Elliott Trudeau (1919–2000) fait adopter la Loi sur les langues officielles. Cette loi, qui établit l'égalité du français et de l'anglais au Canada, prévoit un train de mesures visant à favoriser l'usage des deux langues dans l'ensemble de l'**administration publique** fédérale (désignation de postes officiellement bilingues, programmes d'enseigne-ment, primes, nomination d'un commissaire, etc.). Sur le plan provincial, cette même loi veut favoriser l'enseignement de la langue officielle qui y est minoritaire (par exemple, le cas du français au Manitoba) et l'accès, pour la minorité officielle (par exemple, les anglophones du Québec), à des services dans sa langue.

Si le bilinguisme a pu connaître certains succès à l'échelon fédéral à cette époque (augmentation des services fédéraux offerts en français, du nombre de fonction-naires francophones, etc.), dans les provinces, les résistances au bilinguisme ont été nombreuses. Présentement, seul le Nouveau-Brunswick est une province officiellement bilingue.

 ≫ **multiculturalisme**

Bill

 En **régime parlementaire** de type britannique, ce terme est utilisé pour désigner un projet de loi formel. Au Québec, l'expression, bien que d'usage commun, est officiel-lement remplacée par celle de « projet de loi » en 1974.

Bipartisme

 Au XXᵉ siècle, situation caractéristique de certains pays occidentaux démocratiques où deux grands partis dominent la vie politique et occupent la scène parlementaire. Bien que des **tiers partis** puissent exister, ils demeurent marginaux sur le plan élec-toral et, dans les faits, seuls les deux plus grands partis sont susceptibles de parvenir au pouvoir. Généralement, on constate une **alternance** (plus ou moins régulière) dans l'exercice du pouvoir entre ces deux grands partis. C'est le cas aux États-Unis (Partis démocrate et républicain), au Québec (Partis libéral et québécois), en Grande-Bretagne (Partis conservateur et travailliste) et pratiquement dans tous les pays qui utilisent le **mode de scrutin** majoritaire uninominal à un seul tour.

 ≫ **multipartisme, parti unique**

Bipolarité

 Au lendemain de la Seconde Guerre mondiale, l'expression « un monde bipolaire » désigne la situation où les rapports entre tous les pays du globe sont déterminés par l'affrontement des deux **superpuissances** (États-Unis et URSS) et de leurs alliés respectifs. Selon cette façon de voir, le globe est divisé en deux grands blocs, aux systèmes économiques, politiques et idéologiques opposés et incompatibles. Cependant, avec la fin de la **guerre froide,** après avoir assisté à la chute du com-munisme en Europe de l'Est (1989–1990) et à l'effondrement de l'Union sovié-tique (1991), ce concept de bipolarité perd de son utilité au profit des concepts d'**unipolarité** et de **multipolarité.**

BIRD

La Banque internationale pour la reconstruction et le développement est une **organisation intergouvernementale** dont le but est de stimuler la croissance économique des pays du Sud en finançant des projets spécifiques, censés mettre les pays aidés « sur les rails du **développement** ». Cette aide peut prendre la forme de prêts à long terme à des taux préférentiels, d'assistance technique, d'offre d'expertise dans la gestion de projets, etc. Depuis les années 1980, une partie des prêts accordés par la Banque s'inscrit dans la mise en œuvre de programmes d'**ajustement structurel.**

La BIRD a été créée en même temps que le **Fonds monétaire international (FMI).** Les **États** qu'elle regroupe, qui doivent tous être membres du FMI, souscrivent un capital en proportion de leur puissance économique. Leur droit de regard sur la gestion et le fonctionnement de la Banque – de même que leur droit de vote – est proportionnel au capital investi. Sur la base de ce capital, la Banque peut emprunter sur les marchés financiers ; les montants ainsi drainés permettent à la Banque d'investir dans des projets de développement des pays du Sud. Avant de consentir son « aide », la Banque s'assure de la haute rentabilité des projets en question.

Aussi connue sous le nom de Banque mondiale, la BIRD est en réalité une composante de cette dernière. Le groupe Banque mondiale comprend en effet la Société financière internationale (SFI), l'Association internationale pour le développement (AID), le Centre international pour le règlement des différends relatifs aux investissements (CIRDI), l'Agence multilatérale de garantie des investissements (AMGI ou MIGA) et la BIRD, institution la plus importante du groupe.

>> **centre, dette extérieure, néocolonialisme**

Blairisme

>> **social-libéralisme**

Blocus

Dans le cadre d'un **conflit** entre deux pays ou plus, action coercitive à la disposition d'un **État** qui veut en soumettre un autre en bloquant totalement ses frontières, lui interdisant ainsi l'accès à l'extérieur (que ce soit par la mer, par les airs ou par voie terrestre).

>> **sanctions internationales**

Bolchévique

Mot d'origine russe signifiant « majoritaire ». Désigne la tendance la plus radicale issue de la scission du Parti ouvrier social-démocrate russe (POSDR) en 1903, tendance dirigée par Vladimir Illitch Lénine et qui est à l'origine de la révolution d'octobre 1917 et de la création du Parti communiste d'Union soviétique.

Au fil du temps, le mot est devenu, en Occident, plus ou moins synonyme de **communiste.** D'aucuns emploient ce terme avec un ton méprisant pour pointer du doigt ceux qui expriment des convictions apparentées au marxisme ou au communisme.

Bourgeoisie

▨ À l'origine, au Moyen Âge, **classe sociale** qui se distingue de la **noblesse** et de la paysannerie ; habitant les bourgs, les bourgeois y tiennent commerce. Cette classe va dominer les **temps modernes.**

Dans une **économie de marché,** elle détient la propriété du capital ; il peut s'agir d'une bourgeoisie marchande (à l'origine), industrielle ou financière, selon le mode dominant d'accumulation : commerce, production industrielle ou spéculation financière.

Sur le plan politique, opposée à la noblesse et au clergé, elle joue un rôle déterminant au moment des grandes révolutions libérales (1689, 1776, 1789, etc.), dont elle prône les idéaux de liberté individuelle, d'égalité devant la loi, de démocratie parlementaire, etc.

Pour Karl Marx (1818–1883), à partir du XIXe siècle, la bourgeoisie industrielle, propriétaire des **moyens de production,** accapare la **plus-value** et est donc responsable de l'exploitation et de l'**aliénation** de la classe ouvrière.

▨ De façon courante, qualifie une catégorie sociale au niveau de vie relativement élevé et de tendance conservatrice, prônant des valeurs de bien-être matériel, de responsabilité individuelle, de respect de l'ordre, etc. Aujourd'hui, pour parler de la bourgeoisie, on emploie les expressions « gens d'affaires », « milieu des affaires », « entrepreneurs », « chefs d'entreprises », « investisseurs », « créateurs d'emplois », etc.

» **tiers état**

Boycott

▨ Sanction infligée à une entreprise ou à un **État** et qui consiste à refuser d'acheter les produits ou d'utiliser les services de l'entreprise en cause ou en provenance de l'État ciblé. Lorsqu'il est exercé par un grand nombre d'individus ou d'États, il devient une mise en quarantaine collective. Par exemple, le *boycott* des produits israéliens par les États arabes dans le cadre de leur riposte au **sionisme.**

BRIC

» **États émergents**

Brokerage parties

» **partis courtiers**

Bureaucratie

▨ Ensemble des employés de bureau d'une **administration publique** ou privée.

▨ **Système politique** dans lequel l'administration exerce un **pouvoir** très important. De connotation péjorative, le terme « bureaucratie » est généralement synonyme d'un appareil administratif démesuré et inefficace, lequel peut conduire à des abus de pouvoir de la part de l'administration.

Cabinet

En **régime parlementaire** de type britannique, le Cabinet (ou Cabinet des ministres) est composé du **premier ministre,** qui en est le chef, et de l'ensemble des **ministres.** Tout en étant composé de membres du **Parlement,** le Cabinet exerce le pouvoir **exécutif** et constitue ce que l'on appelle le **gouvernement** : il propose les grandes orientations législatives (donc les projets de loi) et il est responsable de la mise en œuvre des lois (il contrôle la fonction publique et administre le budget de l'État) et de la gestion des affaires publiques. La nomination des ministres, leurs responsabilités respectives et leur nombre sont déterminés par le premier ministre. Synonymes : Comité exécutif et Conseil des ministres.

Équipe de conseillers politiques (et d'autres experts) formant l'entourage immédiat d'un ministre.

>> **gouvernement, responsabilité ministérielle**

Cabinet fantôme

Au sein de l'opposition, et en particulier au sein de l'**opposition officielle,** équipe de députés qui, dans le cadre des travaux d'un **Parlement,** sont les vis-à-vis des membres du Conseil des ministres ou **Cabinet.** Chacun des députés du cabinet fantôme a pour mandat de suivre un dossier précis (par exemple, la santé, l'éducation, les finances publiques, la sécurité, etc.) et il est chargé de talonner ou de questionner le **ministre** responsable dudit dossier. En principe, le Cabinet fantôme est censé être le « gouvernement de rechange », qui fait ses preuves en attendant que le parti de l'opposition finisse par gagner les élections et prenne le pouvoir. Le Cabinet fantôme doit montrer au grand public qu'il est formé de personnes compétentes, professionnelles et pleinement dédiées au dossier dont elles ont la charge ; des gens « ministrables », en somme.

CAEM

>> **Comecon**

Capitalisme

Système économique des **temps modernes** dont les caractéristiques principales sont la propriété privée des moyens de production et l'accumulation du capital. Le capitalisme a connu diverses phases de développement – mercantile, industrielle et financière –, l'accumulation du capital pouvant être basée principalement sur le commerce, la production industrielle et, plus récemment, la spéculation financière. Idéalement, le capitalisme se fonde sur une **économie de marché** pure, l'entreprise privée, la libre concurrence, et donc la non-intervention de l'État.

>> **libéralisme économique**

Dans l'analyse marxiste, le développement de l'économie capitaliste conduit à la domination économique, sociale et politique de la **bourgeoisie** (la classe des capitalistes, propriétaire des moyens de production et du capital) sur le **prolétariat** (la classe ouvrière qui, par son travail, produit le capital).

Toujours selon cette analyse, cette domination s'ajoute à d'autres contradictions inhérentes au capitalisme : crises économiques cycliques causées par l'absence de planification, inégalités économiques et sociales grandissantes, violence des révoltes et de la **répression** ou guerres pour le partage du monde.

>> **matérialisme historique, mode de production, plus-value**

Cartel

Association d'entreprises ayant conclu une entente « dans le but de contrôler un marché, une zone, un produit et de pratiquer un système de prix échappant à la concurrence » (Albertini et Silem, 1995, p. 97).

On utilise aussi le terme « cartel » en relations internationales pour désigner une association d'États poursuivant les mêmes fins. Un exemple fort médiatisé en est fourni par l'Organisation des pays exportateurs de pétrole (OPEP), qui compte 11 États membres, tous des pays en développement : l'Algérie, l'Arabie Saoudite, les Émirats arabes unis, l'Indonésie, l'Irak, l'Iran, le Koweït, la Libye, le Nigeria, le Qatar et le Venezuela.

>> **organisation régionale**

Catch-all party

Parti qui ratisse large ; parti fourre-tout. Modèle dominant de **parti** en Amérique du Nord et dans certains pays d'Europe de l'Ouest. En effet, dans maintes démocraties occidentales, les partis qui prétendent vraiment à l'exercice du pouvoir politique à court ou à moyen terme sont des coalitions vastes, souples et volatiles d'intérêts et de segments de la population, dont les membres arrivent à s'entendre sur quelques points rassembleurs et dont les dirigeants évitent de se prononcer clairement sur des questions délicates. Une telle **stratégie** permet de ménager les susceptibilités de l'électorat, dont les intérêts sont diversifiés et les préoccupations, précises. Donc, l'**électorat** et même l'effectif des *catch-all parties* sont généralement assez hétérogènes, tant sur le plan sociologique que sur celui des opinions. L'influence extraordinaire exercée par les médias électroniques sur l'organisation des campagnes électorales, sur le message électoral et sur les qualités recherchées chez les candidats a fait progressivement du *catch-all party* la recette gagnante dans notre **système politique** (Canada et Québec), entre autres.

>> **partis courtiers**

Caucus

Terme d'origine algonquienne qui, en politique, désigne l'ensemble des **députés** d'un parti politique. Les réunions du caucus permettent aux députés d'un parti d'échanger des points de vue et de débattre d'orientations politiques, de projets de loi déposés à l'**Assemblée législative** ou, encore, de stratégies électorales ou parlementaires. Par extension, il peut s'agir de réunions de membres d'une tendance (radicale, nationaliste, ultraconservatrice) au sein d'un parti.

Dans certains États américains, ce sont les caucus, plutôt que les **primaires,** qui permettent aux militants de chacun des deux principaux partis politiques de participer au choix du candidat de leur parti pour l'élection à la présidence des États-Unis. Dans chacun des partis, ces militants sont réunis en assemblée, village par village ou, dans les grands centres, quartier par quartier. Durant cette assemblée, les militants d'un parti sont appelés à exprimer leur préférence pour l'un ou l'autre des candidats à la présidence, soit par un vote à main levée, soit en s'agglutinant en divers «coins» de la salle (la taille du groupe formé à chaque coin de la salle témoignant du niveau d'appui dont chaque candidat dispose). Cette consultation permet de mandater les délégués qui devront exprimer leur préférence à l'échelle de l'État, puis, ultimement, à la convention nationale du parti.

CEI

La Communauté des États indépendants (CEI) est une organisation régionale créée peu de temps après la dissolution de l'URSS, soit en décembre 1991. Elle regroupe aujourd'hui 11 anciennes républiques soviétiques : la Biélorussie, la Russie et l'Ukraine (les trois membres fondateurs), l'Arménie, l'Azerbaïd-jan, le Kazakhstan, le Kirghizistan, la Moldavie, l'Ouzbékistan, le Tadjikistan et le Turkménistan.

La principale raison d'être de la CEI est de permettre aux **États** membres de coordonner leurs politiques, notamment dans les domaines touchant les relations étrangères, la défense, l'économie, les finances, le transport et les communications. À l'image du caractère très décentralisé de cette organisation, le pouvoir y est exercé, en dernière instance, par le Conseil des chefs d'État, chacune des républiques membres voulant préserver sa souveraineté politique nouvellement acquise. Parallèlement à l'existence de la Communauté, signalons la conclusion d'accords bilatéraux distincts entre les États membres, notamment entre la Russie et chacun des 10 autres pays.

Centralisation

Sur les plans politique et administratif, réunion des divers pouvoirs (de décision, de contrôle, etc.) en un centre unique. Ce dernier peut être une personne, une institution, un lieu, comme une capitale ou une région, etc.

>> **décentralisation, déconcentration**

Centralisme démocratique

Mode d'organisation – voire culture organisationnelle – d'un parti, d'un mouvement, d'un groupe politique. Le centralisme démocratique est mis en œuvre dans plusieurs partis ou organisations communistes dans le monde, sous l'influence de Vladimir Illitch Lénine (1870–1924) notamment, d'après l'expérience vécue par les **bolchéviques** en Russie (jusqu'en 1917) et en URSS (par la suite). Les organisations qui ont adopté cette façon de fonctionner se battaient le plus souvent contre un régime **autoritaire** et étaient donc plongées dans la clandestinité. Le centralisme démocratique prévoit la discussion entre les membres des positions et actions du parti ou du mouvement, et impose aux adhérents de nombreuses règles de sécurité. En fait, il prépare ce parti en mouvement à rester unitaire et à devenir efficace dans un contexte de **guerre civile,** de **lutte de libération nationale** ou de **révolution.**

Au sein de plusieurs organisations communistes occidentales, en particulier durant les années 1970, le centralisme démocratique a donné lieu à des dérives autoritaires qui, à la longue, ont fini par décourager les militants ou sympathisants et par discréditer ces organisations, notamment celles se réclamant du marxisme-léninisme, aujourd'hui disparues.

Centre/périphérie

Selon l'approche adoptée en **relations internationales** par les théoriciens dits « de la **dépendance** », on peut voir la planète comme un ensemble divisé essentiellement en deux grandes zones : le centre, qui regroupe les pays riches industrialisés, et la périphérie, c'est-à-dire les économies du **tiers-monde** qui gravitent autour du centre. La zone névralgique, le centre, est l'endroit où se décident les grandes orientations économiques, où se dictent les règles du jeu en matière d'échanges mondiaux, et d'où sont contrôlées des institutions comme le **Fonds monétaire international (FMI),** la **BIRD,** l'**OMC,** etc. Cet ordre des choses, qui profite aux pays du centre, place les pays de la périphérie dans une situation de dépendance et de subordination.

» **détérioration des termes de l'échange, néocolonialisme, Nord-Sud**

Centrisme

Tendance politique résultant de compromis idéologiques entre la **gauche** et la **droite,** le centrisme prétend favoriser une politique du « juste milieu » et de l'équilibre. Proposant de gouverner au centre, ce courant met de l'avant des améliorations partielles de l'ordre établi, des améliorations qui ne provoqueront pas de vives controverses, ni à gauche ni à droite. D'un pays à l'autre, les centristes peuvent défendre un programme différent ; toutefois, certaines caractéristiques leur semblent communes : d'une part, une adhésion relative au libéralisme classique, mais d'autre part, un certain accommodement avec l'**État-providence.** Dans plusieurs pays occidentaux, les centristes, loin de dénigrer la gauche et la droite, vont rechercher des alliances tantôt avec l'une, tantôt avec l'autre – en alternance – pour former un gouvernement à l'enseigne de la modération. « Les centristes sont souvent accusés par leurs adversaires de retourner leur veste dans le but de rester au pouvoir sans s'attacher vraiment aux clivages idéologiques fondamentaux » (Gélédan et autres, 1998, p. 55).

» *catch-all party*, **électoralisme, parti**

Chambre

Assemblée détenant un pouvoir **législatif.**

Chambre des communes

Dénomination de l'**Assemblée législative** dans certains **États,** comme en Grande-Bretagne, où la Chambre basse est ainsi désignée depuis le xviie siècle.

Nom de la **Chambre** basse du **Parlement** canadien. Elle est composée de 308 **députés** représentant la population d'autant de **circonscriptions électorales** fédérales (106 en Ontario, 75 au Québec, 36 en Colombie-Britannique, etc.). Les députés, généralement des candidats représentant des partis politiques fédéraux, sont élus au **suffrage** universel direct au moyen d'un **mode de scrutin** majoritaire uninominal à un seul tour. C'est le **premier ministre** qui choisit la date des élections (générales ou partielles). Toutefois, la **Constitution** prévoit que le **mandat** de la Chambre des communes ne peut dépasser cinq ans. La Chambre des communes, où siège le **gouvernement,** partage le pouvoir **législatif** avec le **Sénat.**

Charia

- Dans la religion musulmane, code moral et juridique précisant les comportements qui sont autorisés ou proscrits. Désigne aussi les sanctions pouvant s'appliquer en cas de conduite fautive.

  Dans le monde **musulman,** la plupart des **intégristes** religieux veulent que la *charia* soit enchâssée par l'État dans le système de droit public et devienne une loi qui s'applique à tout le monde, sans exception. Ils y sont parvenus dans une large mesure en Iran et au Soudan. Les individus qui soutiennent ce projet sont des **islamistes** radicaux et, à ce jour, là où ils ont réussi à s'emparer du pouvoir, un régime **autoritaire** a été instauré.

Charisme

- Pouvoir de persuasion hors du commun que possèdent certains chefs ou leaders et qui leur permet de convaincre la population et d'imposer leurs points de vue, idées ou décisions. Émanant de « talents » personnels ou de prédispositions, le charisme est aussi le résultat de la maîtrise, plus ou moins spontanée, de certaines techniques psychologiques et de communication de masse.

Charte

- Document officiel, d'importance particulière, qui définit les principes de base, les règles de fonctionnement ou les orientations politiques fondamentales d'une organisation. Des organisations comme l'**ONU** (Charte des Nations Unies signée à San Francisco en 1945 par les représentants de 51 pays) et certaines associations étudiantes de niveau collégial ou universitaire sont pourvues d'une charte.

- Sur le plan national, le terme peut être synonyme de **Constitution** (Chine, 1982 ; Algérie, 1976 ; etc.). Par ailleurs, le terme peut aussi désigner certaines **lois** prééminentes. On pense à la **Charte canadienne des droits et libertés** de 1982 (enchâssée dans la Constitution) et à la Charte de la langue française du Québec, mise en place par la **loi 101** en 1977.

Charte canadienne des droits et libertés

- Document charnière de l'actuelle Constitution canadienne, plat de résistance de la **Loi constitutionnelle de 1982,** la Charte canadienne des droits et libertés répond, dans notre paysage juridique, à la nécessité de garantir la protection des droits fondamentaux des personnes vivant au Canada, en inscrivant formellement ces droits dans la Constitution du pays.

Cette charte préserve une série de libertés essentielles, comme la liberté d'expression, la liberté de presse, la liberté d'opinion, la liberté de pensée, la liberté de croyance et la liberté d'association. Elle protège aussi le droit à la vie, le droit à la sécurité, le droit à la libre circulation à l'intérieur du pays, le droit de vote et une série de droits judiciaires (assistance d'un avocat, présomption d'innocence, etc.). Enfin, la Charte interdit clairement la **discrimination** (fondée sur le sexe, la «**race**», la couleur, l'origine ethnique, la religion, l'âge ou un handicap) et autorise de manière explicite les programmes d'accès à l'égalité.

Par ailleurs, la Charte prévoit les circonstances dans lesquelles un **parlement** peut restreindre la portée des droits et libertés qu'elle protège (en l'occurrence, par une loi) ou encore y déroger expressément (dans ce cas, par le recours à la **clause dérogatoire** ou «clause nonobstant»).

Depuis son adoption, la Charte a servi de fondement à des jugements déterminants rendus par la **Cour suprême du Canada** en matière d'avortement, de droits linguistiques des anglophones (au Québec), de droits linguistiques des francophones (hors Québec), etc. Cependant, plusieurs observateurs ont constaté, depuis 1982, une forte tendance à s'appuyer sur la Charte pour régler devant les tribunaux des questions et débats qui relèvent, avant tout, du politique. On a même employé l'expression «gouvernement par les juges» pour désigner cette réalité.

Charte de la langue française

>> **loi 101**

Chauvinisme

▓ Du nom de Nicolas Chauvin, soldat français sous Napoléon Bonaparte (1769–1821), passé à l'histoire à cause de son **patriotisme** simpliste et exagéré. Il s'agit d'une forme de **nationalisme** excessif et vindicatif qui tend, par conséquent, à l'exclusion, à l'**intolérance** et à l'agression.

▓ Le **féminisme** a repris l'expression pour qualifier les croyances et les attitudes fondées sur l'idée de la supériorité des mâles, ce qui conduit à l'exclusion et à la domination des femmes. Dans cette perspective, le «mâle chauvin» est donc l'équivalent du **phallocrate** ou du macho.

▓ Le terme est également employé pour parler, de manière générale, de toute forme d'orgueil, de fierté mal placée, de sentiment de supériorité. Ainsi, on dit «un Montréalais chauvin», «un Blanc chauvin», etc.

Checks and balances

▓ La traduction habituelle de cette expression américaine est «système de freins et de contrepoids». Il s'agit d'une application concrète, et très raffinée, de l'exigence d'équilibre des pouvoirs avancée par John Locke (1632–1704) et Charles de Montesquieu (1689–1755). Cette mécanique se développe dans le cadre du régime présidentiel des États-Unis et traduit une profonde méfiance des citoyens américains à l'égard de l'**État** et de ses éventuels abus. Ce système de freins et de

contrepoids, qui fonctionne en régime de **séparation des pouvoirs,** habilite chacun des trois pouvoirs (**exécutif, législatif** et **judiciaire**) à combattre les débordements ou les empiétements des deux autres. Les pouvoirs sont constamment
placés en concurrence et leur interaction perpétuelle garantit que, au fil du temps,
aucun d'eux ne vaincra, aucun d'eux n'aura le dernier mot. Une telle concurrence
favorise la discussion, les négociations, les compromis, de telle sorte qu'en définitive, il est rare que le résultat favorise largement un parti, un acteur ou un camp au
détriment d'un autre. Par ailleurs, ce système peut conduire à une forme de paralysie de l'État, toute intervention de celui-ci pouvant exiger l'accord des détenteurs
des trois pouvoirs.

Parmi les mécanismes qui s'inscrivent sous cette rubrique dans le système présidentiel des États-Unis, mentionnons le droit du président d'opposer son *veto* à toute
loi votée par le Congrès, la possibilité pour le Congrès de renverser – à certaines
conditions – ce même *veto*, la nomination conjointe des juges à la Cour suprême par
le président et le **Sénat,** la possibilité pour le Congrès d'entamer une procédure de
destitution du président, etc.

Ce système est pratiquement à l'opposé de ce qui existe au Canada, où le parti élu
avec une majorité de députés en **chambre** est en situation de *winner-take-all* pour
les quatre ou cinq années qui suivent, puisqu'il contrôle à la fois l'exécutif et le législatif.

Chef d'État

Terme générique pouvant désigner la personne placée à la tête d'un **État** ou la fonction correspondante. Le titre de chef d'État peut être obtenu par élection, par nomination (généralement par une **assemblée législative**) ou par voie héréditaire.

Les fonctions du chef d'État peuvent être purement symboliques et protocolaires.
C'est le cas des **monarchies** constitutionnelles comme le Royaume-Uni, le
Canada, la Suède ou le Japon, où une reine, un roi ou encore un empereur sont
chefs d'État. C'est aussi le cas des présidents de certaines **républiques** comme
l'Allemagne, l'Irlande ou la Grèce. Dans d'autres cas, au contraire, les fonctions du
chef d'État sont très importantes sur le plan politique. Dans un **régime présidentiel**
de type américain, par exemple, le président cumule les fonctions de chef de l'État
et de chef de gouvernement.

Chef de gouvernement

Personne qui dirige le **gouvernement** et qui est l'ultime responsable de la direction politique de l'**État.** Le mode de désignation du chef de gouvernement de
même que l'étendue de ses pouvoirs et prérogatives varient selon la nature du
régime politique.

Au Canada, que ce soit au niveau fédéral ou provincial, il s'agit du **premier
ministre,** en principe nommé par le **chef d'État** (le **gouverneur général** ou
le **lieutenant-gouverneur**), mais dans les faits, le titre est attribué au chef
du parti politique qui a obtenu la majorité des sièges à l'**Assemblée législative**
au moment des élections générales.

Chiisme

▨ De l'arabe *shî'a*, partisan, et *shî'at Ali*, le parti d'Ali. L'une des deux principales bran-
ches de l'**islam,** l'autre étant le **sunnisme,** en réaction auquel elle s'est peu à peu
construite à partir du VIIe siècle, lorsque s'est « réglée » dans le sang la question de la
succession du prophète. Pour les chiites, les trois premiers califes ayant régné sur le
monde musulman après la mort de Muhammad (env. 571–632), soit Abû Bakr (env.
573–634), Omar (env. 586–644) et Uthman (env. 579–656), de même que les
dynasties des Omeyyades et des Abbassides, ne sont pas les successeurs légitimes
du prophète. C'est le quatrième calife, Ali (env. 598–661), et ses descendants qui
le sont, puisque Ali est gendre et cousin de Muhammad, et que celui-ci l'a désigné
comme héritier.

Les partisans d'Ali et, plus tard, les chiites ont été violemment persécutés pour leur
contestation de la légitimité d'Uthman et des dynasties qui sont issues de son califat, ce
qui a rapidement mené à associer martyre et chiisme. Le chiisme se distingue également du sunnisme par l'autorité qu'il confère à son clergé, dont les plus hauts membres
sont investis d'une capacité de relecture et de réinterprétation des textes sacrés.

» **sunnisme**

Chose publique

» **république**

Circonscription électorale

▨ Division du territoire à l'intérieur d'un **État** ou d'une municipalité qui délimite les
cadres géographique, démographique et souvent sociologique dans lesquels auront
lieu des élections (générales ou partielles). Au Québec, on utilise couramment, et à
tort, l'expression « comté » ou, encore, « district ». L'ensemble des circonscriptions
constitue la « carte électorale ». Les élections permettent à chaque circonscription
de désigner l'individu qui la représentera au **Parlement** ; ce représentant porte le
titre de député.

» *gerrymandering*

Cité

▨ Au sens strict, synonyme de ville, donc d'une agglomération urbaine importante.
Historiquement, les cités de l'Antiquité (Persépolis, Babylone, Alexandrie, etc.) sont considérées comme étant les premières villes ; parmi celles-ci, à une certaine époque, Athènes
puis Rome se dotent d'une organisation relativement complexe tendant vers un certain
idéal démocratique, au contraire des villes dirigées par des **despotes** ou des **oligarchies.**

Les cités de l'Antiquité sont une des premières manifestations importantes du phénomène politique dans l'histoire de l'humanité. Dotées d'une **souveraineté** politique,
elles préfigurent, à une petite échelle, l'État moderne. Les cités seront l'objet d'études
et de réflexions (Thucydide, Platon, Aristote, Cicéron, etc.) qui donneront naissance à
la **science politique.**

» *polis*

Citoyen

Le citoyen est une personne qui, dans un pays donné, jouit de tous ses droits politiques. Il s'agit au départ du droit inaliénable de vivre, de subvenir à ses besoins et de circuler dans le pays en question, mais aussi du droit de se mêler des affaires de la **Cité.** Bien entendu, le fait qu'une personne use de son droit de vote, là où il est reconnu, est l'expression la plus manifeste de sa qualité de citoyen.

Mais être citoyen consiste en bien davantage que faire une croix sur un bulletin de vote. Être citoyen, c'est exprimer son appartenance à la communauté des êtres humains au sein de laquelle on vit, c'est s'identifier à celle-ci et chercher avec elle à améliorer le sort de la Cité. Pour être en mesure de jouer ce rôle, le citoyen doit s'acquitter de certaines obligations : se tenir informé, avoir des convictions et les faire valoir, faire preuve de sens critique et participer à la vie publique (débats, assemblées, manifestations, etc.). S'il les néglige, ce sont les travers, les failles et les limites de la vie démocratique qui risquent de s'accentuer : **abstention,** apathie, **cynisme,** désinformation, **démagogie,** etc.

Citoyenneté

Reconnaissance formelle de la qualité ou du statut de citoyen.

La citoyenneté est un privilège octroyé par l'État aux individus. D'un pays à l'autre, les conditions pour bénéficier du titre de citoyen varient énormément. Le Canada est l'un des États les plus libéraux du monde en cette matière. Par exemple, toute personne née en sol canadien a automatiquement droit à la citoyenneté canadienne. La politique canadienne d'immigration favorise également un accès assez rapide à la citoyenneté : après trois ans de résidence permanente, un immigrant reçu peut en faire la demande et l'obtient généralement sans difficulté. Outre les résidents permanents, les personnes vivant au Canada qui n'ont pas la citoyenneté canadienne sont les immigrants dans l'attente de la régularisation de leur statut, les étudiants étrangers, les ressortissants étrangers (diplomates et gens d'affaires, touristes), etc.

Appartenance d'un individu à l'État dont il est le citoyen. Une personne ayant perdu un tel lien d'appartenance devient **apatride** et doit chercher une nouvelle citoyenneté, auprès d'un autre pays.

>> **nationalité**

Classe politique

Dans une société donnée, groupe de personnes qui ont la responsabilité de la chose publique et qui sont directement impliquées dans la gouverne de l'**État.** Plus ou moins synonyme de **politiciens,** l'expression peut, selon le point de vue, ne pas en avoir la connotation péjorative.

Classes sociales

Vastes groupes sociaux partageant certaines caractéristiques qui leur sont propres, sans être pour autant organisés ou institutionnalisés. En **science politique,** tout comme en sociologie ou en histoire, par exemple, les références à cette réalité sont fréquentes. Par contre, les conceptions de cette notion varient considérablement selon le contexte historique et les approches théoriques.

Parmi les caractéristiques qui peuvent permettre de définir les classes sociales, on peut considérer, par exemple, le niveau de vie ou le revenu ; on parlera alors de classes riches ou privilégiées, de classes moyennes et de classes pauvres ou déshéritées. On peut aussi considérer le statut professionnel : la classe paysanne, la classe ouvrière ou, encore, la classe des technocrates. Sur le plan politique, on parlera de classes dominantes ou dirigeantes et de classes dominées.

D'un point de vue marxiste, les classes sociales sont des **acteurs** politiques de toute première importance. Dans ce cas précis, les classes sociales, leurs intérêts et le rôle qu'elles jouent dans l'histoire sont déterminés par la place qu'elles occupent dans un **mode de production** économique donné. Ainsi, dans une société esclavagiste, les deux classes principales sont celle des maîtres et celle des esclaves. Dans une société féodale, il s'agira de la classe des propriétaires fonciers et de la classe paysanne. Enfin, dans une économie **capitaliste** de type industriel, on trouve la **bourgeoisie** et le prolétariat urbain.

Des analyses contemporaines reprennent d'une certaine façon la théorie marxiste des classes sociales. L'idéologie **écologiste** constate l'existence de la classe **technocratique** – qui contrôle l'information spécialisée, laquelle est devenue essentielle au développement des sociétés actuelles – et de la classe des « citoyens programmés ». Un courant de l'idéologie féministe reprend lui aussi la théorie marxiste de la lutte des classes pour l'appliquer, cette fois, à la lutte des sexes (la lutte entre la classe des hommes et la classe des femmes).

Clause de la nation la plus favorisée

Clause que l'on retrouve dans certains traités commerciaux de niveau international par laquelle un État garantit à un autre les mêmes conditions ou avantages (droits de douane, immunités, etc.) qu'il accorde à l'État le plus favorisé sur le même plan. Pour les pays membres de l'**OMC,** cette clause est automatique, sauf exceptions, comme les accords préférentiels pour les pays en voie de développement ou les unions douanières, par exemple. Dans ce contexte, la clause de la nation la plus favorisée met donc légalement sur un même pied tous les États de l'organisation. Il s'agit d'une des bases du **libre-échange.**

Clause dérogatoire

Au Canada, il s'agit de l'article 33 de la **Loi constitutionnelle de 1982,** qui porte sur l'application de la **Charte canadienne des droits et libertés.** Cette clause permet au **Parlement** fédéral ou à l'**Assemblée législative** d'une province d'adopter une loi qui déroge à certains articles de cette même charte. Ainsi, puisque la loi modifiant la Charte de la langue française (dite loi 178), portant sur l'affichage extérieur, pouvait aller à l'encontre du droit à la liberté d'expression (article 2 de la Charte), le gouvernement de Robert Bourassa (1933–1996) a dû faire usage de la clause dérogatoire. Le recours à cette clause doit être voté sous forme de loi, par une assemblée législative, et il est valide pour une période de cinq ans renouvelable. Synonyme : clause nonobstant.

Clause nonobstant

≫ **clause dérogatoire**

Clientélisme

▦ Rapport de dépendance entre les gouvernés et les gouvernants, dans lequel ceux qui exercent les charges publiques fondent leur autorité sur certaines faveurs consenties à leurs sujets. Ces faveurs, qui achètent l'allégeance politique des gouvernés, peuvent être de divers ordres et provenir de l'État : rente, emploi, avancement, terre, accès au logement, exemption de tout ordre, protection, piston, etc. Puisque chacun trouve son compte dans ces relations intéressées, le clientélisme peut être érigé en système politique. Cela est particulièrement observable dans les sociétés traditionnelles, où l'exercice de l'autorité ne repose pas sur la **démocratie libérale** ni sur l'**État de droit.** Toutefois, les limites d'un tel système apparaissent assez rapidement : création d'une myriade de micropouvoirs, arbitraire, incapacité pour l'État de développer un discours univoque et une action centralisée, etc. Encore aujourd'hui, dans les sociétés occidentales développées, de nombreux politiciens tentent de bâtir leur influence en misant sur cette forme de paternalisme.

≫ **favoritisme, népotisme**

Clôture des travaux

▦ En **régime parlementaire** de type britannique, terme équivalent à celui, plus officiel, de **prorogation.**

≫ **bâillon**

Coalition

▦ Union ou entente plus ou moins formelle qui réunit, à l'échelle internationale, des **puissances** et, à l'échelle nationale, des **partis** politiques, en fonction d'objectifs ou d'intérêts communs.

▦ Sur le plan des partis politiques, il peut s'agir de coalition électorale, parlementaire ou gouvernementale. En **régime parlementaire** où il y a **multipartisme** (Espagne, Israël, Italie, etc.), un **gouvernement de coalition** regroupe, au sein d'un même conseil ou cabinet, des ministres provenant de différents partis.

≫ **alliance**

Code civil

▦ Le Code civil regroupe l'ensemble des règles de droit régissant le droit commun (par rapport à des codes de lois plus spécifiques, comme le Code du travail). Y sont précisés les droits et obligations des citoyens dans leurs rapports entre eux (contrats, héritages, responsabilité civile, etc.). Contrairement aux autres provinces canadiennes, où une partie de la *common law* joue un rôle équivalent, le Québec dispose d'un code civil distinct, d'origine française. Reconnu constitutionnellement depuis l'**Acte de Québec,** en 1774, le Code civil du Québec, bien que remis à jour, est toujours en vigueur.

Coercition

Rapport ou **pouvoir** basé sur la contrainte et l'usage de la force.

>> **oppression**

Cohabitation

En **régime présidentiel** ou de **séparation des pouvoirs,** situation où les tenants des pouvoirs **exécutif** (le président) et **législatif** (l'**Assemblée législative**) ne sont pas de la même allégeance politique et doivent donc tenter de trouver des compromis, le législatif devant faire preuve d'ouverture face à l'exécutif ou au gouvernement et aux propositions mises de l'avant par ces instances, alors que l'exécutif doit tenir compte des lois ou des avis mis de l'avant par le législatif. Faute de négociations fructueuses, le **régime** peut être paralysé, l'exécutif refusant d'appliquer les lois votées par le législatif, et l'Assemblée législative refusant budget et législation émanant de l'exécutif. L'expression apparaît en France au milieu des années 1980, alors que le Parti socialiste contrôle la présidence (l'exécutif) et les partis de droite (Rassemblement pour la République et Union pour la démocratie française), l'**Assemblée nationale** (le législatif).

Collaboration des pouvoirs

Contrairement au **régime présidentiel** basé sur le principe de la **séparation des pouvoirs,** en **régime parlementaire** de type britannique, comme au Canada et au Québec, la séparation des pouvoirs est beaucoup moins radicale. D'une part, il y a une certaine séparation des pouvoirs **législatif** et **exécutif,** qui sont confiés à des organes distincts, soit le **Parlement** et le **gouvernement.** D'autre part, le gouvernement (soit le premier ministre et ses ministres) est formé par des députés membres du **groupe parlementaire** majoritaire (ou, en Europe, d'une coalition de groupes parlementaires) qui sont donc, à ce titre, des membres à part entière du Parlement. On dira que le gouvernement émane ou est issu du Parlement et que l'exécutif fait donc partie du législatif.

Les titulaires des pouvoirs exécutif et législatif doivent donc collaborer, l'exécutif ou le gouvernement ayant besoin des budgets et des lois qui lui permettront d'administrer l'État selon les grandes orientations qu'il aura déterminées, alors que le législatif, le Parlement, au nom de l'ensemble des électeurs, surveille, questionne et contrôle l'exécutif. Très concrètement, la collaboration des pouvoirs prend la forme de la **responsabilité ministérielle** : le gouvernement est responsable devant le Parlement. Ainsi, ministres et premier ministre doivent répondre de l'administration générale de l'État ou, encore, de problèmes particuliers que la **Cité** doit affronter, et rendre des comptes au Parlement, notamment lors de la période de questions au début de chacune des séances du Parlement. À la limite, il y a une situation de dépendance organique entre les deux pouvoirs : d'une part, le législatif, soit le Parlement, peut demander la démission de l'exécutif ou du gouvernement en adoptant une **motion de censure,** situation théorique si le gouvernement est majoritaire au Parlement ; d'autre part, l'exécutif, soit le gouvernement, peut procéder à la **dissolution du Parlement** et convoquer des élections générales.

Collège électoral

▪ Dans le cadre d'une élection présidentielle aux États-Unis, instance qui officialise le choix exprimé, État par État, par le peuple américain. Selon la Constitution, l'élection présidentielle américaine est l'exercice démocratique permettant au peuple de mandater, État par État, ses représentants au Collège électoral, et ce sont eux qui, en définitive, ont le privilège d'élire le président. Ce système, qui a été introduit dès la création du pays, traduit une certaine méfiance des pères fondateurs à l'égard de la volonté populaire ou de certains travers possibles de l'aventure démocratique. Le Collège électoral agit donc comme une sorte de verrou, intervenant en fin de parcours pour sanctionner les résultats de l'élection.

Chaque État compte, au sein du Collège électoral, un nombre de « grands électeurs » équivalant au nombre d'élus qu'il a au Congrès (sénateurs + représentants). Au terme d'une élection présidentielle, les grands électeurs de chaque État sont mandatés en fonction des résultats de l'élection présidentielle dans leur État, le plus souvent selon la règle du ***winner-take-all*** (le parti qui l'a remporté dans cet État rafle tous les votes des grands électeurs de cet État). Cette mécanique électorale très particulière peut créer des distorsions et même carrément dévoyer la volonté populaire. Il arrive parfois que le candidat ayant obtenu, à l'échelle nationale, la plus grande part du suffrage populaire perde l'élection ; tel fut le sort du candidat démocrate à la présidence Al Gore en 2000.

Colonie

▪ Territoire situé à l'extérieur des frontières d'un **État,** sur lequel cet État exerce néanmoins sa souveraineté (sur le sol, sur les ressources, sur les sujets, etc.). La colonie, dominée par la **métropole,** existe pour le bénéfice de celle-ci, qu'il soit d'ordre économique ou stratégique.

La métropole et la totalité de ses colonies forment ensemble l'empire colonial. Le dernier empire colonial qui existait encore récemment (c'est-à-dire jusque dans les années 1970) était celui du Portugal, qui comprenait l'Angola, le Cap-Vert, la Guinée-Bissau et le Mozambique (en Afrique), ainsi que Macao, Goa et le Timor (en Asie).

Colonisation

▪ Processus par lequel un État s'approprie un territoire situé à l'extérieur de ses frontières, afin de mettre en valeur et d'accaparer ses richesses et d'en faire un marché pour ses propres produits. La colonisation est un acte d'agression et de conquête, perpétré à l'initiative des puissances coloniales, au détriment des populations autochtones qui possèdent légitimement ces territoires. En Europe, la période dite d'expansion coloniale implique, à partir du xvie siècle et sous l'impulsion du **mercantilisme,** des pays comme le Portugal, l'Espagne, la Hollande, l'Angleterre et la France, et leurs **colonies** américaines, africaines et asiatiques.

On distingue habituellement deux formes de colonisation :

- la colonisation de peuplement, impliquant des « petits colons » (planteurs, fermiers ou autres) qui exploitent eux-mêmes le sol et finissent par former – de génération en génération et immigration aidant – un contingent important de la population totale du territoire conquis ;

- la colonisation d'exploitation, impliquant de « gros colons », peu nombreux, qui s'emploient à faire travailler les autochtones pour extraire les ressources naturelles et les expédier à la **métropole.**

>> **décolonisation**

Comecon

Conseil d'assistance économique mutuelle. Organisation économique régionale créée en 1949 qui regroupe, jusqu'à la fin de la **guerre froide,** la plupart des pays communistes d'Europe de l'Est ainsi que Cuba, la Mongolie et le Vietnam. Il se veut une sorte de pendant soviétique au plan Marshall proposé par les États-Unis au lendemain de la Seconde Guerre mondiale. Il devient peu à peu une zone de libre-échange pour les États communistes, puis sera dissous en 1991.

Comité de la Chambre

Au Canada, les Comités de la Chambre sont, au niveau fédéral, l'équivalent des **Commissions parlementaires** au Québec. La **Chambre des communes** peut renvoyer à des comités permanents ou *ad hoc*, pour étude et recommandations, des projets de loi, des rapports ou autres documents déposés à la Chambre, le budget des dépenses du gouvernement, les nominations par **décret.** Un Comité de la Chambre peut aussi réagir à l'absence de réponse de la part du gouvernement à des pétitions ou à des questions écrites de la part de députés.

Les Comités de la Chambre sont formés de 12 députés et leur composition, au plan partisan, est plus ou moins proportionnelle à celle de la Chambre des communes. En principe, le travail en Comité est plus efficace, permettant aux députés qui en sont membres de développer une expertise de leur dossier, et donc une étude plus approfondie des questions qui leur sont soumises. Enfin, les membres du Comité peuvent entendre le point de vue d'experts, voire de citoyens.

Comité exécutif

>> **cabinet**

Commission d'enquête

Organisme gouvernemental créé pour enquêter sur un problème d'intérêt public. Dirigées par des commissaires (nommés par le **gouvernement** et dont les noms sont souvent associés à ceux des commissions elles-mêmes), dotées de budget et d'équipes de recherche et de secrétariat, les commissions d'enquête (parfois itinérantes) tiennent généralement des audiences publiques et, de ce fait, reçoivent des mémoires et écoutent les doléances, opinions et propositions des **acteurs** politiques intéressés par le problème. En créant une commission d'enquête, le gouvernement reconnaît l'importance d'un problème et s'engage, en quelque sorte, à agir. De plus, de telles commissions stimulent la réflexion et les débats politiques au sein de la **Cité.** Les propositions d'orientations politiques et les plans d'action contenus dans le rapport final peuvent se traduire, en tout ou en partie, par des politiques gouvernementales, voire des projets de loi. Dans le cas contraire, on dira que le rapport a été « mis sur les tablettes ».

Au Québec, à titre d'exemples, mentionnons la Commission d'enquête sur le processus de nomination des juges (créée en 2010 et dirigée par l'ex-juge de la Cour suprême du Canada, Michel Bastarache) ou encore la Commission de consultation sur les pratiques d'accommodement liées aux différences culturelles (dirigée par Gérard Bouchard et Charles Taylor) qui a déposé son rapport en 2007. Au Canada, on pense à la Commission d'enquête sur le programme de commandites (mise sur pied en 2006 et présidée par le juge John Gomery) ou à la Commission d'enquête relative aux mesures d'investigations prises à la suite de l'attentat à la bombe commis contre le vol 182 d'Air India, qui a déposé son rapport en 2010.

Commission parlementaire

▓ En **régime parlementaire** de type britannique, les commissions parlementaires sont formées d'un certain nombre de députés qui représentent de façon proportionnelle les groupes parlementaires ou partis politiques présents à l'**Assemblée législative.** Après l'adoption du principe d'un projet de loi par l'Assemblée législative (la « deuxième lecture »), la tâche d'une commission parlementaire consiste à étudier en détail le projet de loi, éventuellement à tenir des audiences publiques, à proposer et à adopter des amendements, et à faire rapport à l'Assemblée législative. Sur la base de ce rapport, l'Assemblée législative procédera au débat final et à l'adoption du projet de loi (la « troisième lecture »).

Lorsqu'il y a des audiences publiques, les nombreux **acteurs** politiques concernés par une question examinée en commission parlementaire sont invités à y soumettre un mémoire, grâce auquel ils font connaître, par écrit, leurs réactions.

>> **comité de la Chambre**

Commission royale d'enquête

▓ Au Canada, **commission d'enquête** dont on souligne l'importance et augmente le prestige en la qualifiant de « royale ».

À titre d'exemples, mentionnons la Commission royale sur les peuples autochtones, dite commission Dussault-Erasmus (1991–1996), dont le rapport final propose, entre autres, la création d'un ordre de gouvernement autochtone ; la Commission royale sur l'union économique et les perspectives de développement du Canada, dite commission McDonald (1982–1985), dont le rapport final est favorable au **libre-échange** avec les États-Unis ; et la Commission royale d'enquête sur le **bilinguisme** et le biculturalisme, dite commission Laurendeau-Dunton (1963–1967), dont le rapport final conduira à l'adoption par le gouvernement fédéral de la Loi sur les langues officielles et fouettera l'ardeur du mouvement souverainiste au Québec.

Commission scolaire

▓ Au Canada, il s'agit d'un quatrième ordre de **gouvernement** (après le fédéral, le provincial et le municipal). Puisque la **Loi constitutionnelle de 1867** stipule que l'éducation est un champ de **compétence législative** provinciale, le Québec, à l'instar des autres **provinces,** a créé des commissions scolaires auxquelles il a délégué une partie de ses pouvoirs. Celles-ci sont dirigées par un conseil des commissaires, dont les membres (élus au **suffrage** universel tous les quatre ans) ont un pouvoir de réglementation et de taxation (l'impôt foncier scolaire contribue à leur budget dans une proportion de 15 %). Elles sont responsables d'organiser et d'offrir, sur leur territoire, les services éducatifs de niveaux préscolaire, primaire et secondaire. Jusqu'en 1998, elles étaient organisées sur une base confessionnelle. À cette date, le gouvernement du Québec a fait adopter le projet de loi 109 qui refondait les commissions scolaires en fonction du critère linguistique. Depuis, le Québec compte 63 commissions scolaires francophones et 9 anglophones.

Common law

La *common law* est le droit commun des pays anglo-saxons où la **jurisprudence** (jugement donnant une solution à une question de droit) tient lieu et fonction de règle de droit. C'est le cas, par exemple, dans toutes les provinces canadiennes, exception faite du Québec. Certains auteurs proposent le concept de « droit coutumier » pour traduire cette expression.

Commonwealth

Organisation regroupant une cinquantaine de pays, à savoir la presque totalité des anciennes **colonies** et dépendances de l'Empire britannique. Le Royaume-Uni, le Canada, l'Australie et la Nouvelle-Zélande figurent parmi les pays les plus connus du Commonwealth, dont l'immense majorité des membres vient pourtant du **tiers-monde** (Jamaïque, Inde, Pakistan, Malaisie, Kenya, Nigeria, Ouganda, Tanzanie, Zambie, etc.).

Le Canada a joué un rôle actif, politiquement et financièrement, dans les dossiers prioritaires du Commonwealth : protestations contre le régime raciste de l'Afrique du Sud (**apartheid**), coopération technique, assistance économique aux partenaires du Sud, etc.

Communauté culturelle

Au Québec, quand on aborde la question des rapports interethniques ou interculturels, on utilise cette expression pour désigner toute communauté n'étant ni amérindienne, ni inuite, ni l'un ou l'autre des « deux **peuples** fondateurs » du Canada. Autrement dit, dans la très grande majorité des cas, une communauté culturelle est une population constituée des immigrants provenant d'un même pays et des descendants de ces immigrants. Cette population forme, au sein de la société d'accueil, une minorité ayant sa propre histoire, ses réseaux et, très souvent, ses propres services et institutions. Les membres de cette minorité partagent entre eux un certain nombre de traits identitaires parmi les suivants : langue maternelle, caractéristiques physiques, us et coutumes, religion, etc.

De façon générale, les politiques canadiennes et québécoises protègent et favorisent l'existence des communautés culturelles, non seulement parce qu'elles constituent un apport précieux, mais aussi en raison du rôle qu'elles jouent dans l'intégration des nouveaux arrivants – rôle névralgique lorsqu'on pense aux grandes attentes qu'entretiennent Québec et Ottawa à l'égard de l'immigration. En effet, ces communautés peuvent servir de pôle d'ancrage des immigrants fraîchement arrivés et agir comme une interface qui facilite les premiers contacts entre ces immigrants et la société d'accueil.

>> **mosaïque, multiculturalisme**

Communauté des croyants

▓ Ensemble des personnes de même confession religieuse, unies par leur profession de foi et un certain nombre de valeurs communes. Cette unité fait abstraction des frontières politiques créées par les **États.** Par exemple, l'*oumma* (ou *umma*) est la communauté formée de tous les **musulmans,** peu importe où ceux-ci se trouvent dans le monde. De la même façon, on parlera de la « chrétienté » pour désigner l'ensemble des chrétiens de la planète.

Communauté des États indépendants

>> **CEI**

Communauté internationale

▓ **Acteur** virtuel créé par les médias et fiction **diplomatique** traduisant une perspective simplificatrice des relations internationales : les gouvernements des 193 **États** de la planète se concerteraient, tous ensemble, de façon systématique, et arriveraient régulièrement à des consensus sur des sujets qui – pourtant – les divisent profondément.

Dans les faits, cette soi-disant communauté internationale est plutôt le **cartel** des quelques grandes puissances mondiales qui siègent au Conseil de sécurité de l'**ONU** à titre de membres permanents. Étant donné l'**hégémonie** qu'elles exercent sur l'ONU grâce à leur position au sein du Conseil de sécurité, l'observateur a souvent tendance à confondre l'intérêt général de l'ensemble des pays de la planète avec les intérêts particuliers de ces cinq pays : les États-Unis, le Royaume-Uni, la France, la Russie et la Chine. Pourtant, ces intérêts divergent le plus souvent. Pour s'en convaincre, il suffit de constater à quel point il est rare que la volonté de l'Assemblée générale de l'ONU se traduise concrètement par une décision de la soi-disant communauté internationale.

Dans certaines circonstances, d'autres puissances mondiales, grandes ou moyennes, participeront aux prises de position de la « communauté internationale » : l'Allemagne, le Japon, l'Italie, le Canada, etc. Il s'agit donc d'un cercle d'États assez restreint. En somme, « la communauté internationale n'existe que dans la rhétorique des autorités étatiques, organisations internationales et responsables d'ONG […]. Ceux-ci recourent à cette expression qui […] permet […] la légitimation d'objectifs particuliers présentés comme autant d'actions universelles par des acteurs sociaux en quête de respectabilité » (Battistella, dans Smouts, 2006, p. 67).

>> **nouvel ordre mondial**

Communes

>> **Chambre des communes**

Communisme

▨ Au sens large, qualifie diverses théories économiques et sociales (allant de Platon, au Vᵉ siècle avant notre ère, à Mao Zedong, au XXᵉ siècle) fondées sur l'égalitarisme et le remplacement de la propriété privée par la propriété collective.

▨ Dans la **théorie** de Karl Marx (1818–1883), le terme prend une signification plus précise : faisant suite à la lutte des classes, au renversement du capitalisme et à l'instauration du socialisme, il s'agit de la dernière étape de l'histoire de l'humanité, caractérisée par l'abondance de biens matériels et l'absence de classes sociales et d'**État** (c'est-à-dire de tout appareil répressif).

Au début du XXᵉ siècle, dans la foulée de la révolution d'octobre 1917, le communisme désigne la tendance **révolutionnaire** du mouvement socialiste (partis, organisations, militants, etc.) qui se distingue des autres tendances (social-démocrate, **réformiste,** etc.). Les communistes prônent un projet révolutionnaire sous la direction d'un parti unique (le Parti communiste), l'abolition de la propriété des moyens de production et le développement planifié des forces productives en fonction des besoins sociaux.

Au-delà des espoirs suscités, les régimes communistes qui se sont mis en place au XXᵉ siècle ont conduit au développement d'un appareil d'État omnipotent, à la suppression des droits démocratiques, voire au **despotisme** et, tôt ou tard, à une paralysie de la **société civile.**

>> **bolchévique, économie planifiée, socialisme**

Compétence législative

▨ **Pouvoir** d'intervention d'une **autorité** politique.

▨ Secteur d'activité (comme l'économie, la défense nationale, les relations extérieures, l'éducation, la santé publique) qui, en vertu d'un **droit,** est sous l'autorité d'un **gouvernement.** Dans une **confédération** d'États ou dans un **État** fédéral, le partage des compétences législatives entre les deux paliers de gouvernement est une donnée politique d'importance capitale et fait souvent l'objet de débats fondamentaux puisque ce partage détermine, en bonne partie, la **souveraineté** et l'**autonomie** de l'État central et des États membres. Au Canada, le partage des compétences législatives est prévu, en partie, dans la **Loi constitutionnelle de 1867** et dans la **Loi constitutionnelle de 1982.** De plus, il est au centre des débats et des négociations constitutionnelles (**Accord du lac Meech,** rapport Allaire, **Accord de Charlottetown,** etc.). Synonymes : responsabilité législative, champ de juridiction (ou champ de compétence), domaine législatif ou, tout simplement, pouvoir législatif.

Complexe militaro-industriel

▨ L'expression est consacrée le 17 janvier 1961 dans le discours d'adieu de Dwight D. Eisenhower (1890–1969), ex-général d'armée pendant la Seconde Guerre mondiale et président des États-Unis en poste de 1953 à 1961. Quittant le pouvoir, Eisenhower met en garde ses compatriotes au sujet de la «conjonction d'un immense *establishment* militaire et d'une importante industrie privée», de la nécessité de se «prémunir contre l'influence illégitime que le complexe militaro-industriel tente d'acquérir», de la possibilité «que cette influence connaisse un accroissement injustifié, dans des proportions désastreuses et échappant au contrôle des citoyens», mettant «en danger nos libertés ou nos méthodes démocratiques» (Seither, 2005).

Aux États-Unis, le complexe militaro-industriel (C.M.-I.) désigne donc un ensemble plus ou moins occulte de chefs militaires de haut rang, de responsables d'agences gouvernementales, de politiciens siégeant à la Commission de la Défense et de dirigeants de grandes industries plus ou moins directement liées à l'armement. Le pouvoir du C.M.-I sur les grandes orientations politiques concernant la guerre et la paix est à l'image des enjeux très importants pour chacun de ces acteurs : les sommes astronomiques du budget de la Défense (728 milliards de dollars en 2010), les importants contrats annuels qu'il accorde (entre 10 et 20 milliards de dollars à des firmes comme Boeing, Lockheed-Martin ou Northrop-Grumman), le développement économique et les millions d'emplois qui y sont liés, sans compter les possibilités d'avantages individuels.

Plusieurs études documentées portent sur les complexes militaro-industriels en Russie, en Chine, en France, voire au Canada.

Confédération

Au sens large, union qui regroupe de façon formelle des entités autonomes. Par exemple, il existe de nombreuses confédérations d'associations syndicales, professionnelles et même sportives.

De façon plus précise, il peut s'agir d'une «association d'États indépendants ayant délégué par traité l'exercice de certaines compétences à des organes communs» (Grawitz, 1994, p. 81) ou confédéraux (**parlements,** conseils, tribunaux, etc.). Chacun des **États** membres ou confédérés conserve sa **souveraineté** et a un droit de retrait. Dans ce sens, contrairement à la **fédération d'États,** la confédération ou l'union de type confédéral ne constitue pas un État à proprement parler.

À titre d'exemples du principe confédératif, on peut mentionner l'**Union européenne** (UE), qui regroupe maintenant 28 États d'Europe ou, encore, la **Communauté des États indépendants (CEI)** regroupant 11 États qui, avant 1991, étaient membres de l'URSS.

Il est à noter que, malgré son titre de «confédération», le Canada, qui est constitué de 10 **provinces** et de 3 **territoires** qui ne sont pas des États souverains, est un État fédéral et non une confédération d'États.

Confiance

>> motion

Conflit

Rivalité, opposition ou affrontement pouvant aller de la simple controverse jusqu'au rapport de force. Il peut s'agir, par exemple, d'un débat ou d'une polémique entre individus, ou encore d'une **guerre civile** ou internationale. Objet d'étude important en sciences humaines, le conflit occupe une place centrale en **science politique,** où sont étudiés les conflits «**politiques**» (soit les luttes pour prendre ou conserver le **pouvoir**), mais aussi les conflits d'ordre matériel (les luttes pour des avantages économiques) et les conflits de valeurs ou d'idées (les luttes idéologiques).

Selon certaines écoles de pensée, le conflit peut être un facteur d'équilibre (en permettant d'éviter la domination d'une seule tendance ou d'un seul groupe). Selon d'autres **théories,** le conflit est une force qui favorise le changement, l'évolution, voire le progrès (les groupes qui sont dominés renversant ceux qui sont dominants).

>> **antagonisme**

Conflit d'intérêts

Situation fautive dans laquelle un professionnel ou un personnage public se trouve s'il confond deux types de motivations, opposées par leur nature : son avantage personnel (appât du gain, **favoritisme** à l'égard d'un membre de sa famille ou de son entourage, etc.) et l'intérêt supérieur commandé par sa charge, son poste, sa fonction (le **bien commun,** l'intérêt des patients, des usagers, des concitoyens, du public, etc.). Lorsque cette confusion perdure, l'individu risque d'en arriver à faire passer son intérêt personnel avant celui qui est commandé par sa charge ; il s'expose alors à des procédures judiciaires et à des sanctions.

Pour certains postes précis, *l'impartialité* qu'on attend d'un individu est telle qu'on voudra même éviter toute apparence de conflit d'intérêts. En pareils cas, on exigera de lui, avant son entrée en fonction, qu'il déclare publiquement tous ses intérêts pécuniaires, qu'il cède certains de ceux-ci ou qu'il renonce à intervenir dans tout dossier ayant rapport à ces mêmes intérêts personnels. Plusieurs institutions, associations ou corporations se sont dotées d'instruments pour combattre les risques de conflit d'intérêts et pour garantir une conduite éthique qui protège le citoyen, l'usager ou le consommateur : **règlements,** code de déontologie, etc.

Congrès

Siège du pouvoir **législatif** aux États-Unis. Le Congrès est un organe très puissant, au centre de la vie politique fédérale américaine. Il fait les lois, surveille l'administration et vise à assurer la représentation du peuple américain dans sa diversité (géographique, confessionnelle, socioéconomique, etc.). Il comprend deux Chambres d'assemblée : le Sénat et la Chambre des représentants. Le Sénat, ou *upper house*, est composé de 100 sénateurs (soit 2 par État) élus par la population de leur État respectif ; la durée de leur mandat est de 6 ans et ce mandat est renouvelable. La Chambre des représentants, ou *lower house*, est composée de 435 représentants, également élus ; la durée de leur mandat est de 2 ans (renouvelable). Le nombre de représentants auquel chaque État a droit dépend de son poids démographique ; les États les moins populeux en ont un seul (Alaska, Vermont, Wyoming, etc.), tandis que les États les plus importants en ont une trentaine (New York, Texas), voire une cinquantaine (Californie). L'édifice abritant le Congrès des États-Unis s'appelle le Capitole.

Instance de décision, habituellement la plus large et la plus démocratique, au sein d'une association, d'un syndicat ou d'un parti.

>> **convention**

Conquête (1760)

Depuis 1754, le «Canada» est impliqué dans la guerre de Sept Ans, qui oppose en Europe, notamment, l'Angleterre et la métropole française. Le 13 septembre 1759, en moins de 20 minutes, Montcalm (1712–1759) perd la bataille des plaines d'Abraham. C'est la chute de la ville de Québec. Montréal capitule le 9 septembre 1760. Avec la fin de la guerre en Europe et la signature du traité de Paris en 1763, la France cède son **empire** en Amérique du Nord. Ces événements marquent la fin de la Nouvelle-France et le début du régime anglais au Canada.

Cette «conquête» mènera à plusieurs interprétations. Dans les années 1950–1960, des historiens nationalistes (Guy Frégault, Michel Brunet, Maurice Séguin) voient dans la Conquête une cassure brutale : les fonctionnaires et commerçants anglais prennent le contrôle de la **colonie** et déclassent l'**élite** canadienne-française, composée de seigneurs et de marchands. Selon ces historiens, les Canadiens français deviennent des citoyens de seconde zone, éliminés du commerce et du pouvoir, minoritaires et dépendants. Sur le terrain politique, la seule solution à cette dépendance économique et sociale est donc l'indépendance politique : redevenir «maîtres chez nous», selon le slogan de la **Révolution tranquille** repris par le Parti québécois, sous René Lévesque (1922–1987).

Pour d'autres historiens, comme Jean Hamelin et Fernand Ouellet, la Conquête n'aurait pas entraîné de changements majeurs : l'économie basée sur la fourrure et l'agriculture devient plus prospère, et si les seigneurs sont les grands perdants, le peuple voit ses conditions de vie s'améliorer. Quant à la bourgeoisie marchande canadienne-française, elle est à l'époque, selon eux, presque inexistante. De plus, le régime britannique, parlementaire et plutôt «libéral», représente un progrès par rapport au régime français, monarchique et autoritaire. Sur le plan politique, cette interprétation peut se traduire par le désir d'émancipation du Canada français dans une perspective d'ouverture, dépassant ainsi la question nationale. Pierre Elliott Trudeau (1919–2000), qui conviait les Canadiens français à prendre leur place au sein d'un Canada qu'il voulait respectueux des deux langues, représente bien ce courant de pensée.

Indépendamment des interprétations ou des positions politiques qui en ressortent, la Conquête de 1760 marque le début de la cohabitation entre deux **peuples,** avec les avantages et les difficultés que cela peut entraîner. Par ailleurs, la Conquête de 1760 laisse en suspens la question des droits des communautés autochtones.

Conseil des ministres

>> **cabinet**

Consensus

Accord entre toutes ou presque toutes les parties impliquées, sans qu'il soit vérifié formellement par un vote.

Consensus mou

- « Synonyme de démission générale devant les responsabilités par conformisme et par lâcheté. [...] Refus d'assumer des convictions » (Denquin, 1997, p. 53).

- Contrairement à un consensus solide, il s'agit d'une entente fragile où toutes les parties ont fait nombre de compromis.

Consensus social

- Adhésion d'une forte majorité de la population à une position de principe, une idée, une cause, un projet. Par exemple, il y a un large consensus, au Canada, selon lequel la violence faite aux femmes est inacceptable et doit être sévèrement punie.

- L'emploi de l'expression peut relever de la **démagogie** lorsqu'il sert à convaincre les citoyens de la popularité d'une idée ou du bien-fondé d'une affirmation, sans pour autant que cette popularité ou ce bien-fondé ne soient avérés.

Conservatisme

- Le conservatisme moderne est une **idéologie** qui s'est développée, notamment, en réaction à la Révolution française. Les conservateurs critiquent les révolutionnaires pour leur foi en la raison, dans le progrès et dans la souveraineté populaire. Ils postulent l'existence d'un ordre social naturel et doutent énormément des capacités de l'être humain à transformer la société, à éliminer les inégalités ou même à accomplir des projets ambitieux grâce à l'**État.** Ils considèrent donc que la nature humaine a un potentiel limité. Dans leur credo, on trouve le respect des lois, le maintien de l'ordre, la propriété privée et la foi en Dieu.

  Selon l'idéologie conservatrice, « le retour aux valeurs anciennes est l'unique façon d'assurer au monde une stabilité et une organisation harmonieuse. [Cette idéologie] préconise le respect des traditions, la hiérarchie sociale, le moralisme et la cohésion sociale. [...] L'ordre du monde existe tel qu'il est, il n'est pas malléable, et l'être humain y est soumis. Comme il lui est impossible de le changer, il doit s'adapter à cet ordre et occuper la place qui lui revient. Selon le conservatisme, les êtres humains ne naissent pas égaux, comme le prétend le libéralisme. Il importe donc à chacun de reconnaître sa place au sein de la société, d'accepter son statut et d'assumer ses devoirs » (Parenteau et Parenteau, 2008, p. 81). Ainsi associe-t-on habituellement à ce courant les points de vue et les valeurs qui sont liés aux intérêts de groupes privilégiés ou des classes dominantes.

  » **droite, réactionnaire**

Constituante

» **assemblée constituante**

Constitution

- Consacrant la volonté des citoyens de constituer un **État,** équivalent d'un « contrat social », selon l'expression de Jean-Jacques Rousseau (1712–1778), la Constitution est la **loi** « suprême » d'un pays. Tous les **acteurs** politiques doivent en respecter les préceptes et aucune autre loi ne peut la transgresser.

Généralement, il s'agit d'un document juridique (bien que les traditions puissent avoir force de conventions constitutionnelles, comme c'est le cas au Canada, par exemple) où sont précisés les principes et les idéaux qui ont présidé à la création de l'État, de même que l'organisation et le mode de fonctionnement des pouvoirs publics, qui sont eux-mêmes soumis à cette loi fondamentale.

Consul

De nos jours, le terme désigne le représentant officiel d'un État dans une ville importante d'un autre État, excluant généralement la capitale, siège éventuel de l'ambassadeur. Les tâches consulaires sont, par exemple, de rendre certains services (délivrance de passeports, visas, etc.), de protéger les droits des ressortissants ou de veiller aux intérêts, notamment commerciaux du pays.

Convention

Entente ou accord entre deux parties ou davantage. Synonymes : accord, **traité,** pacte, protocole.

Le terme peut aussi désigner, plus spécifiquement, certains types d'assemblées ou de réunions. C'est le cas d'assemblées réunies dans le but d'élaborer une **constitution** (Convention de Philadelphie en 1787, Convention nationale en France en 1792, par exemple) ou, aux États-Unis, de réunions tenues à l'intérieur des partis politiques en vue de désigner leur candidat aux élections présidentielles (équivalent des « congrès » tenus par les **partis** politiques canadiens et québécois).

Convention constitutionnelle

Règle issue d'une coutume solidement implantée au sein des institutions politiques plutôt que d'une exigence explicitement formulée dans la constitution. Les conventions constitutionnelles prescrivent des pratiques et des normes, souvent parlementaires, issues des comportements maintes fois répétés des acteurs politiques, au fil des décennies ou des siècles. Ces conventions, qui établissent les **prérogatives** des acteurs, de même que les limites de leur pouvoir, ont pratiquement la même valeur que les articles de la constitution, même si elles n'y figurent pas. À titre d'exemples, mentionnons :

- l'obligation pour le **gouverneur général** ou le lieutenant-gouverneur de se soumettre à l'avis de son premier ministre, tant que celui-ci dispose de la confiance de la Chambre, même si la constitution prévoit que c'est la Couronne qui détient la **souveraineté** ;

- l'obligation pour le gouverneur général ou le lieutenant-gouverneur de désigner comme premier ministre le chef du parti politique ayant gagné les élections ;

- le transfert à ce premier ministre et à son **cabinet** de l'essentiel des pouvoirs que la constitution réserve à la Couronne et à son représentant ;

- la **responsabilité ministérielle,** en vertu de laquelle ce premier ministre et ce cabinet doivent obligatoirement rendre compte de leurs décisions ou actions devant l'Assemblée législative dont ils sont issus (élue au suffrage universel), de qui ils tiennent l'autorisation de gouverner tant et aussi longtemps qu'ils disposent de l'appui d'une majorité de députés.

>> **monarchie constitutionnelle, régime parlementaire**

Cooptation

▦ Action de coopter, c'est-à-dire, pour les membres d'une assemblée ou d'un groupe, d'admettre un nouveau membre de leur choix sans suivre des règles démocratiques (qui consisteraient, par exemple, à ouvrir publiquement le poste, à mener une large consultation, à organiser des élections impliquant un grand nombre de personnes, etc.).

Corporatisme

▦ Dans un **groupe de pression** (syndicat, association étudiante, etc.), tendance à faire de la protection des intérêts des membres la seule raison d'être de son action, au mépris d'intérêts plus larges que le groupe et ses membres pourraient partager avec d'autres segments de la société. Cela revient à considérer son groupe de pression comme une corporation, c'est-à-dire un ordre professionnel qui ne regroupe qu'une catégorie bien particulière d'individus, distincts (par leur métier, leur savoir, leurs compétences) des autres individus formant la société. Lorsqu'il existe un tel esprit de corps, que l'engagement envers les intérêts spécifiques du groupe est aussi exacerbé, les rapports avec les autres groupes de la société peuvent être marqués par l'ignorance, la compétition, la condescendance, etc.

▦ **Doctrine** développée en Italie avant la Seconde Guerre mondiale et étroitement associée au régime fasciste de Benito Mussolini (1883–1945). En vertu de cette doctrine, tous les individus formant la société doivent être regroupés en corporations, qui correspondent, le plus souvent, à leur métier, à leur emploi du temps ou à leur statut. Ces corporations doivent à leur tour être intégrées au parti et à l'**État,** qui agiront pour l'avancement de la **nation** en défendant les corporations et en s'appuyant sur celles-ci. Le corporatisme, qui fait jouer aux corporations un rôle fondamental dans l'organisation politique d'un pays, «a dérivé de certains aspects de la doctrine sociale de l'Église catholique à la fin du XIXe siècle» (Hermet, 1998, p. 66) et a eu de nombreux adeptes en Espagne, au Portugal, en France et au Québec durant la première moitié du XXe siècle.

Cosmopolitisme

▦ Du grec *kosmos*, l'univers, le monde habité, et *politês*, citoyen. Tendance politique voulant que l'on se considère comme citoyen du monde plutôt que comme citoyen d'un pays. Le cosmopolitisme suppose une forte adhésion aux valeurs internationales, par opposition aux valeurs nationales. Il peut impliquer un goût marqué pour le métissage culturel, c'est-à-dire le mélange des peuples, des communautés, des langues, etc.

Il arrive que le terme soit employé péjorativement, notamment par les **nationalistes,** pour désigner cette caractéristique faisant que des personnes sont à ce point tournées vers l'étranger qu'elles en oublient d'où elles viennent, renient leurs origines et perdent de vue leur **identité** sociale, leur appartenance à une nation.

Coup d'État

▨ Action illégale consistant à s'emparer du pouvoir politique par l'usage de la force. Une telle prise du pouvoir est généralement exécutée par un groupe de soldats, de mercenaires ou de **guérilleros** rebelles, sans participation massive du reste de la population – ce qui le distingue des **révolutions** ou des soulèvements populaires. On emploie également les termes «putsch» et «pronunciamiento» pour parler de coup d'État.

» **légitimité**

Cour suprême du Canada

▨ Établie en 1875, ce n'est pourtant qu'en 1949, alors qu'elle remplace le Conseil privé de la Reine pour le Canada, que la Cour suprême devient le tribunal de dernière instance de la fédération. Elle est composée de neuf juges nommés par le gouvernement fédéral ; ces juges exercent leur fonction jusqu'à l'âge de la retraite, soit 75 ans. Trois juges doivent provenir du Québec, donc avoir une formation en droit civil, alors que la tradition veut que trois autres juges proviennent de l'Ontario, deux de l'ouest du pays et un des Maritimes. Au-delà de ses fonctions judiciaires, tout en tranchant des litiges entre des **acteurs** politiques de premier plan (gouvernements, groupes de pression, mouvements sociaux, entreprises, etc.), la Cour suprême exerce un pouvoir politique très important par l'entremise de ses décisions sur des questions qui concernent le droit constitutionnel. Le gouvernement peut aussi lui demander des avis juridiques. Ses jugements et ses interprétations de la **Constitution** et, tout particulièrement depuis 1982, de la **Charte canadienne des droits et libertés** constituent une **jurisprudence** qui peut être déterminante. À titre d'exemples, mentionnons que la Cour suprême est intervenue dans des problématiques aussi politiques que le partage des compétences entre les deux ordres de gouvernement de la fédération, le droit des femmes à l'avortement, les droits linguistiques des minorités francophones au Canada et anglophone au Québec, la **discrimination** sur la base de l'orientation sexuelle – donc l'égalité juridique pour les conjoints de même sexe –, ainsi que les droits des peuples autochtones et le droit de **sécession** d'une province.

Le mode de nomination des juges, par le seul gouvernement fédéral, a été l'objet de contestations de la part de nombreux acteurs politiques, sans toutefois que l'on parvienne à s'entendre sur une façon de le réformer. Cette question apparaît pertinente puisque la Cour suprême occupe une place de plus en plus importante dans le système politique canadien ; certains n'hésitent pas à parler du rôle législatif joué par cette cour, et même d'une forme de gouvernement par les juges.

Couronne

» **gouverneur général, lieutenant-gouverneur, monarchie constitutionnelle**

Couvre-feu

▨ Mesure pouvant être adoptée par les autorités publiques interdisant la libre circulation des personnes à certaines heures et obligeant chacun à être chez soi (et à éteindre les lumières). Cette mesure sert à faciliter le travail des militaires ou de la police, une fois la nuit tombée. En principe, un couvre-feu est décrété dans des circonstances exceptionnelles menaçant l'ordre public : guerre, **insurrection,** émeute, etc.

>> **état d'urgence, loi martiale**

Créancier

Celui à qui l'on doit de l'argent. S'il s'agit de l'endettement d'un pays, des institutions internationales (**BIRD, Fonds monétaire international (FMI),** etc.), des gouvernements ou, encore, des agents privés (banques, épargnants, etc.) peuvent être des créanciers.

>> **débiteur, dette extérieure**

Crédit social

Sur la scène politique canadienne, nom du parti politique ayant été le principal véhicule de l'idéologie du **créditisme.** Le Parti du crédit social connaît d'importants succès de popularité en Alberta (des années 1930 aux années 1970), en Colombie-Britannique (des années 1950 aux années 1990) et au Québec (durant les années 1960 et 1970, où il se fait connaître également sous la bannière du Ralliement créditiste). Au cours des dernières décennies, sur la scène fédérale, le Reform Party (devenu l'Alliance canadienne en 2000) serait l'héritier des derniers vestiges du courant créditiste dans l'Ouest canadien. Ceux-ci auraient été absorbés par le nouveau Parti conservateur de Stephen Harper, lors de la fusion entre l'Alliance canadienne et le Parti progressiste-conservateur en 2005.

Créditisme

À l'origine, idéologie s'appuyant sur les théories économiques élaborées dans les années 1920 par Clifford Hugh Douglas (1879–1952), un ingénieur de l'armée britannique, selon lesquelles l'État doit soutenir directement le pouvoir d'achat des individus par l'octroi d'un dividende universel. Très populaires durant la grave récession des années 1930, ces théories économiques sont par la suite peu à peu abandonnées, l'idéologie créditiste évoluant, au Canada à tout le moins, vers des considérations politiques plus diffuses, mêlant adroitement **charisme** des chefs, reflet des spécificités régionales du Canada, **populisme** et protestation à l'égard des deux vieux partis (libéral et conservateur).

>> **Crédit social**

Creuset

En anglais : *melting pot.* Dans les sociétés multiethniques, l'un des modèles de coexistence et d'intégration, modèle dont l'incarnation la plus poussée semble être les États-Unis d'Amérique. Selon ce modèle, les immigrants attirés aux États-Unis cherchent dès leur arrivée à se fondre dans la société d'accueil et à devenir le plus vite possible de «vrais Américains comme les autres». Ainsi, tant la société d'accueil que les populations qui s'y greffent poursuivent progressivement, de façon naturelle, le même but : construire une seule grande nation intégrée et unitaire, issue de la fusion de tous ces apports identitaires en un nouvel et unique amalgame. Dans cette optique, le rôle de l'État n'est pas de cultiver ou de célébrer les différences ethniques, encore moins de proclamer et de préserver l'existence de **communautés culturelles** distinctes. Il est plutôt de favoriser, grâce à un processus d'assimilation lent mais soutenu, la création d'un alliage homogène : la nation américaine.

Toutefois, l'épreuve des faits ne confirme pas exactement ce modèle. D'une part, parce qu'il y a toujours aux États-Unis de vastes populations qui sont victimes, et ce, depuis très longtemps, de **discrimination** ou de **racisme** : les Afro-américains, les premières nations et les hispanophones (pour ne nommer que les principaux groupes). D'autre part, parce que les comportements des immigrants et de leurs descendants varient beaucoup d'un individu à l'autre : plusieurs tiennent à maintenir, sur une base ethnoculturelle, des liens de type communautaire et à entretenir la part de leur identité issue du pays d'origine.

» **mosaïque, multiculturalisme**

Crime contre l'humanité

Agression odieuse, violente et sur une vaste échelle perpétrée non pas contre un État, mais contre des populations civiles, au mépris du **droit international** : persécutions, nettoyage ethnique, assassinat, déportation, torture, etc.

» **génocide**

Crise d'Octobre (1970)

Aussi appelée « Événements d'octobre », situation particulièrement dramatique dans l'histoire du Québec, dont le caractère le plus spectaculaire s'observe durant le mois d'octobre 1970 (la crise s'étend toutefois au-delà) et qui tient à la conjonction de divers facteurs : action terroriste, bien sûr, mais également montée des revendications sociales et ouvrières, flambée du **nationalisme** québécois, crise linguistique entre francophones et anglophones, de même qu'une certaine illégitimité des institutions politiques.

On situe généralement le début de la crise le 5 octobre 1970, jour de l'enlèvement d'un diplomate britannique, James Richard Cross, par le Front de libération du Québec, qui exige, entre autres, contre sa remise en liberté, la libération de détenus politiques (**felquistes**). À la suite de la décision prise par les gouvernements canadien et québécois de ne pas satisfaire aux demandes des ravisseurs de Cross, d'autres membres du **FLQ** procèdent à l'enlèvement du ministre du Travail au sein du gouvernement Bourassa, Pierre Laporte (1921–1970). Les autorités répondent par la force en proclamant la **Loi sur les mesures de guerre.** Laporte meurt peu après en captivité (17 octobre). Près de deux mois après son enlèvement, le diplomate britannique sera relâché en échange du départ pour Cuba (et de la liberté) de ses ravisseurs.

Durant la crise, des centaines de personnes sont arrêtées injustement. Les nationalistes, **intellectuels,** syndicalistes et progressistes sont particulièrement visés. Cette répression portera un coup très dur au mouvement nationaliste québécois, qui privilégiera systématiquement par la suite une action modérée et le **réformisme** comme moyens d'arriver à ses fins.

Crise des missiles

▨ Moment décrit par plusieurs comme le plus intense de la **guerre froide.** En 1962, l'URSS procède à l'installation de missiles nucléaires à Cuba ; les États-Unis s'en rendent compte et veulent à tout prix l'empêcher. Des négociations entre John F. Kennedy et Nikita Khrouchtchev permettent d'éviter le pire : le déclenchement d'une troisième guerre mondiale, voire d'un **holocauste** nucléaire. Synonyme : crise des fusées.

Culture politique

▨ Acquise par un processus de socialisation, la culture politique est l'ensemble des croyances et des attitudes politiques d'un individu, d'un groupe ou d'une collectivité qui détermine, en partie, ses comportements politiques.

Cyberactiviste

▨ Néologisme qui désigne un individu, **militant** ou **activiste,** qui utilise les technologies informatiques telles que les sites Web, la messagerie électronique, les forums, les blogues, etc., dans le but de diffuser de l'information ou de mobiliser en fonction d'actions à caractère politique. Il peut s'agir de dénoncer des situations ponctuelles (violation des droits de la personne, catastrophe environnementale, etc.), de faire signer une pétition, de procéder à une collecte de fonds, d'exercer des pressions sur une entreprise ou une autorité politique, d'organiser ou de gérer une action (création d'un mouvement citoyen, manifestation, geste d'éclat, etc.). Les technologies informatiques ont l'avantage d'être peu onéreuses, rapides, facilement accessibles aux personnes et aux groupes marginaux et permettent autonomie et indépendance.

Plus ou moins synonyme, l'expression anglaise *hacktivist* (dérivée de *hacker*, pour pirate informatique) fait davantage référence à des cracks de l'informatique qui utilisent leurs connaissances pour mener des actions à caractère politique illégales : vol d'information, sabotage de sites, saturation de serveurs, propagation de virus informatiques, etc.

Cynisme

▨ Attitude en vertu de laquelle la fin justifie tous les moyens. Le cynisme est l'abandon des considérations morales au profit d'un calcul froid, souvent impitoyable, de la meilleure façon d'atteindre son but. Faire preuve de cynisme, c'est donc faire triompher, en toute connaissance de cause, les aspects utilitaires aux dépens d'une réflexion sur le bien et le mal. En politique, l'être cynique pourra envisager les moyens suivants : la manipulation, la duplicité, la **démagogie,** l'instrumentalisation, la **coercition,** etc.

▨ Le terme peut également désigner une attitude de profonde désillusion, frôlant le mépris, à l'égard de la nature humaine. En ce cas, la personne cynique est désenchantée et blasée devant le faible potentiel de l'humanité ; elle n'a plus aucune confiance en l'aptitude des sociétés à améliorer leur sort ou celui des individus.

Dans un sens plus étroit, on parle de « cynisme des électeurs » à l'égard de la **classe politique** et de certaines **institutions** démocratiques, comme les élections et le parlement. De sérieux doutes existent dans l'esprit du public quant à la capacité du monde politique de servir le bien commun. Cela est dû, en partie, aux révélations faites par les médias à propos du financement occulte des caisses de certains partis, du copinage exercé par certains politiciens à l'endroit des amis du régime, de l'ingérence des firmes privées dans les mécanismes de gestion et de décision des gouvernements (incluant les municipalités), etc. Au-delà, se pose le défi de la pertinence de la participation politique, qui est reflété par un taux d'**abstention** de plus en plus élevé. Dans un ouvrage important de la politologie canadienne intitulé *Absent Mandate*, Harold D. Clarke, Jane Jenson, Lawrence Leduc et Jon H. Pammett avancent la thèse que les élections seraient de moins en moins l'occasion de tenir les grands débats de fond interpellant la société, donc de faire des choix collectifs clairs. Si l'on suit cette thèse, on comprend en effet que dans le cas des scrutins du 14 octobre 2008 (au Canada) et du 8 décembre 2008 (au Québec), les élections ont été déclenchées de façon prématurée et dans un contexte artificiel, 20 mois après la tenue du précédent scrutin, en évitant soigneusement de mettre à l'ordre du jour les principales questions existentielles du moment : comment faire face à la crise économique mondiale, quel sera son impact sur les finances publiques, quels choix sociaux délicats découleront d'une intervention active de l'État pour relancer l'économie, etc. Selon ces quatre politologues, ces dernières décennies, la tendance des gouvernants est d'évacuer du débat, lorsqu'ils déclenchent des élections, les enjeux sociopolitiques majeurs, de faire porter la campagne sur des formules creuses et de se garder toute la marge de manœuvre nécessaire pour faire à leur guise une fois les élections passées et gagnées. Dans un tel contexte, plusieurs parlent de cynisme de la part des politiciens à l'égard des électeurs.

» **taux de participation**

*D*e facto

Locution latine signifiant « de fait » par opposition à *de jure*, de droit. Qualifie une situation qui est basée sur des faits (voire des rapports de force) plutôt que sur le **droit** ou la légalité. On parlera, par exemple, d'un **gouvernement** *de facto* ou d'une **frontière** *de facto*.

Débiteur

Celui qui doit de l'argent à quelqu'un. En **relations internationales,** on emploie souvent le terme « débiteurs » pour parler des pays endettés.

» **créancier, dette extérieure**

Décentralisation

Mode d'organisation d'un **État** ou d'une **institution,** caractérisé par l'**autonomie** politique de certains territoires, de certaines collectivités ou de certains services par rapport au pouvoir central. Ces entités territoriales, humaines ou administratives ont un statut juridique qui leur est propre : **États, républiques,** régions, **provinces, territoires,** commissions, agences, etc. Elles sont aussi titulaires de pouvoirs **législatifs** ou réglementaires, de pouvoirs **exécutifs** et, éventuellement, de pouvoirs **judiciaires.** Généralement, les autorités qui sont à la tête de ces entités sont élues et disposent d'un accès direct à des ressources financières (pouvoir de taxation). Mentionnons, à titre d'exemple, les États membres d'une **fédération** ou d'une **confédération,** ou, encore, les **municipalités** et les **commissions scolaires** au Québec.

Décolonisation

Processus par lequel la **métropole** se retire – de gré ou de force – d'une **colonie** qu'elle contrôlait, de manière à permettre son accession à l'**indépendance.** Cela répond le plus souvent aux aspirations du peuple habitant le territoire colonial, qui proclame son droit à l'autodétermination et affirme non seulement sa volonté, mais aussi sa capacité de se gouverner lui-même. La décolonisation peut être l'aboutissement d'une guerre d'indépendance (États-Unis, Haïti, Mexique, Angola, etc.) ou le résultat d'une négociation (Brésil, Canada, etc.).

À partir de la fin de la Seconde Guerre mondiale, le processus de décolonisation s'accélère, créant un grand nombre de pays souverains. Ainsi, une douzaine d'États indépendants apparaissent en Asie entre 1943 et 1955, tandis qu'en Afrique seulement, près d'une quarantaine de nouveaux pays voient le jour entre 1951 et 1968. Le processus s'étend au moins jusqu'aux années 1980 et touche également des territoires de l'Amérique et du Pacifique ; durant toute cette période, la décolonisation consacre l'émergence du **tiers-monde** comme acteur déterminant des relations internationales. On pense ici non seulement au mouvement des pays **non-alignés,** mais aussi aux espoirs suscités par ce qui est vu, à l'époque, comme de nouveaux modèles de société. Les leaders politiques qui animent et donnent un visage à ce processus s'appellent Gandhi, Ho Chi Minh, Patrice Lumumba, Jawaharlal Nehru, Kwame Nkrumah, Julius Nyerere, Sukarno, etc.

Si elle consacre la souveraineté politique des nouveaux pays, la décolonisation ne permet toutefois pas aux jeunes États de connaître une totale indépendance économique et culturelle. En effet, la subordination aux intérêts de l'ex-métropole peut durer des décennies après la proclamation de l'indépendance.

>> **colonisation, néocolonialisme**

Déconcentration

Mode de gestion d'un **État,** d'une **institution,** d'une entreprise ou d'un service, caractérisé par une délégation des pouvoirs à des organismes ou à des agents régionaux ou locaux. Dans un tel cas, il est à noter que ces organismes ou agents restent soumis à l'autorité centrale (contrairement à ce qui se produit dans le cas de la **décentralisation**). Par exemple, un débat a cours depuis des années, au Québec, sur la déconcentration des pouvoirs en faveur des régions administratives (Gaspésie, Bas-Saint-Laurent, Saguenay–Lac-Saint-Jean, etc.). Le principe contraire à la déconcentration est la **centralisation.**

>> **autonomie**

Décret

🔲 En régime parlementaire, décision prise directement par le **Conseil des ministres** (ou le **Cabinet**) en conformité avec une loi. Les décrets s'inscrivent dans le cadre général d'une loi et ont force de loi.

Expéditifs, les décrets peuvent s'avérer utiles dans les cas d'urgence. En revanche, en court-circuitant les débats publics et parlementaires, les décrets ne sauraient tenir lieu de mode de gouvernement sans causer de graves préjudices à la **démocratie.**

Déficit démocratique

🔲 Formule qui exprime une critique radicale de la tendance des autorités politiques (à tous les niveaux et tous partis confondus) à procéder à des choix qui engagent l'avenir des sociétés sans respecter le processus démocratique. Au Québec, l'expression a été utilisée par des acteurs politiques **progressistes** dans le cadre du débat sur le « déficit zéro », les coupes dans les programmes sociaux et le démantèlement de l'**État-providence.** Elle fut reprise par la suite dans le cadre du débat sur la libéralisation des marchés et la **mondialisation** de l'économie. Dans tous les cas, les **citoyens,** mais aussi parfois leurs représentants au sein des **assemblées législatives,** ne sont pas correctement informés des tenants et des aboutissants des orientations et des décisions prises par les **gouvernements.** Ces derniers ont tendance à considérer les intérêts et les avis des **technocrates,** des **firmes multinationales** ou des organisations économiques internationales au détriment des intérêts et avis des citoyens et de la population en général.

 » **autoritaire**

Démagogie

🔲 Technique de manipulation de l'opinion, employée pour obtenir les faveurs du peuple. Attitude de certains **acteurs** politiques qui se basent sur des préjugés populaires et sur le fait que leurs interlocuteurs sont mal informés pour influencer leurs points de vue ou leurs comportements. Le terme étant très péjoratif, le fait de qualifier un acteur politique de « démagogue » constitue une critique radicale. Par extension, un **discours** ou de la littérature peuvent être qualifiés de démagogiques.

 » **désinformation, populisme**

Démocratie

🔲 Du grec *demos*, peuple, et *kratos*, pouvoir. Principe selon lequel l'ensemble des **citoyens,** libres et égaux, exerce la **souveraineté** politique et contrôle le pouvoir. « Gouvernement du peuple, par le peuple, pour le peuple », selon l'expression du président américain Abraham Lincoln (1809–1865).

« Né dans la Grèce antique, le régime démocratique est aujourd'hui l'idéal vers lequel tendent la plupart des peuples. Mais le caractère absolu de cette notion rend difficile sa mise en pratique et explique que la plupart des régimes politiques qui s'en réclament n'en soient qu'une approximation » (Debbasch et Daudet, 1992, p. 142).

De façon générale, toutefois, le terme désigne un régime politique où le **peuple,** donc l'ensemble des **acteurs** politiques, choisit les **autorités,** les contrôle et en dispose.

Celles-ci, interchangeables, sont responsables (doivent répondre de la gouverne de la **Cité**) et redevables (doivent rendre compte à la population, à tout le moins au moment des élections générales). Un tel régime n'est possible que sur la base de droits et libertés également répartis et garantis : droit à l'éducation et à l'information ; droit de vote ; libertés d'opinion, d'expression, de manifestation, d'association et de presse ; etc. De plus, la démocratie exige que les **citoyens** se tiennent informés et qu'ils participent aux débats d'intérêt public et aux processus de prise de décision (consultation publique, commission d'enquête, **référendum,** élections, etc.) tout en faisant preuve d'une capacité d'écoute et de tolérance. Dans ce sens, la démocratie est généralement associée au **libéralisme politique** et au **pluralisme.** De façon plus précise, on parlera de démocratie directe, électorale, parlementaire, économique et sociale, etc.

>> **démocratie libérale, démocratie populaire, démocratie représentative, social-démocratie**

Démocratie libérale

Conception de la démocratie associée aux grandes **révolutions** des XVIIᵉ et XVIIIᵉ siècles (la Glorieuse Révolution de 1689 en Angleterre et les révolutions américaine et française de 1776 et 1789) et basée sur les grands principes du **libéralisme** que sont la liberté individuelle et la propriété privée. La démocratie libérale est donc un amalgame. D'une part, la vie politique est régie par l'égalité juridique des citoyens, l'existence de **droits** et libertés individuels (généralement garantis par la **Constitution**), de même que par le parlementarisme et le **multipartisme.** D'autre part, l'économie, de type **capitaliste,** est basée sur le droit à la propriété privée, la libre concurrence, la non-intervention de l'**État** et les inégalités économiques et sociales qui en découlent.

En **relations internationales,** à la suite de la Seconde Guerre mondiale, ce modèle définissait grossièrement le monde occidental, dit aussi « le monde libre ». L'effondrement des **démocraties populaires,** le recul de la **social-démocratie** et la remise en question de l'**État-providence** font qu'actuellement, malgré ses contradictions, la démocratie de type libéral est un modèle dominant.

Démocratie populaire

En **relations internationales,** désigne tout État d'Europe de l'Est qui, durant la **guerre froide,** a un régime politique (**parti unique**) et un système économique semblables à ceux qui prévalent en URSS. Sans avoir achevé leur transition vers le socialisme, ces États sont tout de même résolument engagés dans cette voie. L'expression « démocratie populaire », proposée par les Soviétiques et leurs alliés, sert également des fins politiques : elle doit diffuser l'idée qu'à l'Est aussi on prétend travailler à l'atteinte de la **démocratie** et que les régimes en place dans la **zone d'influence** de l'URSS sont, soi-disant, l'expression du pouvoir du peuple.

Démocratie représentative

Conception de la **démocratie** ou type de démocratie qui met l'accent sur le fait que le **peuple** choisit des représentants qui ont le **mandat** d'exercer le pouvoir en son nom. La démocratie directe (où l'ensemble des **citoyens,** assemblés, se gouvernent eux-mêmes) n'est possible qu'à petite échelle, comme c'était le cas dans certains villages africains ou dans certaines **cités** grecques de l'Antiquité.

Démocratisation

Projet politique associé au mouvement progressiste, consistant à élargir à l'ensemble de la population l'accès à des droits ou à des services. Par exemple, on parlera de la démocratisation de l'éducation, de l'accès aux soins de santé, etc.

Sur le plan international, **discours** tenu par certains **acteurs** politiques comme le **Nord,** l'**OMC,** l'**OCDE,** etc., qui favorise la mise en place de **régimes** politiques basés sur la **démocratie libérale** dans les pays du **Sud** et dans les **États** autrefois membres du bloc communiste. Le terme peut aussi désigner le processus de transition lui-même.

Dépendance

En **relations internationales,** terme employé pour parler de la position d'un pays qui, plutôt que d'entretenir une relation égalitaire avec un autre, dépend de lui, lui est subordonné ou soumis d'une façon ou d'une autre.

Dans un sens plus précis, la «théorie de la dépendance» a été élaborée par des économistes pour expliquer la situation particulière dans laquelle se trouvent les pays du **tiers-monde** à l'égard de leurs partenaires économiques du **Nord.** Selon cette **théorie,** le sous-développement des pays du **Sud** est causé par la mainmise des économies du **Nord** sur les échanges commerciaux et les flux financiers internationaux. En effet, dans le cadre du système capitaliste mondial, «il ne peut y avoir de réel développement des pays du tiers-monde, car leur économie, échafaudée sur une conjoncture externe, donc non maîtrisable, et mouvante, n'a pas d'assise ni de cohérence interne solide» (Commission française Justice et Paix, 1990, p. 66).

Déportation

Exil d'un prisonnier politique. Synonyme : ostracisme.

Déplacement d'une population entière dans le cadre d'un conflit armé ou d'une guerre de conquête. On pense, par exemple, à la déportation des Juifs en Europe pendant la Seconde Guerre mondiale ou, encore, à la déportation des Acadiens par les Britanniques en 1755. Plus ou moins synonyme : **nettoyage ethnique.**
» **crime contre l'humanité**

Député

En **régime parlementaire** de type britannique, le député représente la population de la **circonscription électorale** où il a obtenu la majorité des voix lors de la dernière élection. À ce titre, il exerce trois fonctions. Il doit d'abord servir d'intermédiaire entre les gens de sa circonscription (ses commettants) et l'**État.** Ensuite, comme membre du **Parlement,** il est législateur, donc il participe à l'étude des projets de loi, aux débats les entourant et aux votes les concernant. Enfin, toujours lors des **séances parlementaires,** il a le pouvoir de questionner les membres du **gouvernement,** obligeant ces derniers à rendre des comptes à l'opinion publique ; il joue ainsi un rôle de contrôleur. À Ottawa, l'assemblée qui réunit l'ensemble des députés se nomme la **Chambre des communes.** Au Québec, elle s'appelle l'**Assemblée nationale.**

>> **cabinet fantôme**

Député d'arrière-ban

>> *backbencher*

Déréglementation

Réduction ou suppression de la régulation et des interventions de l'**État** (sous forme de **lois,** de **règlements,** de normes, de mesures de contrôle, de services ou de programmes) dans le fonctionnement de l'économie et de la société. Conséquemment, la gouverne de l'économie et de la société échoit aux libres forces du marché, le rôle de l'État devant se limiter à créer un environnement favorable au développement de ce marché. Elle constitue l'un des préceptes du **néolibéralisme** avec, entre autres, la **privatisation,** la réduction des dépenses de l'État et la compétitivité.

Déséquilibre fiscal

Au sein de la fédération canadienne, théorie selon laquelle, dans le partage des pouvoirs entre les deux ordres de gouvernement, les provinces exercent des **compétences législatives** qui exigent des investissements majeurs (santé, services sociaux, éducation) alors qu'elles ont des pouvoirs fiscaux limités, contrairement au gouvernement fédéral qui, lui, « peut percevoir des deniers par tous modes ou moyens de taxation » selon les termes de la **Loi constitutionnelle de 1867.** Pour combler ce « déséquilibre », de nombreux programmes sont mis sur pied à partir des années 1960, parmi lesquels on compte le Transfert canadien en matière de santé et de programmes sociaux, par le biais duquel le fédéral transfère aux provinces des sommes atteignant plusieurs dizaines de milliards de dollars. Cette question fait l'objet de débats politiques vigoureux au sein de la fédération canadienne.

Au milieu des années 1990, le gouvernement fédéral s'attaque à son déficit budgétaire, entre autres en réduisant massivement ces transferts aux provinces. C'est dans ce contexte que le gouvernement du Québec crée en 2001 la Commission sur le déséquilibre fiscal qui recommande l'abolition du Transfert canadien et un nouveau partage de l'assiette fiscale attribuant aux provinces, par exemple, le contrôle entier de la Taxe sur les produits et services (TPS), et ce, dans le but de leur permettre d'avoir accès à des revenus leur permettant d'assumer leurs responsabilités. Or, depuis, les gouvernements fédéraux successifs refusent de reconnaître l'existence d'un « déséquilibre fiscal » qui serait structurel, arguant qu'il s'agit d'un problème politique, les provinces ayant toujours le pouvoir d'augmenter leurs ressources en haussant leurs propres revenus fiscaux. Le débat reste donc entier.

Désinformation

▨ Diffusion d'information mensongère, trompeuse ou tendancieuse. Préméditée ou non, la désinformation a pour conséquence d'influencer l'opinion publique de façon abusive. L'importance sans cesse grandissante des médias de masse et leur rôle capital dans les sociétés modernes font que ce phénomène est l'objet de nombreuses analyses. C'est le cas notamment des choix éditoriaux de la presse écrite, tant dans la forme (choix concernant la une, disposition des nouvelles, photos publiées, etc.) que sur le fond (importance relative accordée aux différents événements, thèmes abordés dans les éditoriaux, etc.). Le phénomène touche aussi les journaux télévisés (mise en scène, temps alloué aux nouvelles, usage d'images hors contexte, sensationnalisme, etc.).

>> **démagogie**

Désobéissance civile

▨ L'expression provient du titre d'un pamphlet écrit par l'américain Henry David Thoreau (1817–1862) en 1849. Selon lui, la loi n'étant pas synonyme de justice (les États-Unis d'Amérique d'alors, après avoir procédé à ce que l'on considère aujourd'hui comme le génocide des populations autochtones, pratiquent l'esclavagisme et ont envahi militairement le Mexique), il faut remettre en cause l'obéissance «servile» de l'individu à l'État. Pour Thoreau, il est du devoir de l'homme libre et épris de justice de refuser d'agir en désaccord avec sa conscience, ce qui le conduit à promouvoir la désobéissance délibérée, publique et non violente à l'État, seul moyen, selon lui, d'arriver à un État vraiment libre et éclairé.

Parmi les principaux émules de Thoreau, mentionnons Gandhi (1869–1948), Martin Luther King (1929–1968) et le mouvement d'opposition à la guerre du Vietnam dans les années 1960 et 1970. Aujourd'hui, une faction du mouvement altermondialiste reprend à son compte cet argumentaire et travaille à faire de la désobéissance civile un moyen d'action politique organisé.

Despotisme

▨ Dans les anciennes classifications des **régimes** politiques, chez Montesquieu (1689–1755) par exemple, au XVIIIᵉ siècle, il s'agit d'une forme de gouvernement «corrompu» où une seule personne exerce les pouvoirs de façon arbitraire, en se basant sur l'oppression et la crainte.

>> **absolutisme, dictature, tyrannie**

Destitution

▨ Action qui consiste à écarter quelqu'un de ses fonctions, à priver une personne de sa charge. Dans le cas du régime présidentiel des États-Unis, on utilise le terme «*impeachment*». Synonymes: révocation, limogeage, disgrâce.

Détente

▨ Période qui s'étend approximativement du milieu des années 1960 au milieu des années 1970, et qui marque une éclaircie dans les tumultueuses relations Est-Ouest durant la **guerre froide.** On observe alors une amélioration des rapports entre les deux **superpuissances,** qui autrement sont très tendus. La détente est un moment propice à la négociation et à la conclusion de divers accords internationaux entre l'URSS et les États-Unis, notamment en ce qui a trait à la limitation des armements.

Détérioration des termes de l'échange

▨ Les «termes de l'échange» sont, pour un pays donné, le rapport existant entre l'indice des prix des produits importés et l'indice des prix des produits exportés. Si, pour une période donnée, la valeur totale des exportations d'un pays ne lui permet d'acheter qu'une partie des produits qu'il importait durant la période précédente, on dira qu'il y a eu détérioration des termes de l'échange.

Ce phénomène s'explique par l'évolution des prix sur les marchés internationaux. Depuis une cinquantaine d'années, on observe, globalement, une détérioration relative des cours des matières premières (autour desquelles s'organise l'économie de nombre de pays du **Sud**), alors que les prix des produits transformés (provenant essentiellement du **Nord**) ne cessent d'augmenter.

En somme, pour arriver chaque année à importer les produits transformés dont elles ont besoin, les économies du **tiers-monde** doivent toujours extraire davantage de richesses naturelles (et consacrer d'autant plus d'heures de travail) destinées à l'exportation.

Dette extérieure

▨ La dette extérieure d'un pays, aussi appelée «dette externe», représente la totalité des dettes qu'il a contractées envers des **créanciers** situés à l'étranger. Pratiquement tous les pays de la planète, riches ou pauvres, ont une dette externe, l'endettement étant un instrument de développement économique utilisé depuis fort longtemps. Toutefois, dans le cadre de l'organisation et des structures économiques internationales, la dette extérieure des pays du **tiers-monde** a pris, depuis les années 1960, des proportions plus qu'alarmantes. Selon le Comité pour l'annulation de la dette du tiers-monde (CADTM), celle-ci est passée de 8 milliards de dollars en 1960 à 3 360 milliards en 2007. Parler d'une crise de la dette du tiers-monde devient un euphémisme.

Les conséquences de ce phénomène sont terribles. Le remboursement de cette dette représente depuis des années la plus forte ponction dans les ressources des pays en développement. Toujours selon le CADTM, le service de la dette de ces pays est passé de 86 milliards en 1980 à 220 milliards en 1995 et à 523 milliards en 2007. On estime que ces mêmes pays, devenus des exportateurs nets de capitaux vers le **Nord,** ont remboursé 102 fois ce qu'ils devaient en 1970, alors qu'entretemps, leur dette a été multipliée par 48.

>> **ajustement structurel, service de la dette**

Développement

▨ En relations internationales, concept ambigu qui peut désigner tantôt un état de fait (le degré d'avancement d'une société), tantôt des perspectives d'avenir (progrès possible et souhaitable, améliorations désirées pour un pays). Qu'il s'agisse d'un état de fait ou d'un projet, on emploie ce mot pour parler de l'évolution positive d'un pays, aussi bien sur le plan des mentalités que sur celui de la structure sociale, économique et politique.

Traditionnellement, maintes **théories** économiques ont eu tendance à assimiler le développement au passage réussi d'une société à l'ère industrielle. Dans le langage courant sont donc considérés comme « développés » les pays d'Europe, d'Amérique et d'Océanie qui sont passés avec succès par la phase d'industrialisation (voir **OCDE**). Comment alors désigne-t-on tous les autres ? L'industrialisation est-elle la condition obligée du développement ? Nous pénétrons là sur un terrain où s'affrontent les auteurs, les théories, les travaux scientifiques et les **acteurs** eux-mêmes.

D'abord, le développement ne doit surtout pas être confondu avec d'autres notions ou expressions au sens plus précis : croissance, prospérité, modernisation, retard à combler, etc. Comme il n'existe pas de modèle de développement universel, le risque de verser dans les jugements de valeur fondés sur ses propres normes culturelles ou **idéologiques** est grand. Par exemple, l'expression « pays sous-développés », utilisée par des Occidentaux, a été maintes fois mise en question par les principaux intéressés, les peuples du **Sud.** En effet, on la juge condescendante parce qu'elle mesure l'état d'une civilisation en fonction de quelques critères étroits (économiques, techniques, scientifiques, etc.), qui mettent en valeur le **Nord.** De plus, on la juge pessimiste du fait qu'elle est tournée vers le passé (« sous-développés » est un participe passé) et n'insiste pas sur le potentiel d'une société.

Doit-on abandonner le terme « développement » ? L'enjeu ne consiste-t-il pas plutôt à lui donner un sens qui soit fécond pour tous, au Nord comme au Sud ? Ainsi, certains auteurs suggèrent qu'il appartient à chaque peuple de définir lui-même les axes de son développement, selon ses propres besoins, valeurs, objectifs, atouts, etc. Par ailleurs, l'**ONU** a mis au point un outil pour mesurer le degré d'avancement d'un pays : l'**indice de développement humain (IDH).** Celui-ci vise à estimer le niveau de bien-être d'un peuple et s'appuie sur trois critères : la santé, l'instruction, le revenu. Cette initiative a l'avantage de mettre les choses en perspective ; le développement ne se mesure pas nécessairement par la quantité d'investissements productifs, l'état des finances publiques, les statistiques sur la croissance des exportations, ni par le nombre de systèmes de cinéma-maison par foyer.

>> **centre/périphérie, productivisme, tiers-monde**

Développement autocentré

Antonyme de **développement extraverti.** Stratégie de développement, très populaire durant les années 1950, 1960 et 1970, qui place au premier rang des préoccupations nationales la dotation en facteurs de production, la diversification économique, la substitution des importations, l'industrialisation, bref, un ensemble de mesures mettant en valeur les ressources nationales et devant conduire à la modernisation et au progrès. Ce dernier, défini sur la base des priorités locales plutôt qu'internationales, doit mettre un terme à la **dépendance** par rapport à l'étranger, en particulier aux grandes puissances. Le développement autocentré implique l'emprunt de capitaux ainsi qu'une certaine dose de **protectionnisme** et d'**interventions** de l'État. Dans plusieurs pays, cette stratégie permet une évolution réelle, mais devra être, dans une large mesure, abandonnée, compte tenu de l'évolution de la conjoncture internationale : récession mondiale, crise de l'endettement, fluctuation des prix et des taux d'intérêt, nouvelles règles du commerce, etc.

Développement durable

L'idée du développement durable apparaît au cours des années 1960–1970 en opposition à une conception du développement basée sur la seule croissance économique et en réaction aux limites de plus en plus manifestes du **productivisme** : détérioration des écosystèmes, épuisement des ressources naturelles, inégalités croissantes dans la redistribution de la richesse, absence de considération des aspects qualitatifs (social, culturel, voire politique) du développement, etc.

En 1987, dans le Rapport Bruntland, *Notre avenir à tous*, on définit le développement durable comme étant celui qui « répond aux besoins du présent sans compromettre les capacités des générations à venir de répondre aux leurs ». Le développement durable repose sur trois « piliers » que sont le développement économique, la justice sociale et la préservation de l'environnement. L'expression est consacrée au Sommet de la terre à Rio en 1992. Enfin, au Sommet de Johannesburg en 2002, firmes multinationales et ONG présentes s'entendent pour lier le développement en solidarité avec les générations futures à de grandes lignes directrices aux plans national et international : les principes de précaution et de responsabilité que les gouvernements doivent respecter dans le but d'éviter l'épuisement des ressources naturelles et la dégradation irréversible de l'environnement ; la coopération Nord/Sud équitable en ce qui concerne l'exploitation des ressources ; les choix d'investissements et les choix technologiques ; etc.

L'usage de l'expression s'est répandu dans le langage populaire, dans le **discours** et dans les textes d'organisations et d'institutions officielles de tous ordres. Tous s'en réclament, notamment le milieu du marketing, mais les pratiques économiques et les orientations politiques ne changent pas nécessairement, loin de là. Les contradictions liées au développement (la croissance économique et la préservation des ressources, par exemple) sont toujours au cœur de **conflits** politiques importants et incontournables.

Par ailleurs, la réflexion sur le développement durable a pu favoriser certaines pratiques prometteuses concernant le développement. On pense en particulier à l'importance de la consultation, à la gestion participative et à la prise en compte des savoirs locaux.

>> **bien commun**

Développement extraverti

On qualifie l'économie d'un pays d'« extravertie » lorsqu'une grande partie de la production nationale vise la satisfaction des besoins d'autres pays (par exemple, par l'exportation de matières premières) et qu'en même temps, ce pays dépend de l'extérieur (importations) pour les produits de consommation courante et les investissements productifs. Ce phénomène est un schème très fréquent dans les pays du **tiers-monde.** Selon J. M. Albertini et A. Silem, il existe, en fait, deux modèles de développement extraverti pour ces pays :

«Le premier [...] est le modèle exportateur primaire, basé sur les exportations de produits de base, caractéristique encore de la plupart des pays du tiers-monde. Ce modèle est très fragile puisque les exportations ne reposent que sur quelques produits, sujets à des fluctuations erratiques des prix, et parfois à des tendances à la baisse à long terme. L'activité économique intérieure dépend principalement des exportations, et donc des prix et de la demande des pays riches.»

«Le deuxième modèle [...] est celui des **nouveaux pays industrialisés,** basé sur la diversification des exportations : exportations industrielles, exportations de produits primaires non traditionnels. Cela a d'abord été le cas de pays d'Asie du Sud-Est (Corée du Sud, Hong-Kong, Singapour), puis de pays d'Amérique latine (Mexique, Brésil, Chili). Ce type de développement a favorisé une croissance économique rapide [...], mais n'a pu résoudre les problèmes d'équilibre extérieur (endettement externe croissant), d'inégalités sociales, ou de pressions inflationnistes» (1995, p. 273).

>> **développement autocentré**

Dialectique

Mode de raisonnement selon lequel toute réalité est duale et contient nécessairement en son sein des forces contradictoires.

«Une chose n'est pas seulement elle-même, mais autre chose qui est son contraire [...]. Chaque chose contient à la fois elle-même et son contraire. [...] À l'intérieur de chaque chose coexistent des forces opposées, des **antagonismes.** Que se passe-t-il entre ces forces? Elles luttent. Par conséquent, une chose n'est pas seulement mue par une force agissant dans un seul sens, mais toute chose est réellement mue par deux forces de directions opposées. Vers l'affirmation et vers la négation...» (Politzer, 1977, p. 177).

Selon cette perspective, la réalité n'est jamais figée, immobile, statique. Au contraire, animée par des **conflits,** elle se meut constamment, évolue, se transforme. La dialectique permet donc d'envisager le réel sous son angle dynamique, son potentiel de changement.

Diaspora

Mot d'origine grecque signifiant « dispersion ». Désigne l'ensemble d'un **peuple** ou d'une **ethnie** dispersé à travers le monde. Initialement, le terme était associé aux Juifs, chassés de Palestine et dispersés à travers le monde dès l'Antiquité. Depuis, souvent à cause d'une agression ou encore d'une détérioration des conditions économiques, d'autres peuples ont dû choisir l'exode et ont donc constitué des diasporas. Il en est ainsi de la diaspora chinoise, haïtienne, palestinienne, etc.

Dictature

Régime politique caractérisé par la concentration des pouvoirs (législatif, exécutif et judiciaire) dans les mains d'un **acteur** politique dominant, qu'il s'agisse d'un individu, d'un parti, de l'armée, etc. Ce mode de gouvernement très **autoritaire** est généralement issu de la violence, de la **répression** de l'exercice des droits individuels et des libertés publiques, de l'intolérance au regard de toute forme d'**opposition,** et ces éléments lui servent d'assise.

On peut distinguer les dictatures se réclamant des idées d'**extrême gauche** ou révolutionnaires, par exemple la dictature communiste, de celles d'**extrême droite** ou réactionnaires, dont le régime fasciste est un exemple.

>> **absolutisme, autoritaire, despotisme, tyrannie**

Diktat

Mot d'origine allemande signifiant « chose dictée ». Désigne ce qui est imposé par la force, que ce soit par l'entremise d'un ordre, d'un décret ou d'un commandement. Décision ayant un caractère impératif et **unilatéral.**

Diplomatie

Science et pratique des négociations entre les pays. La diplomatie est le domaine où se règle une bonne part des **relations internationales** en temps de paix et même, dans une certaine mesure, en temps de guerre (par exemple, préparation d'un accord de cessez-le-feu). Elle vise le règlement des désaccords entre États par voie de discussion et de compromis.

L'ensemble des diplomates, le corps diplomatique. La diplomatie d'un pays donné œuvre – généralement à l'étranger – pour représenter ce pays et pour défendre ses intérêts.

>> **ambassade**

Discipline de parti

En **régime parlementaire,** entre autres, et c'est le cas au Canada et au Québec, les élus d'un parti politique sont tenus de respecter les grandes orientations, les positions et les décisions adoptées et mises de l'avant par le parti (congrès, organe de direction, chef) ou encore par l'aile parlementaire du parti (**caucus** des députés, **conseil des ministres**). Cela se matérialise dans les interventions des élus à l'intérieur ou à l'extérieur du **Parlement** (discipline de parti) et aussi au moment du vote en **chambre** (discipline de vote). La remise en question de la discipline de parti ou de vote peut entraîner diverses sanctions pouvant aller du retrait de certains privilèges parlementaires jusqu'à l'exclusion du parti.

>> **vote libre**

Discours

Exposé, verbal ou écrit, des idées, des intentions, des préoccupations d'un **acteur** quelconque (**politicien, intellectuel,** porte-parole d'un **groupe de pression,** etc.). Bien que le terme réfère souvent à une prestation oratoire, il peut aussi être entendu dans ce sens : propos généralement tenu (par un individu, un groupe, une **institution**) sur un thème donné. Ainsi en va-t-il de cet usage : « Le discours de l'Église catholique sur l'homosexualité et sur la contraception est franchement dépassé. »

En science politique, le discours tenu par les acteurs est un matériau d'une importance capitale, plus significatif peut-être que les actes accomplis, puisque l'observateur a moins connaissance de ces derniers. Bien entendu – et c'est ce qui fait que plusieurs ne se donnent plus la peine d'écouter –, le discours que tiennent publiquement de nombreux acteurs politiques a tous les attributs sauf celui de la limpidité. Le discours est un vernis que l'on applique sur la réalité, un baume sur une plaie. Il faut le décoder, c'est-à-dire en déceler les non-dits, les euphémismes, les passages qui relèvent de la **démagogie,** les paradoxes, etc. Parfois, il faudra distinguer l'affirmation prise au premier degré du sens implicite (second degré), en se fiant à l'intonation, au contexte ou à d'autres éléments. Certaines personnes ont développé une expertise en matière d'analyse du discours ou en font une spécialité : chercheurs universitaires, journalistes, politicologues, etc. Pour qui veut comprendre la vie politique, leur apport est précieux.

Discours d'ouverture

Au Québec, ce discours, anciennement appelé « message inaugural », est prononcé en **chambre** par le **premier ministre** au début de chaque **session parlementaire.** Il présente publiquement les grandes orientations que lui et son gouvernement ont l'intention de donner à la gouverne de l'État, les solutions qu'ils proposent aux problèmes que la société affronte, donc les principaux projets de loi qu'ils comptent faire adopter par l'**Assemblée nationale.** Toujours au Québec, le discours d'ouverture peut parfois être précédé d'un **discours du trône,** lu par le **lieutenant-gouverneur.**

Discours du trône

Au Canada, discours lu au début d'une nouvelle **session parlementaire** par le **gouverneur général** devant l'ensemble des membres du **Parlement** et les juges de la Cour suprême, réunis en cette occasion dans la **chambre du Sénat.** Rédigé sous la direction du **premier ministre** et de son **gouvernement,** le discours du trône trace un portrait de la situation générale du pays et présente les grandes lignes de leur programme législatif. Dans les **assemblées législatives** des provinces, le programme législatif des gouvernements est aussi présenté sous forme de discours du trône, lu par le **lieutenant-gouverneur.** Au Québec, c'est généralement le **discours d'ouverture** qui tient lieu de discours du trône.

Discrimination

Action de séparer un individu, un groupe social ou une collectivité sur la base de certaines caractéristiques (couleur de la peau, sexe, classe sociale, religion, âge, etc.) dans l'intention de créer, de consacrer ou d'accentuer des inégalités de fait ou de droit. Dans le cas où la discrimination est organisée de façon systématique, voire réglementée, on parlera alors de ségrégation.

>> **intolérance**

Dissident

Dans un régime **autoritaire,** opposant déclaré au **régime** en place. Pour cet individu, le fait d'être dissident peut impliquer la clandestinité, l'exil, l'emprisonnement, la torture, etc. Dans le cas des pays démocratiques, on préférera le terme « opposant » à celui de dissident.

▨ À l'intérieur d'une organisation (**parti, groupe de pression**), individu ou groupe ayant exprimé publiquement son désaccord avec une décision ou une orientation adoptée, sans toutefois aller jusqu'à quitter ladite organisation.

Dissolution du Parlement

▨ En **régime parlementaire** de type britannique, comme au Canada et au Québec, décision du **gouverneur général** ou du **lieutenant-gouverneur,** sur recommandation du premier ministre, de mettre fin au **mandat** des **députés,** donc de déclencher la tenue d'élections générales.

Dissuasion

▨ En **relations internationales,** tactique déployée par un État A contre un État B reposant essentiellement sur la menace, l'intimidation. L'État A veut décourager l'État B de procéder à une action quelconque et, pour y arriver, tente de faire comprendre à B que le rapport coût-bénéfice de l'acte qu'il s'apprête à commettre sera médiocre : les représailles que A fera subir à B, si B va de l'avant, seront telles que B ferait bien mieux de renoncer à son projet.

Les trois décennies suivant la fin de la Seconde Guerre mondiale correspondent à l'ère dite de la dissuasion nucléaire. En effet, l'acquisition par un État de l'arme nucléaire a amené celui-ci à croire qu'il disposait d'un argument de poids face aux États ennemis : c'était l'instrument dissuasif par excellence. Au début du xxie siècle, le gouvernement des États-Unis a voulu que le bouclier antimissile (programme *Star Wars*) joue un jour le même rôle.

Il est très difficile de déterminer si la dissuasion aura, dans chaque cas, l'effet désiré. D'une part, une variété de facteurs entrent en jeu (psychologie des chefs d'État et des membres du gouvernement, nature de la relation qu'ils entretiennent avec la population, détermination de cette dernière devant les enjeux, etc.) et, d'autre part, « il est impossible d'apporter la preuve de son efficacité. Car on ignore si c'est à sa seule action efficace que l'on doit la non-réalisation de l'entreprise adverse. La dissuasion opère dans la virtualité, seul son échec s'inscrit dans la réalité » (Géré, 2000, p. 80).

Distorsion électorale

▨ Différence entre la volonté (ou les préférences) exprimée par l'électorat, calculée le plus souvent en pourcentage du total des votes exprimés, et la représentation qui en est issue, en particulier au sein du pouvoir **législatif** et du pouvoir **exécutif.** À des degrés divers, cette anomalie est présente partout, sauf dans les pays où le mode de scrutin en vigueur est la **représentation proportionnelle** intégrale. Ainsi, c'est le **mode de scrutin** en vigueur qui crée une telle disparité. Les divers modes de scrutin majoritaires, notamment, occasionnent presque toujours un grand décalage entre la volonté populaire et l'issue des élections en termes de nombre de députés élus, voire de composition du gouvernement. On peut distinguer plusieurs types de distorsion électorale :

- l'inversion démocratique : le parti ou candidat qui arrive deuxième (en pourcentage du vote populaire) est proclamé vainqueur, tandis que celui qui arrive premier est déclaré perdant. C'est ce qui est arrivé à Al Gore, candidat démocrate à l'élection présidentielle américaine de 2000 (voir **Collège électoral**), ainsi qu'au Parti libéral du Québec aux élections de 1998 (voir **majoritaire uninominal à un tour**).

- la sous-représentation des tiers partis : plusieurs modes de scrutin ont pour effet de réduire ou d'éliminer la représentation des petites formations politiques, soit parce qu'ils ne font place à aucune forme de représentation proportionnelle, soit en fixant un seuil (par exemple, 5 %) à partir duquel le principe de la représentation proportionnelle s'applique.

- la surreprésentation des grands partis : l'élimination ou la sous-représentation des tiers partis entraîne presque toujours un surcroît de représentation des grands partis, en particulier du parti vainqueur. La différence entre sa part du suffrage populaire et le pourcentage du nombre total de députés qu'il obtient peut facilement atteindre 20 %.

- l'accentuation des clivages territoriaux ou régionaux : la concentration des votes d'un parti dans une zone géographique donnée peut lui assurer une **hégémonie** dans cette région, éliminant, ou presque, la représentation au Parlement des autres courants politiques présents dans cette région.

Division internationale du travail

On peut facilement remarquer que, sur la planète, le travail est réparti territorialement, entre les pays. Cela s'explique bien entendu par la répartition des ressources naturelles (selon le climat, la géographie, la géologie, etc.), mais aussi et surtout par l'histoire économique des derniers siècles (**mercantilisme, colonisation, impérialisme,** etc.).

Selon les économistes libéraux classiques, la division internationale du travail traduit l'intérêt de chaque pays à se spécialiser dans les facteurs de production dont il est le mieux doté comparativement aux autres pays. Ainsi, la « théorie des coûts comparés » de David Ricardo (1772–1823) veut que chaque pays privilégie les activités économiques pour lesquelles il est le mieux pourvu : l'extraction de richesses naturelles, l'utilisation d'une main-d'œuvre bon marché dans l'industrie légère, la mise à profit de son savoir-faire et de ses capitaux, etc. Comme ce pays possède une surcapacité dans l'un ou l'autre de ces champs, il a tout intérêt à l'exploiter pour la vente à l'étranger (les autres économies faisant de même en se basant sur leurs propres avantages comparatifs).

>> **dépendance, développement extraverti**

Djihad

>> *Jihad*

Doctrine

Ensemble organisé d'idées, de points de vue et de conceptions, présenté comme étant irréfutable et qui prétend permettre une interprétation des faits et une orientation de l'action qui soient toujours justes. Le qualificatif « doctrinaire » (associé à un acteur ou à une attitude) est nécessairement péjoratif et synonyme de **dogmatisme.**

Ne pas confondre avec **théorie.** Madeleine Grawitz (1994, p. 379) fait une distinction intéressante entre doctrine et théorie, cette dernière pouvant être hypothétique et cherchant d'abord à expliquer, à « faire voir », au lieu de prétendre être incontestable et de chercher à convaincre ou à rallier, comme c'est généralement le cas pour une doctrine.

» **idéologue, intégrisme, orthodoxie**

Dogmatisme

▦ Attitude qui consiste à affirmer de façon tranchante et autoritaire des idées, des points de vue ou une **doctrine.** Synonymes : étroitesse d'esprit, intransigeance, **sectarisme.**

Domination

» **hégémonie**

Dominion

▦ Terme d'origine anglaise qui désignait anciennement les États souverains membres du **Commonwealth** dont la **politique étrangère** dépendait de Londres. Il s'agissait, par exemple, du Canada, de l'Australie, de la Nouvelle-Zélande, etc.

» **protectorat**

Droit

▦ Désigne la possibilité d'agir, reconnue à un **acteur** social allant du simple citoyen à l'État (par exemple, droit de parole, d'association, de vote, etc.).

▦ Au sens large, il s'agit de l'ensemble des règles établies par une **autorité** publique (et que cette dernière a le pouvoir de faire respecter) régissant la vie en société. Ainsi, on peut parler de droit civil, ou encore de droit criminel. De façon plus précise, le droit étant défini comme l'ensemble des lois, il peut être divisé en plusieurs catégories : droit criminel, droit civil, droit des affaires, droit international, droit constitutionnel (concernant l'organisation et le fonctionnement de l'État), etc.

» **loi**

Droit inhérent

▦ Droit qui existe « en soi », c'est-à-dire qui appartient de façon immanente, intrinsèque et inaliénable au groupe ou à l'individu qui en est doté. Par exemple, au Canada, l'**Accord de Charlottetown** reconnaissait aux nations autochtones le droit inhérent à l'autonomie gouvernementale, donc la possibilité pour celles-ci – puisque ce sont les premières nations ayant peuplé le territoire – de se gouverner elles-mêmes. L'accord prévoyait de reconnaître les gouvernements autochtones comme l'un des trois ordres de gouvernement au Canada, avec les pouvoirs qui en découlent.

Droit international

◼ Ensemble de règles découlant des accords, chartes, **traités,** pactes, conventions, protocoles, etc., signés par les États, ainsi que les interprétations, coutumes et traditions qui tendent à se dégager de ces règles. Contrairement à ce qu'on peut observer à l'échelle nationale, où le **droit** est devenu un outil de régulation incontournable, le droit international reste à l'heure actuelle une référence discutable, dans la mesure où les **puissances** s'en réclament quand cela convient à leurs intérêts, mais passent souvent outre quand ce même droit est un obstacle à la poursuite de leur intérêt national.

Droite

◼ L'origine du sens politique de cette expression remonte à la Révolution française. À l'**Assemblée constituante,** les **sièges** des représentants sont disposés en hémicycle, faisant face à la tribune occupée par le président. Les députés qui remettent en question les idéaux révolutionnaires de progrès, de « liberté, égalité, fraternité », occupent alors les sièges à la droite du président.

Depuis, en politique, on associe à la droite les idées ou **idéologies,** les **acteurs politiques,** les **discours,** les attitudes qui sont conservateurs, donc réfractaires au changement (entendu comme transformation allant dans le sens des intérêts des classes sociales ou des groupes historiquement discriminés, exploités ou marginalisés). Par exemple, la droite prône la fidélité au passé, l'**élitisme,** le maintien de la loi et de l'ordre, un certain **chauvinisme** national ; elle accepte les grandes disparités économiques existant entre les individus, celles-ci étant à ses yeux naturelles.

Alors que l'**extrême droite** défend les mêmes valeurs de façon très radicale, le centre droit se veut plus ouvert ou libéral.

» **conservatisme, libéralisme économique, réactionnaire**

Droits de la personne, droits de l'homme

◼ La notion des droits de l'homme est développée par des philosophes libéraux européens (Emmanuel Kant (1724–1804), John Locke (1632–1704), Jean-Jacques Rousseau (1712–1778), entre autres) et par des penseurs américains (Benjamin Franklin (1706–1790), Thomas Payne (1737–1809), par exemple). Dans le contexte de l'Ancien Régime, il s'agit d'une vision révolutionnaire qui va conduire à la création de sociétés radicalement différentes basées sur des droits et des libertés individuels « naturels et inaliénables » et également répartis, comme le droit à la vie, à la sécurité et à la propriété, ainsi que sur les libertés de pensée, d'expression, de religion, etc. C'est là un des fondements de la modernité, donc, entre autres, des démocraties libérales et du capitalisme.

Alors qu'en 1776, la *Déclaration d'indépendance* prévoit que les États-Unis d'Amérique soient créés sur la base du principe « que tous les hommes sont nés égaux, qu'ils sont dotés par le Créateur de Droits inaliénables [et] que pour garantir ces Droits les gouvernements sont institués parmi les hommes… », une première *Déclaration des droits de l'homme et du citoyen* est promulguée par la France révolutionnaire de 1789. Très tôt, les droits de l'homme occupent une place importante sur le plan international. Dès 1792, la France exporte ses idées révolutionnaires, dont la primauté des droits de l'homme, dans le cadre des guerres européennes. Au xxᵉ siècle, ces droits sont désormais un des éléments constitutifs de ce que l'on appelle l'Occident. En 1948, un des premiers actes de l'**ONU** est l'adoption, par l'Assemblée générale, du texte de la *Déclaration universelle des droits de l'homme*.

À la suite de l'écroulement du bloc soviétique et du système communiste, en 1989, les droits de l'homme tels qu'ils ont été conçus historiquement par l'Occident, de même que le type de société qui en découle, se posent comme modèle unique pour l'ensemble de l'humanité, suscitant du même coup questionnements et polémiques. Par exemple, ne s'agit-il pas là d'une perspective d'abord et avant tout européocentriste qui voudrait s'imposer à l'islam ou au confucianisme, par exemple? Qu'advient-il des autres cultures, systèmes de croyances ou **idéologies**? L'individualisme, parfois forcené, auquel les droits et libertés peuvent conduire est-il un modèle d'avenir pour l'humanité? Vis-à-vis du droit à la propriété et à la liberté d'entreprendre, les États doivent-ils abandonner leurs «responsabilités» dictées par les principes du bien commun et de la justice sociale ou, encore, par ceux qui émanent de l'objectif du développement économique?

Au Canada, la promulgation d'une **Charte canadienne des droits et libertés** se fera dans le cadre de la **Loi constitutionnelle de 1982,** à l'intérieur de laquelle cette charte est enchâssée. Quant à la Charte québécoise des droits et libertés de la personne, qui était en vigueur depuis 1975, elle est devenue, en 1983, une loi dite fondamentale ayant préséance sur toutes les autres lois de juridiction québécoise.

Dumping

En **relations internationales,** action d'une entreprise, publique ou privée, qui liquide à l'étranger une partie de sa production dans le but de développer de nouveaux marchés. Les économies qui subissent le dumping sont déstabilisées par l'irruption de ces produits vendus à faible prix, voire en deçà de leur coût de production. Pratique commerciale jugée déloyale.

Échange inégal

Théorie avancée par des économistes marxistes expliquant l'ampleur – sans cesse croissante – des disparités économiques entre les pays riches développés et ceux du **tiers-monde** par la nature des échanges commerciaux qui s'effectuent entre eux. Deux facteurs sont mis en cause :

- la rémunération du travail : étant donné que les salaires octroyés aux travailleurs dans les pays du **Sud** sont beaucoup plus faibles, pour une même tâche, que ceux qui sont payés dans les économies du **Nord,** ces dernières échangent contre les produits du Sud des biens de valeur apparemment équivalente, mais qui en fait incorporent beaucoup moins de travail que leur contrepartie en provenance du tiers-monde ;

- l'avantage technologique systématique du Nord : alors que les pays les plus avancés technologiquement conçoivent des produits à coûts élevés, ceux-ci sont par la suite fabriqués en série dans des pays où les coûts de la main-d'œuvre sont toujours plus bas. L'échange inégal est donc le résultat de la différence des niveaux de développement technologique entre le **Nord** et le **Sud,** ce dernier fabriquant continuellement des produits à moindre composante technologique et le Nord conservant cet avantage.

Écologisme

« L'écologisme est un mouvement, un comportement, une façon de vivre, une philosophie, une éthique, une théorie politique, un projet de société, ou tout cela à la fois, qui propose et expérimente de nouveaux modes de vie, sur les plans individuel, économique, culturel et politique, garantissant l'épanouissement et la souveraineté à la fois de tous les écosystèmes et de tous les êtres humains de la Terre » (Jurdant, 1984, p. 68-69).

Contrairement à l'écologie-science et à l'**environnementalisme** (axé sur la protection de l'environnement), l'**idéologie** et le mouvement écologistes, très larges et diversifiés, constituent une critique radicale des sociétés contemporaines axées sur l'augmentation incessante de la production et sur la consommation de masse. Ce « **productivisme** », qu'il soit capitaliste ou socialiste, conduit à la détérioration de l'environnement et à la dégradation de la qualité de la vie, mais aussi à la croissance des inégalités et du pouvoir technocratique.

Loin de prôner un retour à la nature, l'écologisme « politique » met de l'avant un projet de société fondé sur la **décentralisation** des pouvoirs (souveraineté des communautés de base, convivialité), une décroissance de la production de masse (**autogestion,** technologie douce, respect des écosystèmes) et la solidarité économique et sociale tant sur le plan national que sur le plan international.

Économie de marché

Mode d'organisation de l'économie basé sur le libre jeu des forces du marché que sont l'offre et la demande. Ce laisser-faire, ou **libre-échange** économique, est censé mener à une situation idéale assurant une production maximale (à cause de la demande) au prix le plus bas (à cause de l'offre). Selon cette « loi » de l'offre et de la demande, tous les membres de la société (réduits à l'état de producteurs et de consommateurs) y trouvent leur compte.

Contrairement à une **économie planifiée,** où l'État contrôle la production et la redistribution des biens et des services, dans une économie de marché, le rôle de l'État est réduit à celui de « gendarme ».

>> **capitalisme, État gendarme, libéralisme économique**

Économie informelle

Aussi appelée « travail au noir » et « secteur informel », l'économie informelle désigne le travail des vendeurs de la rue, des petits artisans, des marchands mobiles, des cuisiniers ambulants, des colporteurs, des nettoyeurs de voitures, etc., destiné à assurer leur subsistance et celle de leur famille. Cette activité économique n'est pas officielle, peu ou pas encadrée par des **lois** ou des **règlements,** et non comptabilisée dans le calcul du produit national brut (PNB). Elle offre la possibilité à des centaines de millions de personnes de gagner leur vie, essentiellement dans le tiers-monde, mais aussi dans les pays industrialisés.

Économie mixte

Mode d'organisation de l'économie caractérisé par la coexistence d'un secteur privé et d'un secteur public, ce dernier étant complémentaire du premier. Par l'entremise de la création d'entreprises publiques dans les domaines des biens et des services, de même que par une réglementation partielle de l'économie, l'État exerce une fonction de correction, voire de **régulation** du marché. Ce système économique est issu des théories de John Maynard Keynes (1883–1946), selon lesquelles l'État doit prendre à sa charge ce que le marché ne peut faire seul : résorption du chômage, relance de la consommation, prise en charge des secteurs non rentables sur le plan strictement financier, comme les infrastructures, l'hygiène et la santé publiques ou, encore, la protection de l'environnement. L'économie mixte se distingue donc de l'**économie de marché,** où l'État n'intervient que de façon conjoncturelle, ainsi que de l'**État-providence,** où l'État intervient dans les domaines sociaux (éducation, santé, etc.) sur la base du principe de la justice économique et sociale. Le modèle de l'économie mixte a dominé la période que les économistes qualifient de Trente glorieuses (années de prospérité économique et de développement social allant de 1945 à 1974) avant d'être sérieusement remis en question par les penseurs néolibéraux dans le contexte de la crise des finances publiques débutant dans les années 1980.

» **keynésien**

Économie planifiée

Expression désignant le système économique en vigueur dans les pays **communistes** pendant la **guerre froide** et, dans certains cas, durant les années qui ont suivi (Chine, Corée du Nord, Cuba, etc.). En vertu de ce système, il appartient à l'**État** de gérer et d'allouer l'ensemble des ressources générées dans le cadre de l'activité économique sur le territoire national. L'État le fait selon un plan élaboré par les instances qui détiennent le pouvoir politique – habituellement celles du Parti communiste. «Le plan est la projection d'objectifs à réaliser soit à court, moyen (cinq ans) ou long terme en relation avec les ressources et moyens disponibles. Dans les économies de type soviétique, les projections et les délais de réalisation du plan sont de cinq ans (quinquennat), le plan annuel étant le plus souvent le fractionnement du plan quinquennal ; quant au plan à long terme, il concerne le développement des infrastructures» (Albertini et Silem, 1995, p. 424). L'économie planifiée est le contraire de l'**économie de marché.**

Économie sociale

Secteur de l'économie qui se situe en marge du secteur privé et du secteur public, prenant parfois la forme de coopératives, parfois celle d'organismes sans but lucratif (OSBL) ou, encore, d'entreprises autogérées. L'économie sociale vise non pas l'accumulation de profits ou la croissance économique, mais d'abord et avant tout la production de biens ou de services en fonction des besoins sociaux, du **développement durable** et de l'équité dans le commerce (commerce équitable). De plus, et c'est là un élément fondamental, l'économie sociale est axée sur l'autonomisation, soit la prise en charge par la population locale de son propre **développement** (en anglais, on parlera d'*empowerment*) et sur la gestion démocratique des entreprises, tout en ayant souvent une fonction éducative.

Édification nationale

>> *nation building*

Électoralisme

Attitude de certains politiciens ou de certains partis politiques qui consiste à privilégier des considérations électorales (gagner des élections, accéder au pouvoir) au détriment de leurs responsabilités politiques (prendre position au regard des problèmes que la **Cité** affronte, proposer des projets, des choix, stimuler les débats et la recherche de solutions, etc.).

Le plus souvent, l'électoralisme conduit à la généralisation de débats politiques superficiels ou, carrément, à l'absence de débat.

>> *catch-all party*, centrisme, cynisme

Électorat

Terme qui désigne l'ensemble des électeurs d'un **État,** d'une tendance politique ou, encore, d'un **parti** politique. On parlera, par exemple, de l'électorat canadien ou québécois, de l'électorat de centre gauche ou d'extrême droite, ou de celui du Parti libéral ou du Parti québécois.

Élite

« Ensemble des personnes considérées comme les meilleures, les plus remarquables d'un groupe, d'une communauté » (*Le Petit Robert*). Les représentants d'une élite peuvent se distinguer du grand nombre par leur statut social, leur richesse, leur formation, leur pouvoir, leur « art », etc. Par extension, on qualifie d'**élitistes** les attitudes ou systèmes qui favorisent une élite.

Élitisme

Tendance à favoriser la création d'**élites** ou à promouvoir la consolidation des élites existantes. Courant associé à la **droite** et opposé à la **démocratisation.**

En sociologie et en science politique, **théorie** développée notamment par Gaetano Mosca (1858–1941) selon laquelle, dans toutes les sociétés, peu importe le lieu ou l'époque, le pouvoir politique appartient nécessairement à une élite, tandis que la masse des individus, elle, est naturellement vouée à être gouvernée.

Embargo

Moyen de pression utilisé par un État contre un autre État en vue d'amener ce dernier à modifier son action sur la scène internationale ou, encore, sa **politique intérieure.**

L'embargo est donc une sanction parmi celles qui sont à la disposition des États : condamnation, bannissement, quarantaine, **blocus,** etc. Il existe toute une panoplie de mesures coercitives, essentiellement d'ordre économique, dont peut faire usage celui qui veut imposer un embargo : arrêt complet des exportations à destination du pays visé, boycott de tous les produits en provenance de ce pays, interdiction s'appliquant aux moyens de transport en provenance ou à destination du pays en question, etc.

Un exemple très médiatisé fut celui de l'embargo imposé à l'Irak par l'ONU de 1990 à 2002, sur recommandation des États-Unis et de leurs alliés. Cet embargo, censé faire chanceler le régime de Saddam Hussein (1937–2006) et l'amener à éliminer tout son potentiel de fabrication d'armes de destruction massive, a plutôt eu pour effet d'étouffer littéralement la population et l'économie irakiennes. La principale richesse naturelle de l'Irak, le pétrole, fut à peine exploitée, faute de débouchés, et le pays eut beaucoup de difficulté à s'approvisionner en denrées essentielles (en médicaments, par exemple).

>> **sanctions internationales**

Empire

▨ **Régime** politique **autoritaire** de type monarchique ayant un empereur pour dirigeant. Cette forme de gouvernement n'existe plus, ou pratiquement plus, aujourd'hui. Cependant, elle a été courante en Europe, en Afrique et en Asie au cours des derniers siècles.

▨ Terme désignant un ensemble géopolitique formé d'une **métropole** et de ses possessions coloniales. Par exemple, les empires britannique, français, ottoman. Depuis la grande vague de **décolonisation** (après 1945), on n'emploie plus ce mot pour décrire les situations contemporaines – sauf par extension (par exemple, Empire soviétique). Les empires ont fait place à des associations beaucoup moins rigides regroupant grandes puissances et ex-colonies, le **Commonwealth** et l'**Organisation internationale de la francophonie,** par exemple.

Émulation

▨ Sentiment qui incite un individu à donner le meilleur de lui-même, afin de se surpasser ou de surpasser les autres. Selon les penseurs libéraux classiques, ce sentiment accompagne de façon automatique la concurrence «naturelle» caractérisant l'**économie de marché** et fait du **capitalisme** un mode de production qui est continuellement source de progrès.

Enchâsser

▨ Action d'insérer, d'encastrer ou de fixer pour une très longue durée. Au plan politique, se dit par exemple d'une clause ou d'un texte législatif auquel on conférera un caractère quasi sacré en l'intégrant à la constitution du pays. À titre d'exemple, mentionnons l'enchâssement de la Charte canadienne des droits et libertés dans la **Loi constitutionnelle de 1982.** Également, si l'**Accord du Lac Meech** avait été ratifié, il aurait entraîné l'enchâssement, dans la constitution canadienne, de la clause reconnaissant le Québec comme une société distincte par sa langue, sa culture et son code civil.

Enclave

- **Territoire** qui est encerclé, partiellement ou totalement, par le territoire d'un autre pays. Par exemple, le Lesotho, un pays totalement enclavé dans l'Afrique du Sud, et l'archipel de Saint-Pierre-et-Miquelon (territoire français), enclavé dans les eaux territoriales canadiennes, près de la côte terre-neuvienne.

- Par extension, État enclavé : pays n'ayant aucun accès direct à une voie de circulation internationale (mers et océans), à moins d'emprunter l'espace aérien ou le territoire de l'un de ses voisins. Par exemple, l'Afghanistan, la Bolivie, le Laos, le Paraguay, la Suisse et le Zimbabwe.

Endiguement

- En anglais, *containment*. Politique élaborée par George Kennan (1904–2005) et mise de l'avant par les États-Unis contre l'URSS au début de la **guerre froide** ; elle consistait à tout mettre en œuvre pour limiter l'expansion de l'influence soviétique dans le monde. Selon le gouvernement américain, l'URSS pratiquait, au lendemain de la Seconde Guerre mondiale, une politique très active de propagation du communisme, qui visait bien plus que la seule Europe de l'Est et menaçait, à terme, tous les continents du globe. La création de diverses **alliances** militaires proaméricaines (dont l'**OTAN**) témoigne de cette volonté qui existait d'en arriver rapidement à freiner complètement l'Union soviétique dans son entreprise.

Entreprise multinationale (ou transnationale)

>> **firme multinationale**

Entrisme

- Tactique qui consiste à entrer dans une organisation, une formation politique, une structure donnée, afin de la modifier de l'intérieur et de la détourner de son orientation première. Par exemple, un groupe formé d'éléments radicaux peut envisager de faire adhérer tous ses membres à un **parti** politique perçu comme étant un véhicule potentiellement intéressant, mais jugé pour le moment trop modéré. S'il fait ce choix et tente de donner un nouveau programme à ce parti, il pratique l'entrisme.

>> **noyauter**

Environnementalisme

- **Mouvement social** qui s'est développé dans les pays industrialisés dans les années 1960 et 1970 pour lutter contre la détérioration de l'environnement (pollution de l'eau, de l'air, des sols, menaces à la survie d'espèces animales ou végétales, etc.). Bien que la distinction ne soit pas toujours facile à établir entre les deux tendances, l'**écologisme** sous-entend une critique politique et économique des sociétés modernes, alors que l'environnementalisme représente un courant de type plutôt **réformiste,** limité à la conservation de la nature. Au Québec, Équiterre et Nature Québec sont parmi les groupes environnementalistes les plus connus ; au plan international, on pense à Greenpeace.

Étapisme

Au Québec, notion attribuée à certains stratèges du Parti québécois (PQ), comme Claude Morin, qui voulaient, durant la décennie 1970, rassurer le grand public quant à la nature de cette nouvelle formation politique et accélérer son accession au pouvoir (donc sa victoire aux élections). Pour amadouer un **électorat** frileux à l'idée de l'**indépendance** du Québec, la **doctrine** de l'étapisme pose quatre jalons importants :

- ce que propose le PQ, ce n'est pas l'indépendance, mais bien une nouvelle entente Québec-Canada, la **souveraineté-association,** qui se traduira par le maintien tel quel de l'espace économique canadien et par la pleine **autonomie** politique du Québec ;
- un vote pour le PQ ne signifie pas un vote pour la **souveraineté.** Élire le PQ, c'est tout au plus se donner la garantie qu'il y aura un **référendum** sur la souveraineté. Les gens sont libres de voter pour le PQ dans un premier temps, puis d'exprimer leur choix quant à la souveraineté lorsqu'une consultation populaire portant spécifiquement sur cette question sera tenue. D'ailleurs, ces deux scrutins (l'élection du PQ et le référendum) seront nettement séparés dans le temps ;
- il est primordial que les élus péquistes gouvernent d'abord et ne consultent le peuple sur la souveraineté qu'après avoir fait leurs preuves comme administrateurs. Pour les stratèges péquistes, il s'agit, dans un premier temps, de montrer à la population que le PQ forme « un bon gouvernement », indubitablement au service de la population, mettant en œuvre de grandes réformes qui font progresser hors de tout doute la qualité – et le niveau – de vie des Québécois. Plus les gens auront confiance en l'aptitude des élus péquistes à bien gouverner le Québec, plus ils apprivoiseront l'idée de la souveraineté et de sa faisabilité ;
- une victoire du oui au référendum n'enclenche pas immédiatement la souveraineté, au contraire. Le oui donne seulement le mandat au gouvernement du Québec de négocier avec Ottawa les modalités de la nouvelle entente Québec-Canada. La population du Québec devra à nouveau être consultée par référendum, cette fois sur le résultat de ces pourparlers avec Ottawa, et c'est alors, et alors seulement, que le gouvernement du Québec pourra (si le oui l'emporte une seconde fois) enclencher de façon définitive le processus d'accession à la souveraineté.

À quelques détails près, l'étapisme guidait encore la démarche référendaire de 1995 sur la souveraineté-partenariat, mise de l'avant par trois ténors politiques du moment : le chef du Bloc québécois, Lucien Bouchard, le chef péquiste, Jacques Parizeau, et le chef de l'Action démocratique du Québec, Mario Dumont (entente tripartite du 12 juin 1995).

>> **électoralisme, orthodoxie, stratégie**

État

Bien que le terme puisse avoir diverses significations, les différentes réalités auxquelles il renvoie sont toutes des objets d'étude privilégiés de la **science politique.**

Premièrement, plus ou moins synonyme de pays, l'État est la principale manifestation du phénomène politique des **temps modernes,** l'équivalent de la Cité grecque de l'Antiquité. Pour être en présence d'un État, les quatre critères suivants doivent être réunis :

- un territoire clairement délimité par des frontières ;
- une population vivant sur ce territoire ;
- une autorité ou un pouvoir politique souverain ;
- la reconnaissance internationale.

Certains auteurs ajoutent un cinquième critère : un idéal commun ou, à tout le moins, une volonté, au sein de cette population, de vivre ensemble (sans quoi l'État risque l'éclatement, la **partition,** voire la **guerre civile**). Tout État est considéré comme une personne morale. L'ensemble des États forme la communauté internationale des États.

Dans un deuxième sens, selon le contexte, État peut être synonyme d'appareil gouvernemental et désigne alors l'autorité politique constituée qui exerce la **souveraineté** politique et contrôle l'administration centrale d'un pays, d'une province. L'État possède le monopole de la force, contrôlant la police et, en dernière instance, l'armée, ce qui en fait un **acteur** politique de premier plan.

Enfin, le même terme peut aussi désigner une division territoriale ou administrative au sein d'un pays. C'est le cas, par exemple, des 50 États des États-Unis et des 31 États du Mexique.

L'État, comme mode d'organisation des sociétés humaines, est relativement jeune et coïncide avec l'affirmation de l'identité nationale. Légataire du pouvoir politique, l'État moderne est sans doute la plus puissante organisation et le plus important appareil de **coercition** que l'humanité ait connus. Il est à la fois un objet de conflit entre les différentes forces politiques et un acteur important au cœur de la dynamique politique.

État d'urgence

Mesure qui consiste à étendre de façon draconienne les pouvoirs de l'autorité publique (gouvernement, tribunaux, forces policières, forces armées) au détriment des droits et libertés normalement reconnus aux citoyens.

La mise en place de l'état d'urgence peut être justifiée, par les autorités qui l'utilisent, dans le cas de menaces à l'ordre public (guerre, **insurrection,** émeute) ou, encore, dans le cas de tourmentes publiques (bouleversement politique ou économique, cataclysme naturel, etc.).

>> **couvre-feu, Loi sur les mesures de guerre, loi martiale**

État de droit

État basé sur le principe de la suprématie du **droit** qui vise un double idéal : bannir la violence comme moyen de règlement des conflits entre citoyens et protéger la collectivité contre toute forme d'abus de pouvoir de la part des autorités, elles-mêmes soumises aux règles de droit. L'indépendance politique et économique du pouvoir **judiciaire** est une condition essentielle à l'État de droit. Expression associée : primauté du droit (*rule of law*).

État de nature

Prémisse ou hypothèse tentant de concevoir comment les humains vivraient en l'absence d'**État** ou de toute forme de pouvoir institué. L'état de nature est, avant toute chose, une idée diffusée aux XVIIe et XVIIIe siècles par les penseurs libéraux classiques qui cherchaient à établir la « véritable » essence de l'être humain, lorsqu'il est laissé à lui-même, libre de toute autorité « extérieure ». Les fondateurs du **libéralisme** ne s'entendent pas sur ce qu'aurait pu être la vie des humains dans l'état de nature. Pour certains, comme Thomas Hobbes (1588–1679), elle correspond à un état de rivalité, de méchanceté et de brutalité constantes, la « guerre de tous contre tous », alors que pour d'autres, comme Jean-Jacques Rousseau (1712–1778), il s'agit d'un état sociétaire plus harmonieux (les humains pouvant établir entre eux des liens sociaux qui leur sont mutuellement profitables). Les avancées des diverses disciplines, comme l'anthropologie et l'histoire, amènent les sciences sociales à considérer aujourd'hui que l'état de nature n'a jamais existé, puisque les humains ont toujours vécu au sein de sociétés organisées, où régnaient normes, règles et formes d'autorité, si embryonnaires soient-elles. Cette caractéristique, la vie en société organisée, serait même l'une des conditions faisant de l'*homo sapiens* un être humain.

» **politique (le)**

État en déliquescence

▨ En relations internationales, État qui, bien qu'indépendant, n'arrive plus à exercer sa **souveraineté** sur son territoire et ne constitue plus une entité politique viable. Cet État devient ingouvernable parce qu'il est en proie au chaos, à la **guerre civile,** au génocide ou à une catastrophe d'une ampleur telle qu'il est littéralement paralysé. Les **institutions** se sont effondrées, les frontières ne sont pratiquement plus surveillées, l'essentiel de la vie économique revient à des formes plus primitives (troc, contrebande, recel de marchandises volées, etc.), le crime reste impuni.

▨ L'expression peut désigner, à une phase ou l'autre de son histoire récente, l'un des États suivants : Afghanistan, Cambodge, Rwanda, Sierra Leone, Somalie, Soudan, Yougoslavie ou encore Haïti après le séisme de janvier 2010.

» **implosion**

État gendarme

▨ Expression employée pour parler de la situation où, dans un pays, les fonctions de l'État sont réduites au strict minimum : respect de la loi et de l'ordre, arbitrage des litiges, souveraineté territoriale, défense, diplomatie. Il s'agit du scénario selon lequel l'appareil d'État est le plus léger possible, intervient le moins dans la vie courante, ne lève pas d'impôts et laisse le champ libre à l'initiative privée (à qui revient le rôle de moteur). Cela correspond à l'idéal formulé par les tenants du **libéralisme** classique, base idéologique du système économique **capitaliste.** Cet idéal est repris aujourd'hui par le **néolibéralisme** (incarné par des auteurs comme Milton Friedman [1912–2006] et Friedrich von Hayek [1899–1992]).

» **économie de marché, État-providence, libéralisme économique**

État multinational

▨ Par opposition à **État-nation,** pays formé de plusieurs **nations.** Par exemple, la Belgique est un État binational, issu de l'assemblage de deux peuples : les Wallons (francophones) et les Flamands (néerlandophones). Le Canada est formé de deux nations fondatrices (issues principalement des descendants des Français et des Anglais) et de plusieurs nations **autochtones.** La Russie est formée à 80 % de Russes, tandis que le reste de la population est répartie en une constellation de petites nations : Caréliens, Bouriates, Iakoutes, Tatars, Bachkirs, Tchétchènes, etc.

Le concept d'État multinational fait abstraction des **diasporas** et des communautés ethniques constituées grâce à l'immigration. Pratiquement tous les États de la planète abritent des communautés ethniques, même ceux qui sont qualifiés d'État-nation (par exemple, la France et sa communauté maghrébine) ; cela n'en fait pas des États multinationaux pour autant.

État-nation

▣ **État** dont la population est composée de façon très nettement majoritaire par une seule **nation.** Il s'agit donc d'un État où il y a coïncidence presque parfaite entre les frontières géographiques du pays et celles de la nation dont il se réclame. Depuis 1789, la conception française de l'État comme personnification de la nation et comme instrument de la souveraineté nationale s'est imposée. Toutefois, le couplage État/nation n'est pas universel : il existe des nations sans État (les peuples palestinien et innu, par exemple) et certaines nations ont à elles seules plusieurs États (la Corée du Nord et la Corée du Sud, en ce qui concerne le peuple coréen, par exemple). Il existe aussi de nombreux États dont la population est composée de deux nations ou davantage (le Canada, entre autres).

>> **État multinational**

État pivot

Terme employé à propos de la politique intérieure des États-Unis, en particulier dans le cadre des élections présidentielles. On lui attribue deux significations distinctes.

▣ Dans le sens de *pivotal state*, il peut désigner l'un des 12 États américains comptant le plus de grands électeurs au sein du **Collège électoral.** À eux seuls, ces 12 États contrôlent plus de la moitié des 538 votes de cette instance et jouent donc un rôle considérable dans l'issue d'une élection à la présidence. En 2008, ces États étaient, par ordre d'importance : la Californie, le Texas, New York, la Floride, la Pennsylvanie, l'Illinois, l'Ohio, le Michigan, la Géorgie, la Caroline du Nord, le New Jersey et la Virginie.

▣ Dans le sens de *swing state*, il peut désigner un État qui n'est ni une forteresse républicaine, ni une forteresse démocrate, donc tout État dans lequel l'issue du vote, le jour de l'élection présidentielle, est hautement incertaine. Ces États agissent comme des baromètres, car l'électorat y est plus volatil et répond mieux à l'évolution particulière que prend la campagne électorale. En définitive, ce sont ces États qui font la différence, qui font basculer le résultat pour le vainqueur.

État-providence

▣ L'expression désigne un mode d'organisation de la société, un stade de développement possible du système capitaliste où, dans le cadre d'une **économie de marché,** l'État intervient sur les plans économique et social (de façon plus ou moins poussée, selon les tendances).

Dès le XIXᵉ siècle, les problèmes auxquels les économies libérales doivent faire face (développement des monopoles, crises de surproduction, chômage, inégalités, révoltes, répression, etc.) de même que les revendications des mouvements ouvrier et socialiste obligent l'État à intervenir, ce qu'il fera en prenant à sa charge certains secteurs de l'économie, en réglementant davantage la vie en société et en mettant sur pied des programmes sociaux. Après le krach de 1929, John Maynard Keynes (1883–1946) poussera plus loin la théorie sur l'État : il désire que l'État agisse comme régulateur économique dans le cadre d'une économie mixte, au sein de laquelle il peut jouer un rôle aussi déterminant que les autres acteurs concernés, les propriétaires d'entreprises et les travailleurs.

Si ce modèle de société connaît son apogée dans les années 1960 et 1970, il se révèle, par la suite, incapable de contrer les effets de la nouvelle crise des années 1980 : fermetures d'entreprises, augmentation du chômage, déficits successifs et endettement endémique des gouvernements, **mondialisation** de l'économie. Partout où il s'est implanté, l'État-providence, en crise, est battu en brèche par le discours et la pratique des **néolibéraux : privatisation, déréglementation** et coupes dans les programmes sociaux. Termes associés : *Welfare State*, État pourvoyeur, État **keynésien.**

État unitaire

État où la **souveraineté,** indivise, est exercée par un seul palier de **gouvernement** (que le régime soit de nature démocratique ou dictatoriale). Ce gouvernement contrôle tous les champs de **juridiction** ; il est responsable, en dernière instance, de tous les domaines et de toutes les **compétences législatives** sur l'ensemble de son territoire. Les divisions territoriales au sein d'un État unitaire, quand elles existent, ont des fonctions purement administratives. C'est le cas, par exemple, des départements en France.

État voyou

Terme désignant, en relations internationales, un État dont on estime qu'il se moque du droit, des conventions, des normes et des traités internationaux, par exemple en soutenant le « terrorisme », en fabriquant ou acquérant des **armes de destruction massive,** ou encore en violant systématiquement les **droits de la personne.** Cependant, sous l'influence des grandes puissances occidentales, l'expression, relayée par les médias de masse, en est venue à identifier par extension tout État qui poursuit une politique estimée contraire aux intérêts de ces grandes puissances. Historiquement, les pays visés par ce vocable très péjoratif ont été l'Afghanistan, la Corée du Nord, Cuba, l'Irak, l'Iran et la Lybie.

Étatisation

Décision (et action) de faire gérer par l'État une activité économique ou culturelle qui, jusqu'alors, était privée.

>> **nationalisation**

États émergents

▣ L'expression apparaît au début des années 1980 dans le contexte de la libéralisation de l'économie internationale, liée à la saturation des marchés des pays développés. À l'origine, pour certains économistes, il s'agissait de pays pouvant offrir des possibilités d'investissements avantageux (droits démocratiques et sociaux restreints, réglementations environnementales et sanitaires minimales, voire inexistantes, etc.).

▣ Aujourd'hui, les critères permettant d'identifier les États émergents ou économies émergentes ne font pas l'unanimité. Généralement, on s'entend pour dire que ce sont des pays qui occupent une place importante dans le commerce mondial (en matière d'exportation en particulier) et dans le système financier international (ouverture aux marchés financiers). Leur économie évoluerait dans le sens de celle des pays développés : transformation des structures économiques axées sur la production industrielle au détriment de l'agriculture, croissance économique rapide, augmentation du niveau de vie (à tout le moins pour une partie de la population), etc.

▣ Concrètement, pour certains, seuls les membres du groupe BRIC (Brésil, Russie, Inde, Chine), auquel on ajoute parfois un S pour l'Afrique du Sud (*South Africa*) ou un M pour le Mexique, en feraient partie. Pour d'autres, l'expression est synonyme de **nouveaux pays industrialisés (NPI)**. Enfin, dans son acception la plus large, on peut entendre par là les pays en développement ne faisant pas partie des pays les moins avancés (**PMA**).

États généraux

▣ En France, sous l'Ancien Régime, assemblée consultative convoquée épisodiquement par le roi, où étaient représentés les trois états, soit le clergé, la noblesse et le **tiers état**. Au moment de la Révolution française, lors des états généraux de mai 1789, le tiers état, représentant le peuple, se transforma en **assemblée constituante** pour ensuite mener à la création de l'Assemblée nationale.

▣ L'expression est utilisée de nos jours pour désigner, au sein de l'État ou d'un secteur d'activité, un vaste processus de consultation où tous les groupes ou parties concernés délèguent des représentants dans le but d'échanger, de débattre et d'élaborer les grandes lignes d'une politique à venir. Au Québec, par exemple, des gouvernements récents ont convoqué des états généraux sur la langue, sur l'éducation et sur la culture.

États satellites

▣ Pays qui sont situés dans la **zone d'influence** d'une puissance régionale ou d'une superpuissance et qui subissent le contrôle de cette dernière relativement à leur vie politique (interne et internationale). On emploie cette expression pour désigner des pays qui ont perdu, dans une large mesure, leur autonomie – militaire, économique, politique – au profit d'une grande puissance. Par exemple, les pays d'Europe de l'Est vis-à-vis de l'URSS durant la guerre froide, le Lesotho et le Swaziland face à l'Afrique du Sud.

>> **glacis**

États tampons

▨ Il s'agit «d'États caractérisés par le fait qu'ils constituent spatialement des zones séparant deux ou plusieurs États concurrents et généralement plus puissants» (Soppelsa, 1988, p. 112). La présence d'États tampons est censée prévenir l'éventualité de conflits directs entre deux puissances ainsi séparées.

Par exemple, durant la **guerre froide,** des pays d'Europe centrale (Autriche), orientale (Yougoslavie) et septentrionale (Finlande) ont joué ce rôle entre l'URSS et les puissances d'Europe occidentale. On a aussi parlé «d'État tampon juif» pour désigner, d'un point de vue occidental, Israël, pays jouant un rôle de tampon entre une Europe riche et développée et un monde arabe prétendument sous-développé et hostile.

Ethnie

▨ Du grec *ethnos*, groupe, peuple. Terme dont le sens peut varier grandement selon l'usage qu'on en fait. Désigne toujours une communauté humaine, mais de taille très variable d'un cas à l'autre. En effet, pour certains auteurs, «ethnie» désigne un **peuple,** ou même une **nation,** alors que d'autres usages lui donneront plutôt le sens de «groupe de tribus», voire de «tribu».

«Pour les ethnologues […], le terme d'ethnie désigne la catégorie de base qu'ils prennent en compte: un groupement plus ou moins large d'hommes et de femmes caractérisé par des traits communs essentiellement linguistiques et culturels et par un fort sentiment tant d'appartenance à cette collectivité que de différence avec d'autres groupements voisins, voire d'opposition à eux. […] Elle est composée d'hommes et de femmes qui partagent une même culture, une même langue, une même religion et les mêmes coutumes; qui sont liés par des rapports de parenté et par une organisation sociale commune; qui admettent une même origine collective et partagent des représentations communes...» (Lacoste, 1993, p. 622).

Ethnocentrisme

▨ Propension à juger l'**altérité,** plus précisément la différence culturelle, ethnique ou raciale, en fonction de soi, de sa propre identité, comme si cette dernière était le standard indubitable, l'étalon universel permettant de mesurer les qualités d'autrui.

Événements d'octobre

>> **crise d'Octobre (1970)**

Exclave

▨ Tout comme l'**enclave,** l'exclave est une anomalie géopolitique, mais vue cette fois depuis l'**État** qui a la **souveraineté** sur cette parcelle de territoire séparée de ce qui forme l'essentiel de son territoire national. Par exemple, l'Angola et son exclave, Cabinda (entre le Congo et la République démocratique du Congo), la Russie et son exclave, Kaliningrad (entre la Pologne et la Lituanie), l'Espagne et ses exclaves, Ceuta et Melilla, encastrées dans le territoire du Maroc.

Exécutif

▓ Un des trois types de pouvoir de l'État, qui consiste en la mise en œuvre des lois (exécution) et en la définition de la politique du pays. Le pouvoir exécutif est incarné non seulement par le **chef d'État** et le **gouvernement,** mais aussi par l'administration, c'est-à-dire toute l'**administration publique** et les agences gouvernementales relevant de son autorité. Dans les États modernes, le pouvoir exécutif est très puissant et influent ; il contrôle *de facto* le budget de l'État et joue même un rôle prépondérant dans l'initiative législative (conception et proposition de projets de loi).

Au Canada, selon la **Constitution,** le pouvoir exécutif est « à deux têtes » puisqu'il est partagé entre, d'une part, le **souverain** (dont le rôle est purement symbolique) et, d'autre part, le **Cabinet.** Aux États-Unis, l'exécutif est « à une tête » puisque sa direction revient au président. En Suisse, l'exécutif est « à plusieurs têtes », puisque sa direction revient à un organe collégial de sept membres, le Conseil fédéral, doté d'une présidence tournante annuelle.

Exploitation

▓ En économie, traitement ou mise en valeur d'une ressource, par l'entremise du travail, afin d'en extraire ce qui pourra ensuite être vendu, échangé ou consommé.

▓ En sciences sociales, s'agissant des êtres humains plutôt que de la matière, usage abusif, donc moralement inacceptable, des qualités, de la force de travail ou des autres attributs d'un être humain. La pornographie infantile et les enfants soldats en sont des exemples.

Extraterritorial

▓ Dont le caractère dépasse les **frontières** nationales. Par exemple, la loi Helms-Burton, adoptée par le Congrès des États-Unis, avait une portée extraterritoriale puisqu'elle visait directement quantité d'autres **États** que les États-Unis d'Amérique. Ses promoteurs voulaient qu'elle s'applique au-delà du territoire des États-Unis : ils escomptaient qu'elle sanctionnerait, notamment, les entreprises canadiennes, mexicaines et européennes dont les activités à Cuba ou les liens d'affaires avec ce pays impliquaient des propriétés ayant appartenu à des individus ou à des intérêts américains avant 1959.

Extraversion

≫ **développement extraverti**

Extrême droite

▓ On situe à l'extrême droite de l'axe des idéologies politiques, les **idéologies,** les **acteurs** ou encore les **discours** politiques qui, tout en rejetant la démocratie libérale, prônent l'établissement d'un régime politique autoritaire afin de maintenir dans la société une loi et un ordre assurant les privilèges d'un groupe, d'une classe dominante ou d'une « race » supérieure.

≫ **droite, extrémisme, fascisme, nazisme**

Extrême gauche

On situe à l'extrême gauche de l'axe des idéologies politiques, les **idéologies,** les **acteurs** ou encore les **discours** politiques qui, tout en rejetant la démocratie libérale et le **réformisme,** prônent la violence révolutionnaire pour briser les mécanismes d'exploitation et mettre fin aux inégalités économiques et sociales.

>> gauche, extrémisme

Extrémisme

Comportement politique qui consiste à refuser tout compromis et à prôner des changements brusques et fondamentaux sur les plans politique, économique, social, etc. Les extrémistes (de **gauche** ou de **droite**) veulent atteindre leurs objectifs de façon rapide en utilisant des moyens violents : **terrorisme, coup d'État, guerre civile, révolution.**

Faction

Au sein d'un ensemble plus large, groupe minoritaire d'individus ayant des affinités précises ou des visées spécifiques. Ce groupe peut être en opposition avec l'ensemble plus large auquel il est associé, ou en processus de rupture, voire de **sédition.**

Failed state

>> État en déliquescence

Fanatisme

Attitude basée sur une foi aveugle, une passion excessive, une admiration ou un enthousiasme exagérés pour quelqu'un ou quelque chose. On parlera, par exemple, de fanatisme religieux, politique ou partisan, voire de fanatisme sportif. Sur le plan politique, le fanatisme conduit au **sectarisme,** au **dogmatisme** ou encore à l'extrémisme.

Fascisme

Idéologie d'**extrême droite** qui s'est développée en Italie avec le régime de Benito Mussolini (1883–1945) de 1922 à 1945, à la suite de la Première Guerre mondiale et de la crise économique de 1929.

Il s'agit d'un projet de société totalitaire et **militariste,** basée sur une mobilisation de masse contrôlée par un **parti unique** dont le pouvoir est fondé sur la propagande et la terreur, ce parti étant lui-même soumis à un chef « clairvoyant » (*Il Duce*). Dans ce sens, la devise fasciste, « croire, obéir, combattre », est sans équivoque. Selon les théories fascistes, les inégalités « naturelles » entre les humains, les nations et les races justifient la domination, l'autoritarisme, le **chauvinisme** national, la **xénophobie**, le **racisme** et les guerres de conquête impérialistes. Cette idéologie, favorable au grand capital, donc à la libre entreprise, se développe habituellement en période de crise économique et d'instabilité politique (en réaction à la montée des forces progressistes) sur les thèmes du maintien de la loi et de l'ordre, voire de la sauvegarde de la civilisation occidentale.

>> **extrême droite, nazisme, régime fasciste**

Favoritisme

Au sens large, attribution d'avantages de diverses natures (à un individu, à un groupe ou à une région) de manière indue, donc au détriment de la justice ou du mérite. De façon plus précise, en politique, de tels avantages seront attribués pour services rendus au **parti,** ou « au pouvoir ». Au Québec, on utilise erronément l'anglicisme « patronage ».

>> **conflit d'intérêts, népotisme**

Fédéralisme

Principe d'organisation juridique ou politique qui permet à des entités différentes de s'unir en fonction d'intérêts ou de besoins communs, tout en maintenant une certaine forme d'**autonomie** liée à des intérêts spécifiques. Ainsi, on parlera de fédération syndicale, sportive, etc.

Caractéristique d'un **système politique** prévoyant l'existence de deux paliers de **gouvernement,** celui de l'État fédéral, ou central, et celui des États membres (**provinces,** républiques, *länder*, cantons, etc.), qui se partagent les divers champs de **compétence législative** ou de **juridiction.**

De façon plus large, au-delà des structures, le terme peut aussi désigner une manière de fonctionner en fédération, une pratique, une tendance ou un type de fédéralisme. Ainsi, on parlera de fédéralisme centralisateur, coopératif, souple, autoritaire, etc. Ces tendances peuvent être associées à une fédération en particulier, à certaines périodes dans l'histoire d'une fédération ou, encore, à certains **acteurs** (personnage politique ou parti, par exemple) à l'intérieur d'une fédération.

>> **asymétrique (fédéralisme), fédération d'États**

Fédération d'États

État (central ou fédéral) composé d'États (membres ou fédérés) qui se partagent la **souveraineté,** les pouvoirs législatifs ou les champs de juridiction. Dans ce partage, généralement précisé et garanti par la Constitution, l'État central ou fédéral, qui est souverain en dernière instance, contrôle les pouvoirs les plus importants comme la défense nationale, l'économie, la monnaie et les relations étrangères. Les exemples de fédérations d'États sont nombreux : le Canada (qui n'a rien d'une **confédération,** sinon le titre), les États-Unis d'Amérique, la République fédérale allemande, l'Inde, la Malaisie, le Brésil, etc.

Felquiste

Relatif au **FLQ.**

Nom donné à un membre ou à un sympathisant du **FLQ.**

Féminisme

On emploie ce terme pour parler non seulement d'une **idéologie,** mais aussi d'un phénomène social et politique : le féminisme peut en effet désigner le mouvement organisé des femmes qui luttent pour leur libération et pour l'obtention de leurs droits.

S'agissant de l'idéologie, on parlera toutefois du féminisme comme d'un système d'idées qui poursuit deux objectifs complémentaires : d'une part, mettre de l'avant l'égalité entre les hommes et les femmes (d'où la nécessité d'intervenir sur la question des droits des femmes) et, d'autre part, réaliser la libération complète des femmes. Cette seconde exigence implique un travail d'une portée beaucoup plus vaste, puisqu'elle suggère une réappropriation, par les femmes, de leur identité, ainsi qu'une transformation profonde des représentations traditionnelles et de toute la structure sociale.

Le féminisme repose sur la conviction que les femmes souffrent toutes d'une **oppression** spécifique, et ce, à cause de leur sexe. Différents courants cherchent à expliquer les fondements de cette injustice et à y remédier : féminisme égalitaire, féminisme radical, féminisme libertaire, etc. Certaines analyses insistent davantage sur les rapports se déroulant dans la sphère publique (marché du travail, scène politique, lois et institutions, etc.). D'autres placent la sphère privée au cœur de leurs préoccupations : sexualité, utilisation faite du corps des femmes, vie domestique, rôles sexuels inculqués dans la famille, etc.

>> **patriarcat**

Féodalité

Organisation sociale et politique dominante en Europe au Moyen Âge, basée sur la propriété foncière, le fief et la vassalité. Le seigneur, propriétaire foncier, concédait un domaine, le fief, à son vassal. En échange, ce dernier devait se soumettre à son seigneur (suzerain) et lui assurer aide militaire et soutien financier. Ce système hiérarchique (les chevaliers étaient soumis aux barons, eux-mêmes soumis aux ducs, comtes, vicomtes, etc., eux-mêmes soumis au roi) devait assurer un certain ordre social et politique, mais le régime féodal fut au contraire marqué par le morcellement politique et par d'incessantes rivalités entre seigneurs.

Par ailleurs, le régime seigneurial régissait l'organisation de la vie économique : les serfs (paysans, étrangers à la vassalité) cultivaient les terres (tenures ou manses) que leur concédait le seigneur en échange de nombreuses corvées (travaux de construction, de réparation, d'entretien de la propriété du seigneur, etc.) et de lourdes redevances, généralement en nature (taille, cens, etc.). Ce régime assurait à la **noblesse** le maintien de ses privilèges économiques et sociaux et permettait à la paysannerie, au mieux, de subsister pauvrement.

Filibuster

Procédure d'obstruction déployée par des parlementaires qui, dans le cadre des travaux de leur assemblée législative, veulent prolonger l'étude et la discussion d'un projet de loi au point d'en empêcher l'adoption. Cette manœuvre, utilisée par les partis d'opposition, repose sur l'usage de plusieurs tactiques parmi les suivantes :

multiplication du nombre d'interventions sur le sujet étudié, discours inutilement longs, interpellation du président d'assemblée sur des aspects du règlement ou sur des questions de privilège, etc. Lorsque l'opposition a recours à cette manœuvre exceptionnelle, elle espère attirer l'attention des médias et du public sur la gravité des enjeux que recèle le projet de loi gouvernemental. Quant à lui, le gouvernement peut invoquer l'approche de la fin de la session parlementaire et mettre fin à l'obstruction en utilisant le **bâillon.**

Firme multinationale (FMN)

Aussi appelée « entreprise multinationale » et « société transnationale ». La firme multinationale est une entreprise originaire du pays – du **Nord,** le plus souvent – où se trouve son siège social, mais qui, par l'important développement de ses activités, voit l'essentiel de ses affaires se dérouler à l'extérieur, dans ses multiples filiales et sous-filiales installées aux quatre coins du monde. Les entreprises privées qui composent la FMN sont liées par des liens juridiques et participent toutes à un plan d'ensemble : concourir à la réalisation des plus grands profits pour le groupe. Les multinationales sont le produit de la nécessité d'étendre les marchés, saturation des marchés nationaux et concurrence obligent, mais aussi de déplacer la production, pour bénéficier des « avantages comparatifs » de chaque pays : faible coût de la main-d'œuvre, absence de lois antipollution, possibilités d'évasion fiscale ou de rapatriement des capitaux, etc.

>> **néocolonialisme**

FLQ

Le Front de libération du Québec (FLQ) était une organisation nationaliste clandestine, active au Québec de 1963 à 1970, comptant au maximum une trentaine de membres et ayant pour but d'alimenter, d'appuyer et, éventuellement, de diriger la **lutte de libération nationale** du peuple québécois. Pour ce faire, le FLQ a mené durant ces années une action à trois volets : conscientiser les masses (journaux, communiqués, coups d'éclat, etc.), radicaliser les luttes populaires (par exemple, en transformant un conflit de travail en un conflit politique national), déstabiliser le système oppressif en place (par exemple, en attaquant les symboles du pouvoir politique afin de montrer la vulnérabilité du régime – donc la faisabilité, à terme, d'un éventuel renversement de l'État). La **crise d'Octobre (1970)** est le point culminant de l'action du FLQ.

Fonction publique

>> **administration publique**

Fondamentalisme

>> **intégrisme**

Fonds monétaire international (FMI)

Organisme créé en 1944 en vertu des accords de Bretton Woods. Il regroupe plus de 188 pays et poursuit trois buts : assurer la stabilisation des taux de change, garantir la convertibilité des monnaies, ouvrir des facilités de crédit aux pays membres. Durant ses 25 ou 30 premières années d'existence, le FMI est venu en aide essentiellement aux pays industrialisés qui éprouvaient des difficultés ponctuelles avec leur balance des paiements.

Par la suite, le FMI a été conduit à jouer un rôle de plus en plus important dans l'assistance financière aux pays du **tiers-monde** qui ont connu, à partir des années 1970–1979, de graves déséquilibres dans leur **balance des paiements.** Depuis 1979, 98 % des facilités de crédit consenties par le Fonds ont été utilisées par les pays en voie de développement, de sorte que le FMI s'apparente de plus en plus à une «banque de développement». Très souvent, l'aide du FMI est conditionnelle à l'adoption, par les pays s'adressant à lui, de programmes d'**ajustement structurel** que le FMI pilotera lui-même. On a donc souvent remis en question ses politiques, qui mettent en péril la **souveraineté** des États bénéficiaires.

L'influence d'un pays membre sur les décisions prises par le Fonds dépend de son poids relatif dans le commerce mondial. Les cinq pays qui ont le plus souscrit au capital du FMI (États-Unis, Japon, Allemagne, Grande-Bretagne, France) disposent d'environ 40 % des droits de vote au sein de l'organisme. De plus, les États-Unis y détiennent une forme de droit de *veto.*

Force politique

>> **acteur**

Forces productives

Selon la théorie **marxiste,** ensemble des éléments qui concourent à la production de biens ou de services, dans un système économique donné. D'après cette conception, on peut distinguer cinq grandes composantes dans les forces productives : les éléments naturels (eau, air, feu, etc.), les matières premières, les outils et machines, la force de travail des individus et, enfin, les formes de coopération, dont l'organisation du travail.

Forum social

Épine dorsale de l'**altermondialisme,** il s'agit d'un événement offrant un espace de discussion pluraliste, libre et démocratique aux différentes forces de changement social qui luttent pour une société plus juste, pacifique, écologique et solidaire. Grâce essentiellement à l'initiative d'individus et de groupes non partisans, le Forum social mondial (FSM) se tient depuis 2001, dans différents pays, souvent des foyers de contestation et de transformation sociales, comme le Brésil ou l'Inde. Le FSM a inspiré l'organisation d'événements similaires à l'échelle continentale (Forum social européen, Forum social des Amériques, etc.) et à l'échelle locale (par exemple, un Forum social québécois s'est tenu en 2007 et en 2009). Point de ralliement de plusieurs **mouvements sociaux,** le forum social permet aux diverses cultures militantes de s'alimenter mutuellement, de mettre en commun leurs critiques du **néolibéralisme** et d'envisager les convergences possibles entre différentes luttes, pourtant très variées.

Au départ, le FSM se voulait un contrepoids au Forum économique de Davos, un club sélect réunissant, l'espace de quelques jours en Suisse, l'élite économique et politique de la planète afin de discuter des stratégies d'avenir du **capitalisme.** Avec le temps, la raison d'être des forums sociaux s'est précisée, devenant de plus en plus un processus permanent grâce auquel les organisations progressistes et les activistes issus de la **société civile** apprennent à travailler ensemble de façon horizontale, dans le respect de la diversité et, dans une large mesure, à l'abri de l'État ou des partis politiques. Les personnes œuvrant ensemble à la préparation des forums sociaux ou celles qui y participent proviennent d'horizons les plus divers : protection de l'environnement, mouvement des femmes, syndicalisme, associations étudiantes, organisations paysannes, groupes pacifistes, porte-paroles autochtones, médias communautaires, **cyberactivistes,** etc.

Francophonie

▨ Au sens large, communauté formée de l'ensemble des personnes de langue française de la planète.

▨ De façon plus précise, en relations internationales, le même terme peut désigner l'Organisation internationale de la francophonie créée à l'initiative de la France en 1986, institution regroupant 57 États – dont plusieurs anciennes colonies françaises et belges – qui travaillent ensemble à la promotion de la culture, du savoir et de la coopération technique en langue française. Outre la France, la Belgique et le Canada, on compte notamment parmi les membres de la francophonie des États non souverains comme le Nouveau-Brunswick et le Québec.

Frontières

▨ Les frontières sont des limites (naturelles ou artificielles) qui définissent l'étendue du territoire d'un État. Plus qu'une simple ligne de démarcation, les frontières déterminent l'aire où un État exerce sa **souveraineté.** Le territoire ainsi défini est aussi une composante importante de l'identité des **peuples.**

Séparant les territoires, les peuples et les souverainetés de deux ou de plusieurs États, les frontières ont été généralement déterminées par des rapports de force, les guerres modifiant souvent les frontières « auxquelles les traités de paix confèrent une éternité temporaire » (Moreau-Defarges, 1995, p. 69).

Bien que remise en question par le **libre-échange,** la **mondialisation** et le développement des organisations **supranationales,** la délimitation des frontières – donc des territoires « nationaux » – est toujours au cœur de nombreux conflits contemporains. C'est le cas, entre autres, du conflit entre Israël, le Liban et les Palestiniens, du conflit entre le Soudan et le Tchad, ou encore de celui entre l'Inde et le Pakistan, au Cachemire.

Fuite des capitaux

▨ Phénomène de sortie massive des capitaux d'un pays, leurs propriétaires étant attirés par les plus forts rendements offerts à l'étranger ou, encore, par la sécurité que représente, pour leurs avoirs, une telle expatriation. La fuite des capitaux constitue un problème pour le pays qui la subit, dans la mesure où ces gains en capital sont réalisés localement (par exemple, par l'extraction d'une ressource naturelle ou l'utilisation de la main-d'œuvre) sans être réinvestis dans l'économie nationale – qui en aurait bien besoin, en particulier s'il s'agit d'un pays du **tiers-monde.**

Ce phénomène, combiné avec celui du remboursement de la dette, fait d'un grand nombre de pays du tiers-monde des exportateurs nets de capitaux, ces pays expatriant davantage d'argent qu'ils n'en reçoivent.

G8

Réunion des **chefs d'État** des huit principales puissances industrielles capitalistes de la planète : États-Unis, Allemagne, Japon, Royaume-Uni, France, Italie, Canada et Russie. Les chefs de ces États se rencontrent régulièrement dans le cadre d'un « sommet » – qui a lieu tous les ans – pour aborder les grandes questions économiques, politiques et **stratégiques** de l'heure, et pour s'entendre sur une action commune. Contrairement à plusieurs organisations régionales ou internationales, le G8 ne dispose pas d'un secrétariat permanent ou d'une infrastructure physique. Malgré le caractère informel du G8, il est très important de bien connaître et comprendre les décisions de ces grandes puissances mondiales, car elles prétendent guider le développement de l'économie mondiale, cibler les grands enjeux pour la planète et définir les menaces qui pèsent sur le monde riche et développé.

G20

Organisation internationale regroupant les représentants de 20 États, soit les membres du **G8,** l'**Union européenne** et 11 **États émergents,** à savoir l'Argentine, l'Australie, l'Arabie Saoudite, l'Afrique du Sud, le Brésil, la Chine, la Corée du Sud, l'Inde, l'Indonésie, le Mexique et la Turquie. Le G20 a été créé en 1999 à la suite des crises financières en Asie et en Russie, qui avaient ébranlé le système économique mondial. Les pays du G20 regroupent les deux tiers de la population du globe, contrôlent 80 % du commerce international et sont responsables de 90 % du produit mondial brut. Initialement, ce sont les ministres des Finances des États membres qui siégeaient aux réunions de l'organisation, mais la crise financière internationale de 2008 a amené les chefs de gouvernement à occuper eux-mêmes, pour une première fois, les sièges du G20. D'abord épisodiques, les réunions sont devenues annuelles et portent désormais sur la gestion des problèmes financiers, économiques et environnementaux. Reflet de changements importants sur la scène internationale (au plan économique, la montée de puissances devenues incontournables comme la Chine ou l'Inde ou, au plan politique, le poids de plus en plus important de puissances régionales comme le Brésil ou l'Afrique du Sud), le G20 pourrait, selon certains, pallier le cadre désormais trop retreint du G8 ou trop large de l'Assemblée générale de l'ONU. Toutefois, le caractère disparate des États membres et la diversité de leurs intérêts risquent fort d'atténuer l'efficacité de cette **organisation intergouvernementale.**

GATT

▩ *General Agreement on Tariffs and Trade.*

» OMC

Gauche

▩ En politique, on situe à gauche des idées ou **idéologies,** des **acteurs** politiques, des **discours** et des attitudes favorables au changement en matière d'égalité, de justice et de **démocratie,** et qui, en dernière analyse, favorisent des classes sociales ou des groupes dominés ou méprisés. Par exemple, la gauche prône la liberté de pensée et d'action, les transformations sociales, la **justice sociale** et économique, l'égalité des droits des peuples, etc.

L'**extrême gauche** révolutionnaire défend les mêmes valeurs de façon très **radicale,** alors que le centre gauche adopte des positions **réformistes.**

Il en est ainsi depuis la Révolution française de 1789, alors qu'à l'**Assemblée constituante,** les représentants qui étaient favorables aux idéaux révolutionnaires de progrès, de « liberté, égalité, fraternité », et qui remettaient en question les privilèges des groupes dominants de l'époque, occupaient les sièges situés à la gauche du président de l'Assemblée.

» **progressiste, social-démocratie**

Génocide

▩ Du grec *genos*, famille, race, et du latin *cædere*, tuer. Entreprise d'extermination systématique d'un **peuple,** d'une **ethnie** ou d'une communauté, habituellement conduite par (au moins) un **État** et pouvant impliquer une complicité plus ou moins active d'une partie de la population. Parmi les exemples connus, notons le génocide des Arméniens au lendemain de la Première Guerre mondiale (perpétré par l'État turc), le génocide des Juifs durant la Seconde Guerre mondiale (perpétré par l'Allemagne nazie et ses alliés) et le génocide des Tutsis (perpétré à l'initiative des autorités du Rwanda) en 1994.

Géopolitique

▩ Définie comme étant l'« étude des rapports entre les données naturelles de la géographie et la politique des États » (*Le Petit Robert*), la géopolitique privilégie différents aspects géographiques, au sens large, pour expliquer la **puissance** relative des **États,** leurs **politiques** et les rapports internationaux. Ainsi, on considère la dimension du **territoire** et, entre autres, sa configuration, sa situation naturelle (données géophysiques) et son emplacement (rôle et importance des États voisins). De plus, on prend en compte des facteurs démographiques, les ressources naturelles, le potentiel énergétique, le niveau de développement technologique et la qualité de l'armement, de même que certains facteurs subjectifs comme la stabilité politique, la capacité de mobilisation idéologique, le type de direction politique, etc.

Gérontocratie

▩ Du grec *geron*, vieillard, et *kratos*, pouvoir. **Régime** politique où le **pouvoir** est exercé par des vieillards. Certains gouvernements contemporains ont pu être qualifiés de gérontocraties en raison de l'âge avancé de leurs dirigeants, notamment ceux de l'ex-URSS et de la Chine jusqu'à tout récemment.

Gerrymandering

Contraction de deux noms, l'un propre (Gerry) et l'autre commun (*salamander*). Expression forgée aux États-Unis au XIXe siècle, alors que le gouverneur de l'État du Massachusetts, Elbridge Gerry (1744–1814), se taille une réputation pour ses manipulations de la carte électorale. Il raffine cette pratique, le redécoupage des circonscriptions électorales, au point où la juxtaposition des districts évoque parfois la forme insolite d'une salamandre. Cette pratique, qui assure au parti du gouverneur sortant de meilleurs gains électoraux, atteint finalement des proportions si choquantes que l'opinion finit par adopter ce terme. Aujourd'hui, le *gerrymandering* en est venu à désigner, aux États-Unis, tout processus consistant à redessiner la carte électorale – créant au besoin des circonscriptions aux contours invraisemblables – de façon à affaiblir le parti adverse ou à favoriser l'élection du candidat souhaité.

Glacis

Terrain en pente, entourant une fortification, que l'ennemi doit gravir à découvert avant de pouvoir atteindre sa cible.

En **relations internationales,** on utilise ce terme pour désigner une zone limitrophe d'un État donné, formée de divers territoires qui sont plus ou moins soumis à cet État et qui doivent servir de théâtre d'affrontement dans le cas d'un éventuel conflit. Pour cet État, le glacis est vu comme un moyen d'éloigner de ses propres frontières le lieu où l'ennemi attaquera. Par exemple, durant la **guerre froide,** on a parlé des pays d'Europe de l'Est comme d'un glacis soviétique, ainsi que du Canada comme d'un glacis américain (le Canada était le plus court chemin entre l'URSS et les États-Unis).

Glasnost

Mot russe qui veut dire «publicité» et, par extension, «transparence». Employé par Mikhaïl Gorbatchev (1931–) au milieu des années 1980 et jusqu'à la fin de cette décennie (époque de son passage à la présidence de l'URSS) pour parler de certaines réformes imprimées à l'appareil d'État (comme la reddition de comptes devant le peuple) et à la société (le droit de critiquer publiquement, de formuler une plainte).

>> *pérestroïka*

Globalisation

Pour maints auteurs et spécialistes des relations internationales, synonyme de **mondialisation.**

Pour d'autres, il s'agit d'une phase d'intégration planétaire encore plus poussée et subséquente à la mondialisation (dans le cadre de laquelle les États demeurent le référent incontournable, tandis qu'à l'ère de la globalisation, les États seraient carrément dépassés par une nouvelle forme de gouverne, **apatride** et **transnationale**). «Comme système, la globalisation est la gouverne du monde par de puissants intérêts économiques supraétatiques. […] Contrairement à la mondialisation, qui s'est déployée, tout au long de son évolution, dans un contexte où l'État était le lieu ultime de référence, [...] la globalisation se construit par-dessus les États-nations, qui n'ont plus qu'un rôle de sous-traitants dans la mise en œuvre d'une politique nationale et dans la conduite des affaires du monde » (Gélinas, 2000, p. 42-43).

Gomperism

Du nom de Samuel Gompers (1850–1924), qui fonda durant les années 1880 une grande organisation syndicale aux États-Unis, l'*American Federation of Labor*. Celui-ci conçut un mot d'ordre, le « syndicalisme pur et simple », en vertu duquel les **syndicats** doivent s'en tenir essentiellement aux enjeux du monde du travail (donc aux rapports de force s'exprimant dans la sphère « industrielle ») et ne recruter que des ouvriers salariés. Le *gomperism* traduit donc une volonté de mettre l'organisation syndicale à l'abri de courants vus comme lui étant « étrangers » : **populisme, anarchisme, socialisme,** etc. Par extension et avec le temps, le *gomperism* en est venu à désigner la tendance, chez certains syndicats, à exclure de leurs débats, réflexions et interventions tout ce qui relève de l'action politique autonome (par exemple, création d'un parti ouvrier et populaire), au profit de la négociation de conventions collectives axées sur des avantages matériels (hausse du pouvoir d'achat, réduction de la durée de la semaine de travail, etc.), tout en faisant confiance à la capacité syndicale de tirer son épingle du jeu au sein du **capitalisme.** Synonyme : syndicalisme d'affaires.

>> **corporatisme**

Goulag

Acronyme russe venant de *glavnoïé oupravlénié laguereï*, c'est-à-dire « administration générale des camps ». En Union soviétique, camp de travail forcé, le plus souvent situé dans une zone inhospitalière (par exemple, la Sibérie), servant à la rééducation des **dissidents** – selon le **discours** officiel –, mais servant aussi de lieu d'incarcération pour des citoyens ordinaires ayant contrevenu à de petites règles de la vie courante ou commis des délits mineurs. Instrument clé du système **autoritaire** mis en place en URSS par Staline.

Gouvernance

À l'origine, dans les années 1970, l'expression *corporate governance* désigne un style de direction d'entreprise disant rechercher l'équilibre entre les intérêts des actionnaires et ceux des autres acteurs concernés : cadres, employés, sous-traitants, collectivités locales, etc. À la fin des années 1980, la Banque mondiale fait la promotion de la bonne gouvernance (*good governance*), ensemble de critères à prendre en compte pour l'attribution des prêts ou de l'aide au plan international : **État de droit,** imputabilité des dirigeants, saine gestion, lutte à la corruption, comptes publics transparents, etc. Enfin, depuis les années 1990, on parle de gouvernance mondiale, nouveau mode de régulation collective dû à l'absence d'autorité politique souveraine, à la multiplicité des lieux de pouvoir et à l'influence grandissante des acteurs autres que les États : firmes multinationales, organisations intergouvernementales (**BIRD, FMI, OMC,** etc.), **ONG,** société civile et *tutti quanti.*

Pour les tenants de la gouvernance, ce nouveau contexte fait en sorte que la souveraineté de l'État est désuète et qu'une nouvelle forme de régulation des rapports sociaux doit impliquer des acteurs tant privés que publics, opérant sur plusieurs niveaux aussi bien territoriaux (de mondial à municipal) qu'institutionnels (de l'État à l'entreprise). À partir d'objectifs communs (prospérité, sécurité, saine gestion, etc.), une approche pragmatique basée sur la concertation mettrait fin aux conflits pour aboutir à des choix rationnels. Il s'agirait en quelque sorte de gouverner sans gouvernement.

Pour plusieurs, ce programme politique est lié au **néolibéralisme** et à la montée du pouvoir technocratique, dans le sens où elle prône un repli de l'État au profit d'acteurs privés, un retrait de la primauté du politique pour une approche gestionnaire des affaires publiques et le remplacement de la légitimité démocratique par celle de l'expertise technique.

Gouvernement

- Le terme désigne le **pouvoir** qui dirige l'État ou, encore, l'**institution** ou les personnes qui exercent ce pouvoir. Le gouvernement détermine les grandes orientations de l'État (la «gouverne»), donc les grandes orientations législatives. Plus ou moins synonyme de pouvoir **exécutif,** le gouvernement est aussi responsable de la mise en œuvre des lois; en conséquence, il gère le budget de l'État et contrôle la fonction publique.

  Généralement, le gouvernement est confié à un organe collégial dirigé par un chef de gouvernement; en **régime parlementaire,** il s'agit du premier ministre et de son Cabinet ou Conseil des ministres, alors qu'en **régime présidentiel,** il s'agit du président et de ses conseillers ou secrétaires (bien que, dans ce dernier régime, le président soit seul responsable du gouvernement). Selon le contexte, le même terme, quand il est qualifié, peut aussi désigner une manière de diriger (un gouvernement de droite, républicain, progressiste, etc.).

- Dans un sens plus large, le terme «gouvernement» peut aussi désigner l'ensemble des pouvoirs publics ou, encore, l'ensemble de l'appareil gouvernemental.
  >> **exécutif**

Gouvernement de coalition

- Gouvernement dans lequel il y a partage, entre deux partis ou davantage, des postes au sein du conseil des ministres ou **cabinet.** Ce partage est habituellement accompagné d'une entente entre ces partis sur les grandes orientations de ce gouvernement, ainsi que sur sa durée. La nécessité des gouvernements de coalition va de soi dans les régimes où, à l'accoutumée, aucun des partis politiques ne détient la majorité absolue des sièges au sein de l'Assemblée législative. Cela est fréquent lorsque le mode de scrutin est à représentation proportionnelle (mixte, approchée ou intégrale), mais peut aussi être observé lorsque le système est majoritaire, comme en Australie ou au Royaume-Uni.

  Au niveau fédéral canadien, depuis la création du pays en 1867, cette tradition n'existe pas. Le seul gouvernement de coalition ayant vu le jour est celui formé en 1917 dans le contexte unique de la Première Guerre mondiale (toutefois, des gouvernements de coalition ont vu le jour dans quelques provinces, comme la Saskatchewan et la Colombie-Britannique). Lorsqu'aucun des partis ne réussit à obtenir la majorité absolue des sièges à la **Chambre des communes,** ce qui arrive souvent, la coutume est de former un **gouvernement minoritaire.** L'une des causes est que les deux partis qui s'échangent le pouvoir depuis 1867 considèrent temporaire la situation de gouvernement minoritaire lorsqu'ils la vivent, se disant que la prochaine élection sera la bonne, c'est-à-dire qu'elle leur donnera un gouvernement majoritaire. Or, avec la dispersion régionale et idéologique de l'**électorat** au Canada, la part combinée du vote total obtenue par le Parti libéral et le Parti conservateur décline significativement depuis quelques décennies, passant d'une moyenne de 77 % durant la période 1974–1988 à une moyenne de 60,7 % durant la période 1993–2008, ce qui rend de plus en plus difficile l'obtention d'un mandat majoritaire.

Gouvernement majoritaire

▓ En **régime parlementaire** de type britannique, qualifie le **gouvernement** qui dispose d'une majorité absolue (50 % et plus) des **sièges** ou des voix au **Parlement.** Dans de telles circonstances, compte tenu de la discipline de parti, l'**exécutif,** soit le **premier ministre** et son **cabinet,** contrôle le **législatif.**

Gouvernement minoritaire

▓ En **régime parlementaire** de type britannique, qualifie un **gouvernement** qui ne dispose pas d'une majorité absolue des **sièges** ou des voix au **Parlement.** Pour gouverner, le **premier ministre** et son **cabinet** doivent négocier et avoir l'appui d'un ou de plusieurs tiers partis pour former une majorité absolue. Dans de telles circonstances, l'**exécutif** est en position précaire et il est tributaire du **législatif.**

Gouverneur

▓ Au sens large, il s'agit d'un titre « donné à un agent public de très haut rang investi de fonctions administratives [...], militaires [...] ou politiques » (Debbasch et Daudet, 1992, p. 199).

▓ Dans l'un ou l'autre des 50 États des États-Unis, le gouverneur est la personne qui dirige le pouvoir **exécutif.** Cela équivaudrait plus ou moins, au Canada, à la fonction de premier ministre provincial. Dans ces deux pays, la **souveraineté** est partagée entre deux paliers de gouvernement : le niveau central (ou fédéral) et le niveau de l'État fédéré (ou provincial, au Canada). Homologue du président (qui dirige l'État central depuis la capitale, Washington), le gouverneur est le chef de l'exécutif de l'un des 50 États fédérés. Chacun des gouverneurs est élu au suffrage universel direct ; contrairement à une élection présidentielle, il n'y a pas de **Collège électoral.** La durée du mandat du gouverneur est de quatre ans, sauf au New Hampshire et au Vermont (deux ans). Le gouverneur est aussi, dans son parti, un acteur de premier plan, jusque dans la vie politique nationale. Cette fonction, tout comme celle de sénateur au **Congrès** des États-Unis, a souvent servi de tremplin à des individus voulant se lancer dans la course à la présidence des États-Unis.

Gouverneur général

Représentant de la Couronne au Canada. La reine étant le **chef d'État,** c'est le gouverneur général qui exerce ses fonctions. En principe, il nomme le **premier ministre** et les **ministres,** convoque, proroge et dissout le **Parlement,** convoque les élections générales, peut désavouer une loi provinciale (bien que ce dernier pouvoir soit tombé en désuétude), etc. Dans les faits, il n'agit que sur l'avis du premier ministre, ses fonctions étant protocolaires et son rôle, qui consiste entre autres à favoriser l'unité canadienne, purement symbolique.

>> **monarchie constitutionnelle, sanction royale**

Grands électeurs

>> **Collège électoral**

Groupe de pression

Organisation qui possède un effectif (*membership*), un budget, des statuts et règlements, des dirigeants, et qui a pour but la défense et la promotion de certains intérêts, de certaines valeurs ou idées. Contrairement aux **partis** politiques, qui visent à prendre et à exercer le pouvoir, les groupes de pression ne cherchent qu'à influencer le pouvoir et ceux qui le détiennent.

Ils peuvent agir directement sur les autorités politiques ou indirectement en influençant l'opinion publique, soit pour obtenir des décisions conformes à leurs intérêts, soit pour s'opposer à des décisions qui iraient à l'encontre de ces mêmes intérêts. Les moyens utilisés sont très diversifiés : contacts directs avec les autorités, campagnes médiatiques (dans les journaux, à la télévision, sur des panneaux-réclame, sur Internet, etc.), manifestations de rue, pétitions, etc.

La diversité et la complexité des sociétés modernes ont conduit à la multiplication des groupes de pression, **acteurs** politiques devenus omniprésents. Un simple coup d'œil sur l'actualité politique journalistique permet de le constater. Synonymes : groupe d'intérêt et groupe intermédiaire.

>> **lobby**

Groupe parlementaire

Au Québec, pour se voir reconnaître le statut de groupe parlementaire (anciennement « parti politique reconnu ») de même que les droits et privilèges qui l'accompagnent, un parti politique doit avoir fait élire au moins 12 députés ou obtenu au moins 20 % des voix lors des dernières élections générales. Toutefois, en avril 2009, comme par le passé d'ailleurs, les députés ont adopté des règles temporaires reconnaissant comme groupe parlementaire tout groupe ayant fait élire au moins 5 députés ou ayant obtenu au moins 11 % des voix, permettant ainsi à l'Action démocratique du Québec d'obtenir le statut de « groupe parlementaire formant la deuxième opposition » (les autres étant le « groupe parlementaire formant le gouvernement » et le « groupe parlementaire formant l'opposition officielle »).

Guérilla

■ Terme emprunté à l'espagnol désignant une milice clandestine qui, dans un pays donné, fait partie de l'**opposition** au régime en place et entreprend des actions armées afin de déstabiliser le gouvernement et, éventuellement, avec la complicité de la population, de le renverser. Les actions de la guérilla sont menées depuis le **maquis** ou diverses cachettes situées dans les villes. Très souvent, les guérillas sont une des expressions de la **lutte de libération nationale** et du mouvement anti-impérialiste. On les a surtout vues à l'œuvre en Amérique latine, en Afrique et en Asie.

■ L'action elle-même de la guérilla, le combat systématique qu'elle livre. Guerre de harcèlement (par exemple, guérilla judiciaire, guérilla sanglante, guérilla urbaine).

Guérillero

■ Combattant au service de la guérilla.

>> **partisan**

Guerre

■ Affrontement armé entre deux pays ou plus. Selon Karl von Clausewitz (1780–1831), « la guerre est la continuation de la **politique** par d'autres moyens », c'est-à-dire qu'elle est un instrument utilisé par un État pour imposer sa volonté à un autre État lorsque la force semble être le seul moyen d'y arriver.

Lorsqu'il est combiné avec un adjectif (comme « civile », « froide », « psychologique », « sainte », etc.), le terme « guerre » peut prendre un sens différent (voir plus bas).

Guerre civile

■ L'adjectif « civile » désigne ici les rapports entre les citoyens. La guerre civile est un conflit armé qui oppose entre eux de vastes groupes de citoyens dans un pays donné. Cette lutte armée peut s'appuyer, par exemple, sur des **antagonismes** ethniques (Bosnie, 1992–1995), idéologiques (Espagne, 1936–1939), de classes sociales (l'analyse que fait Karl Marx [1818–1883] de la guerre civile en France, en 1871), etc.

■ Dans un sens plus étroit, l'expression « guerre civile » peut désigner une situation d'affrontement armé entre le gouvernement d'un État et une opposition interne, organisée en vue d'une insurrection. Contrairement au **coup d'État,** la guerre civile met aux prises de larges segments de la population.

Guerre froide

■ Expression désignant le **conflit** qui a opposé, de 1947 à 1989, le bloc soviétique au bloc américain et dans lequel les deux **superpuissances,** tout en cherchant à soumettre l'autre, ont évité systématiquement les affrontements armés directs. En effet, à l'époque du nucléaire, toute escalade dans l'emploi de la force risque de conduire à l'anéantissement des deux Grands, voire de l'humanité entière, d'où le sigle MAD : *Mutual Assured Destruction.*

« La coexistence pacifique n'est guère plus, au départ, que l'existence simultanée, pendant un certain laps de temps, de deux États ou de deux systèmes d'État dont chacun voudrait détruire l'autre, mais sait qu'il ne le peut pas. [...] Alors, les belligérants cherchent à marquer le maximum de points en employant toutes les ressources de l'intimidation, de la **propagande,** de la **subversion,** voire de la guerre locale, mais en étant bien déterminés à éviter de se trouver impliqués dans des opérations armées les mettant directement aux prises » (Fontaine, 1989, p. 8).

Guerre juste

« Juste est la guerre quand elle est nécessaire », écrivait Machiavel (1469–1527) en s'inspirant de Tite-Live. Si de tout temps la guerre a été justifiée, une théorie de la guerre juste a été développée par des moralistes chrétiens au moment des croisades. Ceux-ci ont cherché à préciser les conditions qui feraient en sorte que le recours à la force par une puissance internationale soit légitime. Saint Thomas en énumère sept (Prémont, *in* Macleod, 2008, p. 205). D'abord, il y aurait droit à la guerre (*jus at bellum*) si elle est déclenchée par une autorité légitime, pour une cause juste (se défendre par rapport à une menace réelle ou anticipée, reprendre un bien qui a été enlevé, punir un comportement inacceptable), que les intentions ultimes sont pacifiques, qu'on y a recours en dernière instance et que son issue favorise une paix durable et la réconciliation entre les belligérants. Les deux autres conditions sont de l'ordre du droit de la guerre (*jus in bello*), soit le principe de proportionnalité (l'usage de la force doit être proportionnel à l'injustice subie) et celui de discrimination (les non-combattants doivent être épargnés).

Longtemps oubliée, bien qu'à l'origine d'une partie du droit international contemporain, la notion de guerre juste est revenue dans l'actualité et dans les débats théoriques, à la suite des guerres « américaines » en Irak et en Afghanistan. Celles-ci, selon des analystes qui les ont étudiées à la lumière des critères mentionnés plus haut, seraient par ailleurs des guerres injustes par excellence. Donnant raison aux tenants du **réalisme,** ces récents événements illustrent les limites de la théorie de la guerre juste, son caractère subjectif et le fait qu'elle puisse être détournée et utilisée à des fins politiques.

Guerre psychologique

Offensive **idéologique** conduite contre une armée et une population ennemies, dans le but de saper leur moral et d'amoindrir leur volonté de combattre. Les divers moyens employés dans ce cadre, en particulier la **propagande** diffusée dans les médias, doivent miner la cohésion de l'adversaire et ronger sa détermination.

À titre d'exemple, mentionnons la propagande diffusée depuis la Floride par les organisations anticastristes et dirigée vers les Cubains, dénonçant non seulement le **régime** en place, mais aussi le modèle alternatif de développement, le **discours** critique à l'égard des États-Unis et les acquis de la **révolution** cubaine.

Guerre sainte

Lutte armée menée par des croyants d'une confession donnée en vue de sa propagation et conduisant, à terme, à l'élimination physique des infidèles. Par exemple, les croisades chrétiennes du Moyen Âge et le *jihad* islamique mené aujourd'hui par certains groupes d'**intégristes** musulmans.

Guillotine parlementaire

>> bâillon

*H*abeas corpus

▨ Du latin « que tu aies un corps » (*ad subjiciendum*, à produire devant la justice). **Droit** qui permettait à tout individu emprisonné de se présenter devant un juge, lequel devait décider, après audience, de procéder ou non à la mise en accusation. En 1679, l'*Habeas Corpus Act* britannique, qui conduira à la présomption d'innocence, représente un pas important dans l'établissement des **droits de la personne,** mettant fin à une forme d'abus de pouvoir : l'arrestation et la détention arbitraires.

Hégémonie

▨ Influence prééminente, **autorité** ou domination qu'exerce un groupe (parti, classe, etc.) sur la vie politique ou sur la société.

▨ En **relations internationales,** suprématie d'un **acteur** (**État, peuple,** etc.) sur d'autres. Par exemple, on a pu qualifier les États-Unis de puissance hégémonique.

>> **unipolarité**

Hiérarchie

▨ Désigne un ordre de répartition de l'autorité ou des pouvoirs nécessairement inégalitaire (par conséquent, désigne un ordre de subordination) au sein d'une **institution** ou d'une organisation. Ainsi, on parlera de hiérarchie militaire, cléricale, sociale, administrative, etc.

Holocauste

▨ Du latin *holocaustum*, « sacrifice dans lequel la victime offerte à Dieu est entièrement consumée par le feu » (Rey, 1992, p. 967). Massacre d'individus pratiqué à très large échelle. Par exemple, l'holocauste nucléaire, soit l'anéantissement de millions de vies humaines découlant de l'utilisation de l'arme atomique dans le cadre d'un conflit international.

▨ L'Holocauste désigne le **génocide** des Juifs perpétré par les nazis et leurs collaborateurs.

Homophobie

▨ Peur des homosexuels ; hostilité à leur égard. Rejet de l'homosexualité.

*I*déalisme (théorie)

▨ En relations internationales (RI), vaste école de pensée de type normatif. Les penseurs ou théoriciens que l'on peut associer à l'idéalisme ont en commun, entre autres, une réflexion basée sur des valeurs et un projet. Au-delà de leurs efforts pour comprendre les relations internationales, leur but ultime est donc de transformer celles-ci en fonction d'un idéal.

Contrairement aux tenants du **réalisme,** selon lequel les RI correspondent à une situation de conflit permanent entre États aux intérêts divergents, les tenants de la théorie idéaliste croient en l'existence d'une communauté universelle des hommes, qui, doués de raison, peuvent comprendre des erreurs du passé et donc mettre fin à « la guerre de tous contre tous » pour créer un monde fondé sur la coopération et le règne de la loi entre les États. Parmi les grandes contributions à l'origine de cette conception, on retrouve le christianisme médiéval. Pour des croyants comme saint Augustin, le dominicain Vitoria ou le jésuite Suarez, les hommes, créés à l'image de Dieu, forment une communauté organique, l'humanité, et sont dotés de droits naturels, « dons de Dieu » (droit à la vie, à la liberté de mouvement, etc.). Ces droits, préexistants et supérieurs à ceux des États, en font les sujets premiers des RI. Par la suite, le rationalisme des Lumières, dont Emmanuel Kant (1724–1804) est un représentant incontournable, fait valoir l'idée que tout comme les conflits individuels, les conflits entre États peuvent être surmontés par la loi, soit le droit international. Sur cette base, la création d'une fédération universelle devrait permettre d'atteindre le but ultime de l'Histoire : la paix universelle. L'existence formelle de cette école de pensée date du début du xxe siècle, moment où des théoriciens et des hommes politiques font la promotion d'un nouvel ordre mondial basé sur la diffusion de la démocratie et l'éducation civique, sur le libre-échange encadré par un gouvernement mondial et visant un développement des ressources en fonction du bien de l'humanité et, enfin, sur un système de sécurité mettant fin à l'anarchie et aux rapports de force qui caractérisent les RI. On reconnaît là les idéaux à l'origine de la **Société des Nations** et de l'**ONU**.

Aujourd'hui, on peut associer l'idéalisme à des penseurs et à des acteurs politiques (églises, syndicats, **ONG,** individus, voire **FMN**) qui perçoivent les RI comme des rapports sociaux (politiques, culturels, idéologiques ou économiques) que les humains nouent entre eux par-delà les États et pour qui les maîtres mots sont **mondialisation** ou altermondialisme, coopération et droit international, ainsi que droits de la personne.

Identité

▨ Identité collective : nom par lequel un groupe ou un **peuple** se désigne, la description qu'il donne de lui-même et qui le différencie des autres, les termes par lesquels il veut être reconnu, nommé, défini. Pour décrire cette identité, un groupe pourra invoquer divers traits : le territoire, la langue, la religion, les ancêtres, l'histoire, la civilisation, la **race,** l'**ethnie,** la culture, etc.

▨ Tensions et conflits identitaires : dans la plupart des pays de la planète, on trouve plusieurs identités collectives plutôt qu'une seule. Ceci peut s'expliquer par le caractère arbitraire des **frontières** d'un État, la coexistence de deux **nations** (ou davantage) sur le territoire, la présence de minorités nationales, une forte immigration venant d'un pays donné, etc. Très souvent, ce phénomène entraîne des tensions, voire des conflits. Par exemple, la crise entre les Amérindiens et les communautés blanches avoisinantes en 1990 (Kanesatake, Kahnawake), la question nationale québécoise par rapport à l'unité canadienne, les conflits linguistiques au Québec (minorité anglophone contre majorité francophone). Parfois combinées avec d'autres difficultés (économiques, entre autres), ces tensions peuvent mener à l'éclatement des États (URSS, Yougoslavie). Dans d'autres cas, elles débouchent sur l'aménagement de diverses formes de coexistence : **confédération, fédération d'États,** territoire autonome, statut particulier, etc.

>> **altérité, ethnie, nation**

Idéologie

Système plus ou moins organisé d'idées, de points de vue, de croyances, de mythes sur l'humain, l'histoire, la société, le politique, l'économie, etc., qui influence et oriente les attitudes et les comportements des individus et des collectivités. Se développant dans un contexte historique donné, toute idéologie « exprime les intérêts et les aspirations d'une force sociale plus ou moins organisée [...], implique une critique plus ou moins globale et radicale de l'ordre social présent [...], une vue du futur, un idéal, un modèle à protéger, à restaurer ou à réaliser [...], un programme d'action, c'est-à-dire un ensemble de moyens jugés efficaces pour accomplir la fin proposée » (*Idéologies et régimes politiques*, 1992, p. 7).

Faisant l'apologie de certaines valeurs présentées comme impératives et universelles (la liberté, la suprématie raciale, la justice, le respect de la loi et de l'ordre, la démocratie, etc.), les idéologies ont une charge émotive et, souvent, exaltent les passions.

Véhiculées et partagées par des **acteurs** politiques (citoyens, intellectuels, mouvements sociaux, partis politiques, peuples) et liées plus ou moins directement à leurs intérêts, les idéologies sont au cœur de la dynamique politique, des conflits, des rapports de pouvoir.

Les termes désignant une idéologie finissent généralement par le suffixe *–isme* : nationalisme, féminisme, conservatisme, socialisme, néolibéralisme, etc.

>> **droite, gauche, progressiste, réactionnaire, utopie**

Idéologue

Acteur politique se laissant guider davantage par la **doctrine** à laquelle il adhère que par les faits portés à sa connaissance ou le mandat qui lui a été confié.

Personne produisant l'idéologie ou forgeant les idées et les discours qui consolideront la doctrine épousée, puis serviront de référence à un auditoire donné.

Immunité

Exemption, dispense, **prérogative** permettant d'échapper à diverses charges (d'ordre fiscal, criminel, etc.).

Immunité diplomatique

Privilège accordé par un État à certaines personnes, dans des circonstances particulières (diplomate étranger en visite officielle, ambassadeur, consul, etc.) afin de leur garantir toute la latitude requise dans l'exercice de leurs fonctions ainsi que pour préserver totalement leur intégrité, non seulement physique, mais aussi devant l'appareil judiciaire.

Immunité parlementaire

Privilège des **parlementaires** britanniques, instauré dès le début du xviiie siècle, qui permettait aux élus de s'exprimer librement à l'intérieur du **Parlement** sans avoir à subir de menace de poursuite de la part du monarque. L'immunité parlementaire marque donc le début de l'indépendance du Parlement par rapport à la **monarchie** et constitue une des bases de la démocratie parlementaire.

Impeachment

>> destitution

Impérialisme

Politique adoptée par un pays qui cherche à soumettre d'autres pays, à les placer sous sa domination, à exploiter leurs ressources. À l'époque coloniale, l'impérialisme des puissances européennes consistait à assujettir un grand nombre de peuples et de territoires (colonies) pour les intégrer dans leur empire et, ainsi, enrichir la métropole. À l'époque contemporaine, on emploie le terme « impérialisme » pour parler de l'action contraignante d'un État fort sur un État faible, que celle-ci soit de nature économique, culturelle, militaire ou idéologique. Expressions ou termes associés : **néocolonialisme,** nationalisme de grande puissance, expansionnisme.

>> empire

Objet d'une théorie élaborée par des auteurs marxistes (dont Vladimir Illitch Lénine [1870–1924]), selon laquelle les pays capitalistes sont entrés, depuis le tournant du siècle, dans une phase où leur expansion économique dépend absolument de l'extension de leurs marchés à des territoires périphériques. « L'exploitation des pays tiers est nécessaire à la prospérité des pays capitalistes avancés pour trois séries de raisons :

1- la recherche de débouchés extérieurs [...] ;

2- les pays pauvres fournissent des matières premières à bas prix pour les pays capitalistes [...] ;

3- la baisse du taux de profit dans les pays capitalistes est compensée par les surprofits réalisés dans les pays moins avancés » (Albertini et Silem, 1995, p. 306).

Implosion

Terme emprunté à la physique qui désigne, en relations internationales, l'effondrement, le démembrement, la dissolution d'un **État** et d'une société livrés à la **guerre civile** (par exemple, Afghanistan, durant le règne des **talibans** et après), au chaos (par exemple, Haïti après le tremblement de terre de janvier 2010) ou à la poigne de fer d'une **puissance** étrangère (par exemple, Irak, depuis la guerre du Golfe).

Indépendance

▨ Le fait d'être libre, autonome ou, encore, soumis à nul autre. L'indépendance politique de l'État se traduit, sur le plan juridique, par la **souveraineté,** l'État indépendant étant le seul à faire des lois sur son territoire.

L'accession à l'indépendance politique a notamment été l'objet de revendications et de **luttes de libération nationale** dans les territoires coloniaux au xixe siècle (en Amérique latine, par exemple) et au xxe siècle (période de **décolonisation** en Afrique et en Asie).

Indice de développement humain (IDH)

▨ Mesure statistique élaborée grâce à la combinaison de plusieurs indicateurs (espérance de vie, taux d'alphabétisation, taux de scolarisation, pouvoir d'achat moyen, etc.) qui sert à comparer, d'un État à l'autre, ce qu'on pourrait appeler le «degré de développement» ou même, à la limite, la «qualité de vie». Conçu par le Programme des Nations Unies pour le développement (PNUD), cet outil participe d'une définition du **développement** beaucoup plus large que celle qui est basée sur la puissance économique des pays : on l'utilise pour mesurer les progrès accomplis par les 193 États de la planète dans leur lutte contre les inégalités sociales.

Ingérence

▨ Action de se mêler des affaires d'autrui, de violer la **souveraineté** d'un individu, d'un **peuple,** d'un **État.** Il peut, par exemple, y avoir ingérence d'une entreprise (privée ou publique) dans la vie privée d'une personne, ou ingérence d'un **chef d'État** dans la politique intérieure d'un autre pays.

En **relations internationales,** l'ingérence est une pratique unanimement condamnée par les États et les gouvernements de la planète, qui invoquent tous le principe de souveraineté ou de non-ingérence dans leurs affaires internes. Malgré cela, le phénomène s'observe très souvent, sous des dehors plus ou moins habiles (selon les cas) : l'ingérence de l'OTAN au Kosovo en 1998 et en Afghanistan en 2003, celle de la France en Côte d'Ivoire en 2002, ou encore celle des États-Unis, du Royaume-Uni, de l'Espagne, etc., en Irak en 2003.

>> **intervention**

Initiative législative

▨ Pouvoir de concevoir et de proposer des projets de loi. En **régime parlementaire,** comme au Canada et au Québec, ce pouvoir appartient à l'**exécutif** (initiative gouvernementale), bien que des **députés** puissent aussi proposer formellement des projets de loi (initiative parlementaire). Dans un **régime présidentiel,** et c'est le cas aux États-Unis, par exemple, ce pouvoir appartient à la fois à l'exécutif et au **législatif,** voire au **peuple.** En effet, dans certains États américains, les gens peuvent, en respectant des modalités précises, soumettre une proposition de loi aux autorités en vue de sa discussion et de son adoption par celles-ci.

Injonction

- Au sens large, commandement, sommation.

- En termes juridiques, à la suite de la requête d'une partie, ordre donné par un juge à une autre partie ou à un tiers. L'injonction est exécutoire.

Instance

- Composante, segment ou échelon au sein d'une **hiérarchie,** d'un appareil. Par exemple, les trois instances du pouvoir étatique (**exécutif, législatif, judiciaire**), les trois instances de l'appareil psychique selon Sigmund Freud (1856–1939) (moi, surmoi et ça).

- L'un des organes de décision dans la structure d'une association, d'un parti, d'une organisation, etc. Par exemple, assemblée générale, conseil d'administration, congrès.

Institution

- Dans le langage de tous les jours, on utilise le terme « institution » pour parler d'un lieu physique, d'un établissement. On peut ainsi dire : « Cette enseignante a décidé d'ouvrir sa propre institution. » ou « Ce bénéficiaire vit en institution depuis 10 ans. »

- En sciences sociales, on entend par « institutions » les organisations ou structures fondamentales des sociétés humaines qui jouent un rôle de **régulation** et qui exercent ainsi un certain contrôle sur les individus. C'est le cas, par exemple, de la famille, de l'école, de la religion, de l'**État** ou du **marché.** Dans chaque cas, des normes sont prédéterminées, de même que des rôles, des modèles de comportement, une **hiérarchie,** des sanctions, etc., dont le but ultime est d'assurer la continuité de la société en question.

- Institutions politiques : ensemble des structures formelles mises en place dans un pays donné afin d'asseoir l'autorité de l'État et d'articuler les pouvoirs exécutif, législatif et judiciaire. La Constitution, les lois, le **Parlement,** le système électoral sont des exemples d'institutions. L'étude des institutions est fondamentale pour déterminer et comprendre la nature d'un **régime** politique, quel qu'il soit.

Insurrection

- Soulèvement armé d'une partie importante de la population qui a pour but de renverser le pouvoir établi.
  >> **révolution**

Intégrisme

- Dans le domaine religieux, courant qui propose une interprétation étroite et doctrinaire des textes sacrés, valorisant énormément la tradition et n'admettant pas la nouveauté, l'évolution, le modernisme. L'intégrisme catholique en est un exemple. Mentionnons aussi l'exemple suivant : depuis le début du xxᵉ siècle, on assiste, dans l'aire arabo-musulmane, au développement d'un intégrisme islamique, présenté d'abord comme une solution au colonialisme européen et, ensuite, comme un remède à l'échec économique, politique et social du mode de développement occidental dans les pays musulmans. Synonyme : fondamentalisme.

▣ Dans le domaine politique, intransigeance et **extrémisme** mis de l'avant par certains acteurs. Par exemple, l'intégrisme nationaliste.

>> **doctrine, orthodoxie**

Intellectuels

▣ Groupe d'individus dans la société dont il est très difficile de définir précisément les contours. Tout en sachant que leur vie est essentiellement consacrée aux activités de l'esprit, on s'entend aussi – généralement – pour dire des intellectuels qu'ils ont cette aptitude, par leur grande culture, leur sens critique, leur capacité de réflexion et leur engagement, à soulever des débats, à poser des questions de fond, à ébranler les certitudes. Ni experts, ni savants, ni spécialistes, les intellectuels sont des **citoyens** au sens fort du terme, mus – en principe – par la raison et par leurs convictions, qui jouent pleinement leur rôle lorsqu'ils prennent publiquement la parole sur de grands problèmes qui agitent la société.

Interculturalisme

▣ Dans le contexte du **multiculturalisme** canadien et de la polémique entourant les **accommodements raisonnables,** cette notion prend depuis peu une certaine importance au Québec. Dans le rapport de la Commission de consultation sur les pratiques d'accommodement liées aux différences culturelles, publié en 2008, l'interculturalisme est défini comme un modèle visant à concilier la diversité ethnoculturelle, la continuité du « noyau francophone » et la stabilité du lien social au Québec. Dans le cadre plus large de la démocratie libérale, cette approche valorise, entre autres grands principes, les interactions intensives et la réciprocité entre les groupes culturels, leur enrichissement et leur évolution grâce à l'acceptation de leur diversité, le respect des droits individuels et la cohésion sociale. Trois ans après le dépôt du rapport de la Commission, le gouvernement n'a toujours pas donné suite à l'une des principales recommandations qui lui étaient faites, soit d'inscrire dans un cadre formel, une déclaration de principes ou une loi, par exemple, de nouvelles politiques et de nouveaux programmes relatifs à l'interculturalisme.

Internationalisme

▣ Tendance politique selon laquelle l'individu doit revendiquer son appartenance à l'humanité entière. Souvent invoqué par opposition au **nationalisme** qui, lui, suppose une forte identification à la **nation,** l'internationalisme met de l'avant la collaboration des peuples de la planète, voire leur union.

Faire de tous les peuples de la Terre la référence première de sa pensée ou de son action est chose fréquente chez les adeptes de la coopération et de la solidarité internationales, mais aussi chez les partisans du **socialisme,** du **marxisme** ou, encore, de l'**écologisme.**

>> **altermondialiste, cosmopolitisme**

Intervention

▪ Action de prendre part à, de se mêler de. En science politique, il est nécessaire de distinguer deux significations, fort courantes.

▪ À l'échelon national : le plus souvent, désigne l'action de l'**État** dans un domaine ou un autre appartenant à la **politique intérieure** (économie, droit, vie sociale, vie politique, etc.). Parmi les formes variées d'intervention de l'État, mentionnons l'adoption d'une réforme du Code du travail au Québec, la création par le gouvernement du Québec de places en garderie à sept dollars par jour.

▪ À l'échelon international : engagement d'un État dans un conflit ou une crise se déroulant à l'extérieur de ses **frontières.** Les formes d'une telle intervention peuvent être multiples : efforts de médiation, action politique et diplomatique en faveur d'une des parties, envoi de matériel ou de personnel, déclaration de guerre, etc.

Interventionnisme

▪ À l'échelon national : en économie (au sens large), philosophie en vertu de laquelle l'intérêt du plus grand nombre, la prospérité et le développement passent par un engagement actif de l'**État** dans une très grande variété de secteurs afin de « civiliser » le **capitalisme** qui, lui, aurait une propension naturelle à la concentration de la richesse et à l'**exploitation** de l'homme par l'homme.

» **État-providence, keynésien**

▪ À l'échelon international : en politique étrangère, **doctrine** selon laquelle les intérêts nationaux d'un État lui commandent d'être actif sur la scène internationale, c'est-à-dire d'être membre d'**organisations intergouvernementales,** d'adhérer à des **alliances** militaires, de conclure des **traités,** d'investir des sommes considérables dans l'aide au **développement,** de suivre de très près les conflits d'outre-mer, voire d'y participer. Contraire d'**isolationnisme.**

Intifada

▪ Signifie « révolte des pierres ». Soulèvement des Palestiniens, principalement des jeunes, armés essentiellement de pierres, de lance-pierres et de cocktails Molotov, contre l'occupant israélien qui, lui, dispose d'armes puissantes, perfectionnées, et des équipements modernes de répression. Une des phases de la **lutte de libération nationale** du peuple palestinien contre l'État d'Israël (1987–1992).

Ce soulèvement reprend en 2000 et s'aggrave en 2001, étant donné la poursuite **unilatérale** de l'implantation de colonies juives par l'État d'Israël dans les territoires occupés, et par suite du refus de ce même État de mettre en application les accords d'Oslo qu'il a conclus en 1993 et en 1995 avec l'Organisation de libération de la Palestine sous l'égide de gouvernements occidentaux. Certains auteurs parlent dans ce dernier cas d'*intifada II.*

Intolérance

▪ Hostilité menant généralement à différentes formes de rejet ou de **discrimination.** L'intolérance est intimement liée à la différence, à l'**altérité.** Les principales différences qui peuvent caractériser des groupes ou des individus et qui sont susceptibles de générer de l'intolérance à leur égard et de mener à leur oppression, voire à leur persécution, peuvent être générales et relever de catégories biologiques ou sociologiques (sexe, âge, etc.), être liées à l'appartenance à un groupe socioéconomique ou socioculturel (classe sociale, groupe racial, ethnique, linguistique ou religieux, etc.) ou, enfin, être des caractéristiques individuelles diverses (orientation sexuelle, état de santé physique ou mentale, apparence, etc.) (Noël, 1998).

» **identité**

Islam

■ Une des trois grandes religions monothéistes (avec le judaïsme et le christianisme). Fondé au VIIᵉ siècle par le prophète arabe Muhammad (env. 571–632) (Mahomet, en français), l'islam est basé sur le Coran (*Al Qur'an*, en arabe), saintes Écritures révélées au prophète par Allah (Dieu, en arabe).

■ Le terme désigne aussi l'ensemble de la **communauté des croyants** (*oumma* en arabe). À l'origine, au VIIᵉ siècle, il s'agit des Arabes du Proche et Moyen-Orient, qui vont rapidement occuper et arabiser l'Afrique du Nord. L'Islam s'étend par la suite en Afrique noire, en Turquie, dans une partie du Caucase, en Asie centrale et en Extrême-Orient. Aujourd'hui, on compte plus d'un milliard et demi de **musulmans** (de l'arabe *mislim*, croyant ou fidèle) dans le monde. Si plus ou moins 20 % de ceux-ci habitent le monde arabe, la très grande majorité est asiatique (Indonésiens, Malais, etc.) et du sous-continent indien (Pakistanais, Indiens, Bengalis, etc.).

■ L'Islam fut aussi, du VIIᵉ au XIIᵉ siècle, un important foyer de civilisation et une puissance politique à la base d'un **empire** imposant (regroupant l'Asie centrale, le monde arabe, l'Afrique du Nord et l'Espagne) et d'une culture florissante.

» **chiisme, sunnisme**

Islamisme

■ Synonyme : **intégrisme** musulman. Courant radical qui met de l'avant, dans l'arène politique, le discours religieux (tel qu'on le trouve dans le Coran, par exemple) afin de transformer l'État et la société dans le sens prescrit par la loi musulmane (la *charia*) et les dires du Prophète (*hadith*).

L'islamisme s'affirme très souvent comme une force dynamique de changement politique ; il peut même parfois se présenter sous des traits progressistes. Son discours peut paraître séduisant devant l'**impérialisme** déployé au Moyen-Orient par les puissances occidentales et Israël, la faillite des grands projets laïques de modernisation (Algérie, Égypte), et le fait que, dans la plupart des pays de l'aire arabo-musulmane, les régimes sont **autoritaires,** corrompus et illégitimes. Sa très grande popularité s'explique non seulement par ce caractère anti-impérialiste, mais aussi par l'implication active des réseaux islamistes dans la vie sociale et communautaire, où ceux-ci se substituent à un État impotent en offrant toute une gamme de services (santé, éducation, logement, aide juridique, etc.).

Cependant, l'expérience montre que, dans les pays où il s'est hissé au sommet du pouvoir (Iran, Afghanistan, Soudan) et dans ceux où il a failli y parvenir (Algérie), l'islamisme véhicule lui aussi un projet autoritaire. Non seulement il rejette la démocratie, mais il épouse la logique capitaliste mondiale et nuit au développement, notamment en bloquant l'émancipation des femmes.

Isolationnisme

En relations internationales, **doctrine** voulant que les intérêts d'un État soient mieux servis lorsque celui-ci limite strictement son action, en **politique étrangère,** aux seules questions qui concernent sa **zone d'influence** ou son territoire national. Un État qui adopte comme ligne de conduite l'isolationnisme refusera de se mêler des enjeux dont le théâtre est situé loin de son territoire national ou au-delà de sa sphère d'influence. Un tel repli sur les affaires internes et régionales a été pratiqué notamment par les États-Unis au xixe siècle – et de façon intermittente au xxe siècle –, dans la foulée de l'adoption, par le gouvernement américain, de la doctrine Monroe.

*J*ihad

Terme arabe signifiant «effort tendu vers un but déterminé» (Ballanfat, 1988, p. 72). Sur la scène politique internationale, le *Jihad* islamique désigne la **guerre sainte,** soit l'action violente de certains individus, groupes ou même États, issus du monde **musulman,** contre les infidèles, c'est-à-dire les gouvernements occidentaux – et tous ceux qui représentent leurs intérêts – poursuivant une politique hostile (**impérialisme, sionisme,** etc.) à l'égard de l'**Islam** ou des peuples de l'aire arabo-musulmane. Le *jihad* correspondrait au devoir de chaque musulman de protéger l'Islam de ses ennemis et même – selon certaines interprétations – de faire partager sa foi religieuse par d'autres, de repousser sans cesse les frontières du monde musulman.

Judiciaire

Troisième type de pouvoir de l'État (les deux autres étant l'**exécutif** et le **législatif**), voué à la justice et à son administration. Le pouvoir judiciaire a pour tâche de voir au respect des lois et à leur interprétation.

Au Canada, le pouvoir judiciaire est une structure hiérarchique ayant, à son sommet, la **Cour suprême** (tribunal de dernière instance qui a aussi le pouvoir d'interpréter la Constitution). On peut y faire appel des décisions rendues par les cours d'appel provinciales. Dans chacune des provinces, on trouve une cour d'appel, une cour supérieure, une cour provinciale, des cours des sessions de la paix, des cours municipales, etc.

Junte

De l'espagnol *junta*, conseil ou assemblée. Groupe de personnes conjointement chargées d'assurer la direction d'un organe, d'un service, d'un État, ou de conseiller le pouvoir exécutif relativement à ces objets. Elle est composée d'officiers de l'armée s'il s'agit d'une junte militaire (souvent constituée après un **coup d'État**). Dans d'autres circonstances, et selon le contexte, la junte peut être formée d'officiers civils, de leaders de la communauté ou, encore, de révolutionnaires.

Juridiction

▪ Dans le langage courant, synonyme de **pouvoir,** d'**autorité** ou, encore, de **souveraineté.** Au Canada, le terme est utilisé pour désigner les **compétences législatives** des deux ordres de gouvernement. On dira, par exemple, que la Défense nationale est sous juridiction fédérale et que l'éducation est de juridiction provinciale.

Jurisprudence

▪ La jurisprudence est constituée de l'ensemble des jugements rendus ou des décisions prises par des tribunaux à différents paliers (municipal, provincial, national ou international) ou dans un domaine spécifique (droit criminel, commercial, constitutionnel, etc.). À une question de droit précise, cet ensemble de décisions plus ou moins concordantes, soit les précédents, suggère une ou des réponses. Dans un système basé sur la *common law,* ou le droit coutumier, au Canada anglais, par exemple, la jurisprudence constitue l'essence même du **droit.**

Justice sociale

▪ Renvoie à l'idéal suivant : l'élimination de toutes les formes que prend l'inégalité entre les êtres humains, principalement celles qui ne sont pas interdites par le droit ou par la notion d'égalité devant la loi. On pense donc à l'égalité d'accès aux ressources (économiques, naturelles, culturelles, etc.), à l'égalité du revenu, à l'égalité du niveau et de la qualité de vie, à l'égalité d'accès à l'éducation, à la santé, aux loisirs, etc. Dans les relations entre les êtres humains, la justice sociale est donc ce qui, le plus souvent, échappe à la justice tout court (tribunaux, lois, etc.) et appartient au **politique,** puisqu'elle soulève de nombreux débats de société et, notamment, la question de l'**intervention** de l'État.

Keynésien

▪ Relatif aux théories économiques de John Maynard Keynes (1883–1946), publiées dans les années 1930, donc en pleine crise économique. Pour lutter contre le sous-emploi, Keynes proposait aux pouvoirs publics de mener une série d'**interventions** sans fondamentalement remettre en question le **capitalisme** : politique fiscale et monétaire favorisant la consommation, incitatifs visant à développer la production, bref, présence active de l'État dans l'économie (investissements publics, recherche du plein-emploi, mesures sociales, etc.). Très populaires durant une quarantaine d'années dans les pays capitalistes avancés, les idées de Keynes sont aujourd'hui battues en brèche par le **néolibéralisme.**

» **économie mixte, État-providence**

Kyoto (protocole de)

▪ Ville du Japon où a été signé le protocole du même nom. Prévu par la Convention-cadre des Nations Unies sur les changements climatiques (CCNUCC) en 1992, ce traité visait à réduire les émissions des gaz à effet de serre (GES) de 5,2 % par rapport au niveau de 1990, et ce, avant la fin de 2012. Doté d'un calendrier et d'objectifs précis, il est entré en vigueur en 2005. Dans ce cadre, 38 pays se sont fixé des cibles de réduction : l'Europe s'engageait à réduire ses émissions à 8 %, les États-Unis à 7 %, le Canada et le Japon à 6 %, etc., les pays en voie de développement étant exemptés.

Bien qu'il ait été signé par le président Clinton, le Sénat américain a refusé de ratifier le protocole et le président Bush a retiré la signature des États-Unis, lesquels émettent à eux seuls 36 % du total des émissions des pays développés. Au Canada, ratifié par un gouvernement libéral en 2002, le protocole a par la suite été désavoué par le gouvernement conservateur. Après l'avoir qualifié publiquement de « complot socialiste visant à soutirer des fonds aux pays riches », le premier ministre Harper a affirmé que les objectifs de Kyoto étaient irréalistes, inaccessibles et que le Canada ne pourrait honorer ses engagements.

Prévue par la CCNUCC, la conférence de Copenhague en 2009 devait permettre d'assurer la suite de Kyoto et donc la conclusion d'un nouvel accord sur la réduction des GES. Pour la très grande majorité des observateurs, cette conférence fut un échec. En effet, les pays signataires se sont engagés à réduire de 50 % leurs émissions (toujours par rapport à 1990) avant 2050, mais à l'intérieur de ces balises, l'accord ne prévoit ni calendrier, ni objectif précis et n'est pas contraignant au plan juridique.

Laïcité

Principe de séparation de l'Église et de l'État, l'Église n'ayant aucun pouvoir politique statutaire (ni privilège économique ou social) et les questions religieuses relevant de la vie privée, où l'État n'intervient pas. Par extension, on qualifie de laïque toute **institution** ou organisation indépendante de l'Église ou du clergé.

Législateur

Personne qui fait des lois.

 >> **législatif**

Législatif

Un des trois pouvoirs de l'État, dont le rôle est de légiférer, c'est-à-dire de faire des lois. On peut « découper » cette fonction législative en plusieurs étapes : l'initiative (l'élaboration d'un projet de loi et sa proposition), la discussion, l'amendement (ou modification), puis l'adoption.

D'un pays à l'autre, le titulaire du pouvoir législatif peut varier, selon la nature du régime en place. Ce peut être le chef d'État et son entourage (dictature), une assemblée de représentants du peuple (démocratie représentative) ou le peuple et une assemblée de représentants (démocratie semi-directe). Au Canada, le pouvoir législatif appartient au **Parlement.** Toutefois, l'initiative législative revient la plupart du temps au pouvoir exécutif, situation habituelle en régime de collaboration des pouvoirs.

Législature

▨ Au Canada, désigne le temps, entre deux élections générales, où une **assemblée législative** exerce ses fonctions.

Anciennement, au Québec comme au Canada, le terme désignait l'ensemble des institutions qui exerçaient le pouvoir législatif; par exemple, à l'article 92 de la **Loi constitutionnelle de 1867,** il est question des «pouvoirs exclusifs des législatures provinciales».

Légitimité

▨ Qualité de ce qui est juste et moralement acceptable. Terme souvent employé par opposition à légalité; en effet, certaines lois, bien qu'en vigueur, peuvent sembler non fondées, inéquitables et déraisonnables aux yeux de la population. Celle-ci dira alors qu'elles sont illégitimes.

«La légitimité peut donc s'opposer à la légalité lorsque le gouvernement trahit la nation» (Julia, 1984, p. 152). Dans le même ordre d'idées, un gouvernement illégal, formé à la suite d'un coup d'État ou d'une révolution, peut devenir légitime, après un certain temps (par exemple, l'Égypte du colonel Nasser et du mouvement des Officiers libres, durant les premières années qui ont suivi le coup d'État de juillet 1952).

▨ Sur quoi repose l'**autorité** des gouvernants? Pourquoi consent-on assez volontiers à leur **pouvoir**? Le sociologue Max Weber (1864–1920) distingue trois types de légitimité. D'abord, la légitimité traditionnelle: si le **régime** en place fonctionne et procède de telle façon, c'est qu'il en a toujours été ainsi depuis des siècles, voire des millénaires. C'est une règle admise (et transmise) de génération en génération qui détermine qui peut et doit être dirigeant. En second lieu, la légitimité charismatique: ici, ce sont les qualités personnelles du chef (grâce, séduction, charme) qui le font apparaître comme un guide, un sauveur, et lui donnent un ascendant considérable sur la population. Celle-ci a la sensation de vivre avec le leader en une sorte de communauté émotionnelle. Enfin, la légitimité rationnelle/légale: la gestion du **politique** et les **lois** en vigueur sont le résultat du choix conscient des citoyens. Ceux-ci usent de leur raison en déléguant leur pouvoir à des législateurs qui établissent «des règles dont les finalités sont explicites, les modalités discutables, et le contenu révisable» (Denquin, 1985, p. 135).

Libéral

▨ Au sens large, tolérant quant aux libertés individuelles, favorable à ces libertés dans différents domaines, qu'il s'agisse des idées, des croyances, des attitudes, des choix politiques, etc. Cela dit, d'importantes distinctions doivent être apportées entre le fait d'être libéral sur le plan de la morale et le fait d'être partisan du **libéralisme politique** ou du **libéralisme économique.**

▨ De façon plus précise, tenant du **libéralisme.**

Libéralisme

▨ **Idéologie** qui privilégie la liberté individuelle et la propriété privée, deux droits considérés comme «naturels et inaliénables». La protection de ces droits devient la raison d'être de la vie en société et le rôle principal, sinon exclusif, de l'État.

Le libéralisme s'est développé en Europe à partir du xviie siècle, en réaction à l'**absolutisme** monarchique, à l'autoritarisme de l'Église catholique et aux privilèges économiques et sociaux attribués à l'**aristocratie** et au clergé.

Le développement des idées maîtresses du libéralisme se situe dans le contexte de l'expansion du **capitalisme** mercantile et industriel, donc de la **bourgeoisie,** mais aussi dans le contexte de la propagation du protestantisme et du Siècle des Lumières en France.

La Glorieuse Révolution de 1689 en Angleterre, la Déclaration d'indépendance des États-Unis d'Amérique en 1776, de même que la Révolution française de 1789 consacrent le triomphe des idéaux de liberté individuelle, d'égalité devant la loi, de démocratie parlementaire et de laïcité en Occident.

≫ **libéralisme économique, libéralisme politique**

Libéralisme économique

▨ Conception et système économiques où la liberté individuelle, l'entreprise privée et le libre jeu des agents économiques ne doivent pas être entravés. Ainsi, l'État ne doit pas intervenir dans l'économie, mais «laisser faire» les lois du marché (l'offre et la demande, la libre concurrence, etc.), celles-ci assurant «naturellement» une production maximale et la satisfaction des intérêts de tous (acheteurs et vendeurs, travailleurs et propriétaires d'entreprises, producteurs et consommateurs).

Au xviiie siècle, Adam Smith (1723–1790) postule que la poursuite par chacun de ses intérêts matériels personnels conduit à la satisfaction de l'intérêt général. Selon lui, les forces du marché agissent comme une «main invisible» et assurent le bien-être de la société, celle-ci étant réduite à une somme d'individus où chacun est responsable de sa réussite ou de son échec.

Dans un tel système, le rôle de l'État, réduit à celui de gendarme, est de garantir la libre circulation des biens et des capitaux, d'assurer la protection de la propriété et de l'entreprise privées. Le libéralisme économique constitue la base idéologique du système **capitaliste.**

≫ **économie de marché, État gendarme, libre-échange**

Libéralisme politique

▨ Conception et **système politiques** qui privilégient les droits et libertés individuels. Le libéralisme politique s'est développé en réaction à l'**absolutisme** monarchique des xviie et xviiie siècles. Des intellectuels comme John Locke (1632–1704), Montesquieu (1689–1755) et Jean-Jacques Rousseau (1712–1778) conçoivent alors des projets de société fondés sur le principe que «tous les hommes naissent libres et égaux» et que la préservation de ces libertés individuelles, de même que de l'égalité des droits, est la raison d'être de la vie en société et de l'existence de l'État.

Parmi les libertés publiques, on trouve les libertés d'opinion, d'expression, de presse, de conscience, de religion (le libéralisme pouvant être synonyme de tolérance à l'égard d'autrui), d'association, de réunion, etc.

Le libéralisme politique prône donc la limitation des pouvoirs de l'État par le moyen de **constitutions** et de chartes des droits et libertés de la personne conçues comme un « contrat social » auquel l'État lui-même est soumis. De plus, la **séparation des pouvoirs** législatif, exécutif et judiciaire, confiés à des institutions différentes et indépendantes, permet d'éviter la concentration et les abus de pouvoir. Enfin, la démocratie électorale ou parlementaire fait en sorte que l'État ne peut prendre de décision sans le consentement du peuple, souverain en dernière instance par la voix de ses représentants.

» **État de droit, pluralisme**

Libération nationale

» **lutte de libération nationale**

Libertaire

▪ Qualifie diverses tendances politiques opposées plus ou moins radicalement à toute forme de limitation de la liberté individuelle et à toute forme d'**oppression** ou de domination.

Ne pas confondre avec le **libéralisme économique** : les libertaires rejettent tout autant l'oppression du capital et le salariat (donc l'économie capitaliste) que le pouvoir d'un État centralisateur et l'aliénation par le travail (donc l'autoritarisme d'un certain socialisme). Sur les plans social et culturel, les libertaires sont anticonformistes et rejettent traditions, normes et **institutions.**

Le terme peut être associé à des mouvements aussi divers que le mouvement **anarchiste** du XIXᵉ siècle et à certaines tendances **écologistes** ou **féministes** actuelles.

Libertarien

▪ Adepte d'une idéologie politique se réclamant à la fois de l'**anarchisme** (dont elle s'inspire pour exiger l'abolition de l'État) et d'un néolibéralisme radical (qui fait de l'économie de marché pure l'horizon ultime de l'humanité). Bien qu'elle affiche des atours rebelles et contestataires, réclamant comme les **libertaires** la souveraineté totale de l'individu par l'élimination de l'autorité étatique répressive, l'idéologie libertarienne n'est en réalité qu'une variante du capitalisme intégral mis de l'avant par les Milton Friedman (1912–2006) et Friedrich Von Hayek (1899–1992). Cette idéologie, aussi appelée anarchocapitalisme, diffère profondément de l'anarchisme en ce qu'elle ne vise pas une société juste où tous les humains, totalement émancipés, vivraient libres et égaux, mais bien une société injuste caractérisée par la propriété privée des moyens de production, la compétition forcenée entre individus et la loi du plus fort.

Libre-échange

▪ Système grâce auquel le commerce entre deux ou plusieurs pays ne subit aucune entrave ; ainsi, marchandises, services et capitaux doivent pouvoir circuler librement entre les États, c'est-à-dire sans imposition de taxes, de quotas ou d'autres barrières commerciales. Deux zones de libre-échange sont très souvent citées en exemple aujourd'hui : l'**ALENA** et l'Accord européen de libre-échange (AELE, comprenant l'Islande, le Liechtenstein, la Norvège et la Suisse). À la différence de ces deux organisations, l'Union européenne (UE) est, entre autres, une **union douanière** et non simplement une zone de libre-échange.

Lieutenant-gouverneur

Représentant de la Couronne dans chacune des **provinces** canadiennes, le lieutenant-gouverneur fait office de **chef d'État,** mais n'agit que sur l'avis du **Conseil des ministres.** Ses fonctions sont protocolaires et son rôle, purement symbolique. Au Québec, selon le règlement de l'**Assemblée nationale,** il prononce une allocution au début de chaque **session parlementaire,** convoque, proroge et dissout le **Parlement,** sanctionne les **lois** et ratifie les **règlements.**

>> **Loi constitutionnelle de 1867, monarchie constitutionnelle**

Liste

>> **scrutin de liste**

Lobby

Organisme regroupant des « professionnels » de la pression ou de l'influence (les lobbyistes), qui louent leurs services de façon permanente ou contractuelle et qui interviennent directement ou indirectement auprès des tenants du pouvoir (ministres, députés, maires, etc.) ou auprès de l'opinion publique (par le moyen de campagnes médiatiques, par exemple) en fonction des besoins et des intérêts de ceux qui les engagent.

Le terme anglais *lobby* signifie « antichambre » ou « salle d'attente », et c'est justement un des endroits privilégiés où œuvraient, à l'origine, les lobbyistes : ils y attendaient les parlementaires afin de les intercepter à l'entrée ou à la sortie de leur séance de travail pour exercer des pressions sur eux et faire mousser leurs intérêts. D'origine américaine (le lobbying étant toujours une pratique très courante aux États-Unis), ce type d'**acteur** politique s'est rapidement étendu dans l'ensemble des démocraties libérales. Au Québec, par exemple, certaines firmes de « consultants » se spécialisent dans ce type d'activité.

Au Québec, depuis 2002, l'activité des lobbyistes est encadrée par des principes précisés dans la Loi sur la transparence et l'éthique en matière de lobbying. Cette loi reconnaît trois types de lobbyistes : le lobbyiste-conseil, salarié qui travaille pour le compte d'un client, le lobbyiste d'entreprise, salarié d'une entreprise à but lucratif, et le lobbyiste d'organisation, qui travaille pour une organisation à but non lucratif. Cette même loi prévoit l'inscription obligatoire des lobbyistes et de l'objet de leurs activités dans un registre public, la nomination d'un commissaire au lobbying chargé de voir à l'application d'un code de déontologie et, enfin, des mesures disciplinaires, voire des sanctions pénales, en cas de non-respect du code ou de la loi.

Loi

▨ En politique, il s'agit d'une règle de **droit** qui délimite les droits et devoirs des individus, des groupes et des **institutions** dans un domaine précis d'activité. La loi est sanctionnée par une autorité politique constituée qui la promulgue, la met en application et la fait respecter (fonctions ou pouvoirs **législatif, exécutif** et **judiciaire**). On peut distinguer les lois dites « publiques », générales et impersonnelles s'appliquant à l'ensemble d'une population, des lois « privées » qui concernent des individus ou des groupes spécifiques.

Loi 101

▨ À la suite de la Loi pour promouvoir la langue française au Québec (projet de loi 63, gouvernement de l'Union nationale, 1969) et de la Loi sur la langue officielle (projet de loi 22, gouvernement du Parti libéral du Québec, 1974), le projet de loi 101 du gouvernement du Parti québécois est adopté en 1977 après un long et houleux débat. Dans le but de régler la « question linguistique », cette loi, nommée Charte de la langue française, fera du français la seule langue officielle au Québec, de même que la langue de l'affichage public (l'« unilinguisme » remplace donc le **bilinguisme**). Sur le plan scolaire, la « loi 101 » est coercitive et oblige, entre autres, les nouveaux arrivants à choisir l'école française pour leurs enfants. Cette même charte prévoit une foule de mesures concrètes pour favoriser le français comme langue de travail. Enfin, sont mis sur pied l'Office québécois de la langue française et le Conseil supérieur de la langue française.

Après la promulgation de la **Loi constitutionnelle de 1982,** assurant la primauté des droits individuels au Canada et, nommément, le droit des parents qui sont citoyens canadiens de choisir la langue d'enseignement de leurs enfants, plusieurs parties de la Charte de la langue française seront invalidées par la Cour suprême du Canada (en 1988, par exemple, tout le chapitre sur l'affichage public), obligeant ainsi le gouvernement du Québec à recourir à la **clause dérogatoire** dite « clause nonobstant ».

Loi constitutionnelle de 1867

▨ Anciennement connue sous le nom d'**Acte de l'Amérique du Nord britannique,** il s'agit d'une des plus importantes lois constitutionnelles canadiennes. Résultat de tractations entre Londres et trois de ses colonies d'Amérique du Nord, cette loi britannique, devenue loi canadienne en 1982, entrait en vigueur le 1ᵉʳ juillet 1867 et créait la **fédération** canadienne. À l'origine, la « Confédération » était composée de quatre provinces : l'Ontario et le Québec (soit l'ex-Canada-Uni de 1840), le Nouveau-Brunswick et la Nouvelle-Écosse (l'Île-du-Prince-Édouard et Terre-Neuve ayant refusé d'adhérer au « Pacte »).

Comprenant 147 articles, cette loi prévoyait, entre autres (articles 91 à 95), la répartition des pouvoirs, ou **compétences législatives,** entre les deux ordres de gouvernement. Ainsi, le Parlement central ou fédéral, souverain en dernière instance, aurait **juridiction** sur les impôts, le commerce et l'industrie, la défense nationale, la monnaie, les banques et les pouvoirs résiduaires, alors que chaque province serait

responsable de légiférer au sujet des écoles, des hôpitaux, des institutions municipales et du **droit** civil. Enfin, certains domaines législatifs seraient partagés ou mixtes :
droit, taxation, immigration, agriculture, etc.

La Loi constitutionnelle de 1867 est considérée comme l'acte de naissance du
Canada à titre de pays.

Loi constitutionnelle de 1982

Avec ses 60 articles, la Loi constitutionnelle de 1982 est un ajout majeur à la
Constitution canadienne, elle-même composée de plusieurs textes importants (**Acte
de l'Amérique du Nord britannique, Statut de Westminster,** etc.). Cette loi complète la Constitution canadienne en introduisant notamment les éléments suivants :
la **Charte canadienne des droits et libertés,** la reconnaissance des droits des
Autochtones et une formule d'amendement. Enfin, la loi de 1982 transfère au Canada
la capacité de modifier sa propre Constitution sans passer par Londres ; on dit donc
qu'il y a eu « **rapatriement** ».

L'introduction de la loi de 1982 marque un épisode pénible dans l'histoire constitutionnelle du Canada. Elle coalise alors contre le gouvernement fédéral la presque totalité
des forces politiques du Québec. Cette modification à la Constitution se fait dans la
controverse : non seulement est-elle rejetée par le **Parlement** québécois, mais
la Cour suprême du pays en examine même la **légitimité.** Des observateurs parlent
d'un « rapatriement unilatéral », d'un « coup de force du gouvernement Trudeau » qui
isole désormais le Québec de la « famille canadienne ».

Un des principaux griefs du Québec concerne la formule d'amendement. Celle-ci
prévoit les règles à suivre, à l'avenir, pour modifier la Constitution du pays. La
règle générale, s'appliquant à la plupart des articles de la Constitution, dit qu'il
faut l'accord d'au moins sept provinces, représentant 50 % ou plus de la population, et l'accord du Parlement canadien pour modifier la Constitution. Cette façon de
faire implique que le Québec n'a pas de droit de *veto*, contrairement à ses préten-
tions historiques. En conséquence, le Québec n'a toujours pas endossé ni signé la
Constitution canadienne.

Loi martiale

Mesure d'exception qui suspend les droits et libertés civils, permet le recours à la force
armée et peut aller jusqu'au transfert des pouvoirs à l'autorité militaire, et ce, en principe, dans le but de réprimer des désordres intérieurs (**insurrection,** émeute, etc.).

>> **état d'urgence, Loi sur les mesures de guerre**

Loi sur les mesures de guerre

Communément appelée « Loi des mesures de guerre ». Loi proclamée le 16 octobre
1970 par le gouvernement du Canada (en pleine **crise d'Octobre**) pour casser les
reins du **FLQ** et mettre un terme à son « action terroriste ». Le fédéral a ainsi répondu
à la demande d'aide du gouvernement québécois dirigé par Robert Bourassa (1933–
1996) en envoyant l'armée et en autorisant les services policiers à user de larges

pouvoirs, le tout au détriment des libertés civiles. Le lendemain, un des deux otages du FLQ perdait la vie alors qu'il était aux mains de ses ravisseurs. À la suite de la proclamation de l'**état d'urgence** (disposition majeure de cette loi), près de 500 personnes furent arrêtées et plus de 3 000 perquisitions effectuées, sans compter d'autres interventions policières.

Il s'est avéré que la plupart des victimes de cette répression n'avaient rien à voir avec le FLQ : simples contestataires, parfois souverainistes, ou même purs quidams. On a donc reproché aux auteurs de cette répression d'avoir fait preuve d'incompétence et d'improvisation ; réparation fut demandée. Mais, au terme de son application, la Loi sur les mesures de guerre aura atteint son objectif, les autorités ayant tant intimidé la population et ciblé un si grand nombre de suspects que sera tuée dans l'œuf, et pour longtemps, toute velléité sérieuse de remise en question radicale de l'ordre établi. Cette loi sera abrogée en 1988 et remplacée par la Loi sur les mesures d'urgence.

>> **crise d'Octobre (1970), FLQ**

Lutte de libération nationale

Combat mené par un peuple voulant s'affranchir de la domination qu'exerce sur lui une autre nation ou une puissance étrangère. À certaines étapes, peut impliquer l'usage de la violence (lutte armée, **guérilla**, **révolution**). Lutte souvent associée à un projet de société progressiste comprenant des revendications à caractère identitaire, économique, social et politique : nationalisation des entreprises d'extraction des richesses, réforme agraire, protection de la langue et de la culture nationales, amélioration des conditions de vie du commun des mortels (santé, éducation, revenu, etc.). En définitive, la satisfaction de ces revendications doit mettre fin à l'oppression nationale dont est victime le peuple en question et permettre sa pleine émancipation.

L'histoire internationale contemporaine regorge d'exemples de telles luttes : Irlande du Nord contre Grande-Bretagne, peuple palestinien contre Israël, populations indigènes du Chiapas contre l'État mexicain et les intrusions néolibérales nord-américaines, incarnées notamment par l'ALENA. Ici même, les **felquistes** ont parlé de la lutte de libération nationale menée par le peuple québécois contre l'impérialisme anglo-saxon incarné par les gouvernements du Canada et des États-Unis, de même que par les **firmes multinationales** installées au Québec.

>> **décolonisation, indépendance, nationalisme**

Lutte des classes

Selon plusieurs **théories** en sciences humaines, les sociétés se divisent en **classes sociales**. Cependant, les auteurs ne s'entendent ni sur la nature de chacune d'elles, ni sur leur nombre, ni sur le rapport qu'elles entretiennent les unes avec les autres. Certains disent qu'elles sont en concurrence, d'autres prétendent qu'elles s'opposent, d'autres enfin les voient carrément en conflit permanent.

En vertu de la **doctrine** de la lutte des classes (Karl Marx [1818–1883], Friedrich Engels [1820–1895], etc.), « l'histoire de toute société jusqu'à nos jours est l'histoire de la lutte des classes ». Autrement dit, les événements, les décisions des acteurs, les rapports de force dans la société ne sont que l'expression d'un **antagonisme** entre les classes.

Les classes elles-mêmes étant le produit des structures économiques de la société, à chaque système économique (féodalisme, **capitalisme,** etc.) correspond une combinaison spécifique de classes (serfs contre seigneurs, prolétaires contre bourgeois, etc.). À chacune des époques, ces classes ont des intérêts divergents : l'une possède les moyens de production, l'autre n'a que sa force de travail. La première, numériquement minoritaire, accapare la richesse et exploite la seconde, majoritaire. « À un certain stade de leur développement », ces rapports sociaux injustes mènent à une **révolution** ; il y a alors passage vers un autre système économique. Ainsi, les marxistes affirment que « la lutte des classes est le moteur de l'histoire ».

>> **matérialisme historique**

Machiavélique

▓ Dans le langage courant, synonyme de perfide, retors, rusé.

▓ Qualifie une attitude, une pensée ou une **doctrine** qui s'inspire des **théories** de Nicolas Machiavel (Niccolò Machiavelli, diplomate florentin, 1469–1527). Dans *Le Prince*, son ouvrage le plus célèbre, cet auteur prodigue des conseils à un prince fictif sur l'art de prendre et de conserver le pouvoir, et ce, en dehors de toute considération morale ou religieuse ; il prône, entre autres, l'usage de la force (éventuellement de la brutalité), de même que le recours à la ruse et au mensonge ; le prince doit être à la fois « lion et renard ». Cela dit, il est à noter que l'on ne saurait réduire la pensée de cet auteur au machiavélisme et à l'adage selon lequel « la fin justifie les moyens ». Machiavel est aussi l'un des fondateurs de la **science politique** moderne (il dégage ses « conseils » d'une analyse de l'histoire politique) de même qu'un précurseur du **nationalisme** (la « fin », pour Machiavel, était la création d'un **État-nation** italien… en 1513).

Magistrat

▓ Sens usuel : personne qui détient un poste de juge.

▓ Dans un sens plus ancien, toute personne ayant un poste d'autorité dans l'**administration publique** : haut fonctionnaire, grand commis de l'État, administrateur public.

Majoritaire uninominal à un tour (scrutin)

▓ MU1T, pour les initiés. **Mode de scrutin** en vertu duquel le candidat désigné vainqueur est celui qui a obtenu la **pluralité** des voix, peu importe le pourcentage d'électeurs ayant voté pour lui. À titre d'exemple, dans une lutte serrée entre trois candidats, le vainqueur peut être déclaré élu avec à peine 34 % des voix. Autrement dit, le vainqueur a très souvent moins de votes que la somme des appuis recueillis par ses opposants, ce qui soulève des questions quant à la légitimité et au caractère démocratique de la représentation.

Le MU1T se démarque du mode de scrutin à deux tours, qui cherche, lui, à désigner un vainqueur élu par une majorité absolue d'électeurs, soit plus de 50 %, en prévoyant la tenue d'un deuxième tour (une élection supplémentaire, par exemple, deux semaines plus tard, élection qui opposera exclusivement les candidats les plus représentatifs, soit ceux qui ont obtenu le plus grand nombre de votes lors du premier tour). Enfin, le MU1T est uninominal en ce sens qu'il force l'électeur à jeter son dévolu sur un seul candidat, plutôt que sur une liste, un **ticket,** ou toute autre combinaison de candidats.

En vigueur au Québec, au Canada, au Royaume-Uni, aux États-Unis et ailleurs dans le monde, le scrutin majoritaire à un tour fait périodiquement l'objet de critiques, notamment en raison de l'importante distorsion qu'il crée entre le pourcentage de votes obtenu par un parti et le nombre de sièges dont ce parti dispose au sein du pouvoir législatif. Parfois même, cette distorsion est telle qu'un parti ayant obtenu moins de votes que son concurrent fait élire plus de députés que celui-ci. C'est ce qui s'est produit à quelques reprises dans l'histoire du Québec contemporain, notamment lors des élections générales du 30 novembre 1998, alors que le Parti québécois a été déclaré vainqueur avec seulement 42,9 % des suffrages exprimés (pour 76 sièges), tandis que le Parti libéral du Québec récoltait 43,5 % des votes (mais ne remportait que 48 circonscriptions) et l'Action démocratique du Québec, 12 % des votes (et un seul siège).

En régime parlementaire, l'adoption d'un mode de scrutin plutôt qu'un autre recèle des enjeux considérables, puisque la répartition des sièges détermine, notamment, le parti qui formera le gouvernement, celui qui constituera l'opposition officielle, le ou les **groupes parlementaires** qui auront droit à tels ou tels privilèges en Chambre, etc.

» **majorité, représentation proportionnelle, scrutin de liste**

Majorité

▨ Le terme désigne généralement le regroupement de **suffrages,** de voix, de **votes** ou de votants qui, lors d'une élection ou dans une réunion, l'emporte par le nombre. De façon plus spécifique, le même terme peut aussi désigner, dans une assemblée parlementaire, le ou les partis politiques qui contrôlent la majorité des voix ou des **sièges.**

▨ Il peut aussi s'agir d'une règle au moment d'un vote. Ainsi, la majorité absolue exige plus de la moitié des suffrages exprimés (assurée, s'il n'y a que deux candidats ou options), alors que la majorité relative ou simple ne représente que le plus grand nombre de suffrages exprimés, donc, potentiellement, moins que la majorité absolue (probable, quand il y a plusieurs candidats ou options qui se répartissent les suffrages). Enfin, une majorité qualifiée consiste en un nombre ou un pourcentage de voix déterminé à l'avance (les 2/3 ou 75 %, par exemple).

▨ Le même terme peut désigner l'âge légal à partir duquel une personne est considérée comme responsable et peut, par exemple, exercer ses droits civils (notamment le droit de vote).

Mandarins

▨ Mot issu du portugais *mandarim*, désignant les conseillers d'État et hauts fonctionnaires de l'Empire chinois. Il est repris pour désigner, au sein de la fonction publique canadienne, les sous-ministres et administrateurs publics de haut rang qui ont un pouvoir souvent déterminant sur les décisions prises par les responsables politiques. Bien que les ministres soient ceux qui prennent les décisions en dernière instance et qui en assument la responsabilité politique (ce sont eux qui sont redevables devant l'électorat), tous les dossiers qu'ils devront traiter passent d'abord entre les mains des hauts fonctionnaires – et ultimement du sous-ministre – qui vont donc forcément en influencer le contenu et l'orientation. Le pouvoir des sous-ministres et hauts fonctionnaires est ainsi relayé au sein du **Cabinet,** où se prennent des décisions de la plus haute importance. Parmi les sous-ministres les plus influents, mentionnons au premier chef le greffier du Conseil privé (dans les faits, le « sous-ministre » du premier ministre) ainsi que les sous-ministres des Finances et du Conseil du trésor (qui exercent une influence sur « les cordons de la bourse » de l'État).

>> **technocrate**

Mandat

▤ Mission, tâche, responsabilité confiée à une personne, à un groupe ou à une **institution.**

▤ Période durant laquelle un élu a le droit d'exercer sa fonction. Par exemple, le mandat du président des États-Unis est de quatre ans jour pour jour et ne peut être renouvelé qu'une seule fois.

▤ En **relations internationales,** durant l'entre-deux-guerres, le terme sert à désigner le pouvoir confié à une puissance mondiale ou régionale d'agir comme tuteur de **colonies** ou de **provinces** qui appartenaient aux deux empires défaits entre 1914 et 1918, soit l'Allemagne et l'Empire ottoman. Au lendemain de la Première Guerre mondiale, le souhait de la Société des Nations – ancêtre de l'**ONU** – était que cette tutelle induise dans ces territoires une évolution marquée vers un plus grand degré de « civilisation » et, éventuellement, vers l'**indépendance** pure et simple. La formule a connu un succès très mitigé. Ainsi, le mandat britannique en Palestine s'est terminé par la création unilatérale de l'État d'Israël en 1948 (ce qui, en définitive, laissa les Palestiniens sans Palestine), la Namibie est demeurée colonie sud-africaine jusqu'en 1990, et la Papouasie-Nouvelle-Guinée n'a obtenu son indépendance de l'Australie qu'en 1975.

Mandataire

▤ Personne à qui a été confié un **mandat.** Individu ou organe chargé de remplir une tâche ou d'accomplir une mission.

Manichéen

▤ Qui a tendance à tout concevoir sous l'angle du bien et du mal. Qui cherche à réduire la réalité à une simple opposition entre « les bons » et « les méchants ». Cette épithète, à connotation péjorative, dénote un point de vue simpliste, une opinion faisant abstraction de toute nuance.

Maquiladora

- Usine d'assemblage installée au Mexique, à proximité de la **frontière** nord, par des entreprises américaines souhaitant profiter de la main-d'œuvre bon marché disponible au sud du Rio Grande. Les pièces à assembler proviennent des États-Unis et les produits assemblés sont réexpédiés aux États-Unis, où ils subissent une finition et sont mis en marché. Des **firmes multinationales** de plusieurs autres pays développés ont recours, elles aussi, aux *maquiladoras*, que l'on trouve maintenant dans des **zones franches** un peu partout au Mexique, en Amérique centrale et dans les Antilles.

Maquis

- Au sens propre, les buissons, les taillis, voire la forêt.

- Dans l'univers politique, ce terme désigne la clandestinité, notamment celle dans laquelle œuvrent les diverses **guérillas** de par le monde. Il s'agit donc des cachettes depuis lesquelles les guérilleros ou d'autres combattants rebelles déploient leur action contre leurs cibles.

Marché

- Là où se rencontrent l'offre et la demande. Le marché est, dans les sociétés occidentales, une **institution** aussi fondamentale que la famille ou l'**État,** une institution qui détermine, dans une large mesure, plusieurs des rapports entre les êtres humains évoluant dans les économies **capitalistes** : l'embauche, les salaires, le pouvoir d'achat, etc.

S'il s'agit d'un concept central en économie, son usage a toutefois été étendu au-delà de la sphère économique. Ainsi, en sociologie, on dira « marché matrimonial » pour désigner l'ensemble des célibataires disponibles et disposés à vivre en couple. En science politique, on emploie « marché politique » et, plus spécifiquement, « marché électoral » pour désigner l'arène où se livrent concurrence les candidats souhaitant se faire élire en offrant le meilleur programme, et les électeurs s'apprêtant à concéder une partie de leur pouvoir au candidat qui, sur le plan de leurs intérêts personnels, est le plus offrant.

>> **économie de marché, rapports marchands**

Marxisme

- « Marxisme » est un mot dérivé du nom de Karl Marx (1818–1883), philosophe, économiste et homme politique allemand qui, avec Friedrich Engels (1820–1895), formula les bases du **matérialisme historique** et rédigea, entre autres, le *Manifeste du parti communiste* (1848). Le mot recouvre l'ensemble des théories élaborées par Marx et Engels à partir de 1845–1846, dont le matérialisme **dialectique,** le **socialisme** scientifique et la **lutte des classes.** On qualifiera de « marxiste » toute grille d'analyse, thèse, conception ou proposition qui s'inspire de ce corpus théorique.

Matérialisme historique

- Thèse formulée par Karl Marx (1818–1883) (et reprise par plusieurs) cherchant à expliquer l'évolution des sociétés humaines à travers l'histoire par l'étude des données matérielles et l'utilisation d'un raisonnement **dialectique.** Selon cette approche, l'explication des événements historiques, de leur enchaînement et de leur aboutissement repose sur l'analyse des conditions de vie économiques prévalant dans une société, donc l'analyse des rapports de pouvoir fondés sur le travail, la propriété, le mode de subsistance, etc. Ainsi, les réalités matérielles dans lesquelles vivent les gens, soit les **classes sociales,** le système économique existant, la façon dont la richesse s'accumule, la manière de produire cette richesse, entre autres, déterminent le cours de l'histoire politique (les projets de société formulés, les idéologies dominantes, les gouvernements successifs, les bouleversements, les révolutions, etc.).

Le matérialisme historique conduit donc à distinguer l'infrastructure de la superstructure, l'étude de la première permettant d'expliquer et de comprendre la seconde. L'infrastructure est la base de la société, son ossature : la structure économique dominante à une époque donnée, le milieu social dans lequel les gens travaillent ou profitent du travail d'autrui, les moyens de production disponibles, etc. La superstructure désigne les idées, les lois, la religion, le régime politique, les institutions en place, etc. Comme le dit Marx : « Ce n'est donc pas la conscience des hommes qui détermine leur être ; c'est, inversement, leur être social qui détermine leur conscience. » Le raisonnement dialectique, également mis à contribution, veut que la réalité matérielle soit intrinsèquement composée de forces antagoniques et que ces **antagonismes,** dans leur opposition dynamique, provoquent le mouvement perpétuel de l'histoire.

>> **conflit, lutte des classes, marxisme**

Melting pot

>> **creuset**

Menchévique

▨ Du russe *menchistvo*, minorité. Au sein du Parti ouvrier social-démocrate de Russie, courant modéré qui fut progressivement mis en minorité, puis écarté du pouvoir, par la tendance plus radicale de ce même parti, les **bolchéviques,** dirigée par Vladimir Illitch Lénine (1870–1924). Contrairement à ce dernier qui prônait la lutte révolutionnaire immédiate, conduite par une **avant-garde** éclairée et devant déboucher sur le renversement du régime du tsar et la « dictature du prolétariat », les menchéviques mettaient de l'avant une transition plus progressive vers le socialisme, s'appuyant sur un parti de masse, la démocratie libérale et, au besoin, sur des alliances avec les éléments plus progressistes de la bourgeoisie.

Mercantile

▨ De l'italien *mercante*, marchand. Terme générique pour qualifier tout ce qui est lié au commerce (activité mercantile, politique mercantile, etc.).

▨ Selon le contexte, le même qualificatif peut aussi avoir une connotation péjorative et être synonyme d'esprit boutiquier, de cupidité, etc. Dans ce sens, l'esprit mercantile a tendance à tout évaluer sous l'angle de profits et de pertes, sans autres considérations (humaines, sociales, éthiques, environnementales, etc.).

>> **marché, rapports marchands**

Mercantilisme

▣ **Doctrine** et système économiques qui se sont développés dans le contexte des grandes découvertes et de l'expansion du commerce international aux XVIe et XVIIe siècles. Cette doctrine établit un lien direct entre l'accumulation de richesses (or, argent, etc.) et la puissance nationale. Toujours selon les théories mercantilistes, la **métropole** doit favoriser l'accaparement des ressources naturelles des colonies et l'augmentation maximale de ses propres exportations (c'est-à-dire maintenir une puissante marine de guerre, conquérir des sources d'approvisionnement, des débouchés pour la production nationale, etc.), tout en établissant des mesures protectionnistes.

Mercosur

▣ De l'espagnol *Mercado Común del Sur*, soit Marché commun du sud (de l'Amérique). À l'origine, en 1991, le Mercosur est une zone de **libre-échange** entre l'Argentine, le Brésil, le Paraguay et l'Uruguay. Au fil du temps, il se transforme en **union douanière** et deux nouveaux pays s'y joignent en 1996 à titre de membres associés : le Chili et la Bolivie. Trois autres pays ont ce statut depuis 2003–2004 : la Colombie, l'Équateur et le Pérou. Le Venezuela adhère comme membre à part entière en 2006. Le Mercosur espère approfondir davantage l'intégration régionale de ses membres, non seulement au plan commercial, mais plus largement au plan économique et même politique, sur le modèle de l'Union européenne, avec laquelle il coopère.

Messianisme

▣ Toute philosophie, croyance ou **idéologie** annonçant la venue prochaine du « salut », d'un « âge d'or » de l'humanité. Par extension, tendance chez un individu à se croire investi d'une mission sacrée.

Métis

▣ Individu dont le père et la mère sont de « **races** » différentes. Par exemple, un enfant né d'un père amérindien et d'une mère blanche.

▣ Communauté ou **ethnie** formée, dans un pays, par ces individus métissés. Par exemple, les Métis du Canada, les Coloureds en Afrique du Sud et les mulâtres en Haïti constituent des groupes sociaux ou culturels sinon officiellement reconnus, du moins ayant joué un rôle indéniable dans l'histoire nationale de leur pays.

Métropole

▣ Du grec *mêtêr*, mère, et *polis*, ville. Centre urbain important sur les plans démographique, économique, politique et culturel.

▣ À l'époque coloniale, le terme désignait l'État exerçant la **souveraineté** sur l'ensemble des colonies de l'empire.

Militant

▣ Du latin *militis*, soldats, « ceux qui luttent, qui combattent ». Personne engagée activement dans la défense d'une cause.

Souvent membres d'une organisation (mouvement, parti politique, groupe de pression ou groupe populaire), les militants constituent généralement l'élément vital de celle-ci.

Militarisme

Tendance à accorder une place de première importance à l'armée, de même qu'aux valeurs qui y sont traditionnellement rattachées : discipline et obéissance, respect de l'autorité et de la hiérarchie, goût des armes et de la guerre.

On qualifie de militaristes des **régimes** politiques ou des **gouvernements** qui s'appuient principalement sur l'armée et les militaires, et qui font de la guerre l'un des axes prioritaires de leur politique intérieure et extérieure.

Ministère

Ensemble des structures, des services et des personnes (fonctionnaires ou employés de l'État) placés sous la direction d'un ministre et dont la fonction est de voir à la mise en œuvre des politiques et des lois qui concernent leur secteur d'activité.

Ministre

Désigne un des postes les plus importants au sein de l'appareil gouvernemental, de même que la personne titulaire de ce poste. Le ministre est le premier responsable d'un secteur d'activité ou d'une question particulière : **politique étrangère,** finances, éducation, sécurité publique, etc.

Sur le plan politique, le ministre doit proposer, expliquer et défendre les grandes orientations et les principaux projets de loi qui concernent le secteur d'activité dont il est responsable. Sur le plan administratif, le ministre est responsable de la gestion de ce même secteur d'activité : application des lois, administration du budget qui lui est alloué et contrôle de la partie de la fonction publique dont il est le supérieur hiérarchique. En temps normal, mais surtout en cas de crise, le ministre doit répondre publiquement (devant les membres du **Parlement** ou devant les représentants des médias) de la situation du secteur dont il est responsable ; il est donc soumis au principe de la **responsabilité ministérielle.**

De plus, la **solidarité ministérielle** fait en sorte que le ministre doit aussi accepter les décisions prises en **conseil des ministres,** être solidaire avec l'ensemble des autres membres du **gouvernement** et répondre de la gouverne politique et de la gestion des affaires publiques.

Au Canada et au Québec, comme dans les **régimes parlementaires** de type britannique, les ministres sont nommés par le premier ministre et choisis parmi les membres de son parti qui siègent au Parlement ou à l'**Assemblée nationale.**

Ministre d'État

« **Ministre** qui n'a pas la responsabilité d'un ministère en particulier, mais plutôt d'un secteur d'activité englobant plusieurs ministères » (Deschênes, 1992, p. 45). Par exemple, on parlera d'un ministre d'État à l'environnement, d'une ministre d'État aux finances, etc. Au Québec, avant 1976, l'expression « ministre sans portefeuille » désignait cette fonction.

Ministre délégué

Ministre qui, sans être titulaire d'un ministère en tant que tel, a la responsabilité d'un ou de plusieurs services d'un ministère précis. Ainsi, on parlera du ministre délégué aux transports ou, encore, de la ministre déléguée aux affaires autochtones.

Misogyne

Celui qui éprouve du mépris ou de la haine pour les femmes. On peut associer cette forme de rejet à la peur de l'autre.

>> **phallocrate, sexisme**

Mode de production

Équivalent de « système économique ». Concept **marxiste** servant à désigner la forme particulière que prend, dans une société et à une époque données, la façon de produire et, plus précisément, le type de relations qui prévaut entre les gens qui travaillent, les moyens de production et le produit du travail.

Par exemple, le mode de production contemporain, le **capitalisme,** se caractérise par :

- des moyens de production essentiellement aux mains de propriétaires privés ;
- le fait que le produit du travail appartient non pas aux travailleurs, mais à une minorité, celle-là même qui possède les moyens de production ;
- le salariat : pour subvenir à leurs besoins, les travailleurs doivent vendre leur force de travail ;
- le degré de développement des forces productives : outre la main-d'œuvre – concentrée dans les villes et abondante –, notons le machinisme, la maîtrise de diverses sources d'énergie, l'organisation très efficace du travail, le développement intellectuel et scientifique, etc. ;
- la formidable création de surplus (donc de richesses) qui est ainsi rendue possible ;
- l'accumulation et la concentration de ces richesses entre les mains d'une minorité toujours moins nombreuse.

Le **matérialisme historique** distingue habituellement cinq modes de production successifs : la commune primitive, l'esclavagisme, le féodalisme, le **capitalisme** et le **socialisme.**

Mode de scrutin

Ensemble des règles qui régissent l'organisation d'un scrutin, d'un **vote.** Bien qu'il existe de nombreux modes de scrutin, les deux principaux sont le mode de scrutin majoritaire et le mode de scrutin à représentation proportionnelle.

Au Canada et au Québec, on utilise le mode de scrutin **majoritaire uninominal à un tour.** Dans ce cas, le territoire est divisé en circonscriptions électorales équivalentes, le plus possible, sur le plan démographique. Au moment de l'élection, chaque électeur vote dans sa circonscription, une seule fois, pour un seul des candidats dont le nom est inscrit sur le bulletin de vote. Le candidat, affilié à un parti politique ou indépendant, qui obtient le plus grand nombre de voix est élu représentant de cette circonscription à l'Assemblée et devient donc **député.**

Le mode de scrutin à **représentation proportionnelle** est un **scrutin de liste.** Dans un mode de proportionnelle dite intégrale, le territoire n'est pas divisé en circonscriptions, alors que dans un système de proportionnelle dite approchée, il est divisé en de très grandes circonscriptions ayant droit à plusieurs sièges au parlement. Chaque parti politique présente une liste de candidats à l'échelle nationale (proportionnelle intégrale) ou de la circonscription (proportionnelle approchée). Au moment de l'élection, l'électeur choisit la liste d'un des partis sur son bulletin de vote. À la suite de l'élection, chaque parti politique se voit attribuer un nombre de sièges proportionnel au nombre de voix qu'il a obtenues : 5 % des voix donnent droit à 5 % des sièges, 14 % des voix donnent droit à 14 % des sièges, et ainsi de suite.

Il existe de nombreuses variantes de ces deux modes de scrutin, ainsi que des modes de scrutin mixtes.

Mollah

Titre religieux conféré aux individus qui constituent la base de la **hiérarchie** dans le clergé chiite. Sorte de clerc ou de curé, assez versé en sciences religieuses pour prêcher et pratiquer certains rites (mariage, funérailles, prière), sans toutefois avoir la formation requise pour livrer une interprétation officielle des textes sacrés ou rendre des avis d'ordre juridico-religieux (ces dernières **prérogatives** étant réservées au *mojtahed*).

En Iran, depuis 1979, la caste des *mollahs* est puissante : à titre de groupe social, elle est étroitement associée au pouvoir politique puisque – jusqu'à un certain point – elle donne à la Révolution islamique ses orientations.

>> **ayatollah, chiisme**

Monarchie

Du grec *monarkhia*, qui signifie « commandement d'un seul ». **Régime** politique autoritaire dans lequel les pouvoirs (**exécutif, législatif, judiciaire**) sont concentrés dans les mains du monarque et de sa famille. Dans un régime monarchique, le pouvoir politique se transmet de façon héréditaire, habituellement de père en fils. Les liens du sang constituent la source de **légitimité** politique, donc de l'exercice du pouvoir. Ce type de régime dictatorial est encore présent, entre autres, en Afrique du Nord (Maroc), au Moyen-Orient (Jordanie, Arabie Saoudite, Koweït, etc.) ainsi qu'en Asie (Bhoutan).

Monarchie constitutionnelle

Régime politique dans lequel, formellement du moins, le roi ou la reine est **chef d'État** ; cependant, par la **Constitution,** ce régime limite sévèrement les pouvoirs du chef d'État au profit d'un gouvernement démocratiquement élu. Ainsi, le « souverain » n'y joue qu'un rôle somme toute discret, voire purement symbolique, comme c'est le cas au Canada et au Royaume-Uni.

Mondialisation

▧ Synonyme : planétarisation. Terme très à la mode aujourd'hui désignant un phénomène aux dimensions multiples, dont certaines ne sont pas nouvelles. On l'emploie
pour parler de l'inévitable interdépendance qui lie maintenant entre eux pratiquement
tous les États de la planète et qui « contraint les acteurs du champ international (États,
mais aussi entreprises, individus, organisations) à raisonner en termes globaux, soit
à l'échelle de la planète entière » (Moreau-Defarges, 1995, p. 72). Dans le « concert
des nations », les cœurs des différents pays semblent désormais devoir battre à
l'unisson : le camp occidental a triomphé de l'« ennemi socialiste », et le **capitalisme**
étend maintenant ses tentacules partout, n'épargnant presque aucun coin du globe,
imposant ses « lois », sa logique, ses instruments :

- l'impératif de la « conquête des marchés » force chaque pays à jouer le jeu du
  libre-échange, à mettre en valeur ses « avantages comparatifs », à améliorer sa
  compétitivité et à adopter le credo **néolibéral** et **productiviste** ;

- une culture de masse reposant sur la consommation, l'individualisme et l'instan-
  tanéité triomphe progressivement ;

- des réseaux de communication de plus en plus denses, rapides et complexes
  se mettent en place, permettant la circulation de flux (d'argent, de données) qui
  échappent à toute réglementation.

Les coûts sociaux de ce phénomène sont énormes. Les écarts entre les pays développés et les pays du **Sud,** sauf exception, se creusent inexorablement. Au sein
de chaque pays et à l'échelle du globe, la richesse se concentre (les riches sont de
moins en moins nombreux, mais de plus en plus riches) et la pauvreté se répand (les
pauvres s'appauvrissent et leur nombre augmente). Les **États,** autrefois considérés
comme des remparts protégeant la **souveraineté** des peuples et devant préserver,
par la redistribution, une certaine cohésion sociale, seraient devenus de véritables
passoires. Les cultures et modes de vie traditionnels sont laminés ; les tensions identitaires sont une forme de réponse à la mondialisation. Les acteurs qui tirent leur
épingle du jeu sont les **firmes multinationales,** les banques, les agents financiers
internationaux, les spéculateurs, etc.

Cependant, ce décloisonnement des espaces territoriaux traditionnels signifie aussi
une forme de progrès : il permet à un plus grand nombre de profiter de la rencontre
des peuples, des cultures et des idées, il facilite la communication internationale, il
force les acteurs à avoir une vision planétaire de la réalité et des enjeux.

≫ **altermondialiste, globalisation**

Monocaméralisme (ou monocamérisme)

▧ Caractéristique de certains **parlements** composés d'une seule **chambre,** comme
c'est le cas au Québec, mais aussi au Danemark, en Israël et en Suède, par exemple.

Mosaïque (culturelle)

▧ Au Canada, désigne la forme qu'a prise la coexistence multiculturelle. La mosaïque
est donc le portrait global résultant de l'existence juxtaposée de plusieurs groupes

ethniques, communautés linguistiques et nations (autochtones). Contrairement au *melting pot,* ou **creuset,** qui mène à la fusion de tous ces apports identitaires en une seule nation amalgamée (dans laquelle on ne reconnaît plus, ou à peine, les composants de départ), la mosaïque préserve l'identité distincte des groupes ethniques et prévoit la pérennité de chacun, parallèlement à celle des premières nations et des deux communautés linguistiques ayant donné le bilinguisme officiel (parfois appelées « deux peuples fondateurs »). Au lieu de mosaïque, certains disent courtepointe ou *patchwork* pour illustrer cette juxtaposition permanente.

À la limite, la mosaïque peut signifier qu'une communauté culturelle, dans l'espace social qui lui est propre, est autosuffisante et vit cloisonnée par rapport aux autres communautés et par rapport à la société d'accueil. De nombreuses voix se sont élevées au Canada pour soulever les excès potentiels du **multiculturalisme,** une politique gouvernementale qui, à terme, peut nuire non seulement à l'intégration des immigrants, mais aussi à la construction d'une société solide, reposant sur des bases consensuelles claires. Parmi les dérives possibles d'un certain relativisme culturel et du culte de la diversité, il y a éventuellement la tolérance, par la société d'accueil, à l'égard de phénomènes comme l'instauration de tribunaux religieux privés, l'excision ou l'infibulation, sous prétexte que ce sont là des pratiques traditionnelles dans le pays d'origine.

Motion

Proposition faite par un **parlementaire** dans une assemblée délibérante. Une motion vise généralement une action ou une décision à prendre, ou encore l'adoption ou le rejet d'un texte. À titre d'exemples, mentionnons les motions de renvoi, de scission et de mise aux voix d'un projet de loi, les motions de censure (ce qui équivaut à demander la démission du **gouvernement**) ou de confiance (au gouvernement) et celles d'ajournement ou de clôture des travaux de l'assemblée.

Motion de censure

En **régime parlementaire,** motion qui propose à l'**Assemblée législative** de retirer sa confiance au **gouvernement,** donc d'exiger la démission du **premier ministre** et de son cabinet. Au Québec, on utilise à tort les expressions « motion de non-confiance » ou, encore, « motion de blâme ».

Moudjahidine

De l'arabe *mujahid*, combattant, résistant. En politique internationale, le terme renvoie surtout à deux pays, l'Iran et l'Afghanistan, même s'il a aussi servi ailleurs à désigner des rebelles armés. L'Organisation des moudjahidines du peuple d'Iran se constitue en 1965 autour d'idéaux démocratiques, à la fois de gauche et religieux (musulmans). Elle utilise des tactiques de la **guérilla** contre la dictature du shah, puis participe activement à son renversement lors de la Révolution islamique de 1979. Toutefois, à mesure que le jeune régime en place à Téhéran se durcit sous l'influence des **ayatollahs** et opte pour la théocratie, les moudjahidines, qui condamnent ce virage, sont mis hors-la-loi et pourchassés. Ceux qui ont réussi à fuir se réfugient ailleurs en Orient (par exemple, en Irak), ou encore en Occident (par exemple, en France), où ils continuent aujourd'hui de dénoncer le régime iranien **intégriste.**

En Afghanistan, les moudjahidines sont, durant les années 1980 et 1990, une coalition de combattants armés tentant de renverser le gouvernement communiste en place à Kaboul (régime soutenu de 1979 à 1989 par l'armée soviétique). Appuyés par les États-Unis, le Pakistan et l'Arabie Saoudite, ces moudjahidines, en principe unis par leur foi musulmane, étaient en réalité très divisés selon les clivages ethniques, claniques et idéologiques qui caractérisent le pays. Après le renversement du régime communiste, seul élément qui maintenait l'unité de cette coalition hétéroclite, les moudjahidines se séparèrent, certains s'engageant dans le camp des **talibans,** ou d'autres factions armées.

Mouvement de libération nationale

Organisation participant à la **lutte de libération nationale** d'un peuple donné. La *Irish Republican Army* (IRA) pour les Irlandais du Nord, l'Organisation de libération de la Palestine (OLP) pour le peuple palestinien et l'Armée zapatiste de libération nationale (EZLN) au Mexique en sont des exemples.

Mouvement social

Vaste ensemble d'**acteurs** politiques, plus ou moins structuré (liens organisationnels assez lâches, composition hétéroclite), dont les **sympathisants** partagent toutefois des valeurs, des besoins et des intérêts, embrassent une cause commune et travaillent à son triomphe. Les interventions d'un mouvement social peuvent paraître plus ou moins coordonnées à cause de son ampleur, de la dispersion géographique de ses membres et de la diversité de ses composantes (souvent une constellation de groupes locaux, régionaux ou sectoriels). Parmi les mouvements sociaux que l'on peut trouver dans un pays donné, il y a le mouvement étudiant, le mouvement ouvrier et le mouvement **féministe.** De façon plus précise, mentionnons le mouvement des paysans sans terre en Amérique du Sud et le mouvement **altermondialiste.**

Moyens de production

Dans la terminologie **marxiste,** désigne les instruments avec lesquels se réalise la production (outils, machines, équipements, etc.), les matières premières ainsi que «toutes les conditions matérielles qui, sans intervenir directement dans le processus de transformation, sont indispensables pour la réalisation de ce dernier. Par exemple : le terrain, les ateliers, les routes, les canaux, les travaux d'irrigation, etc.» (Harnecker, 1974, p. 21).

Multiculturalisme

Au Canada, **politique** mise de l'avant par le gouvernement de Pierre Elliot Trudeau (1919–2000) en 1971 et devenue **loi** sous le gouvernement de Brian Mulroney, en 1988. Bien que le Canada soit officiellement un pays bilingue, il est, culturellement, un pays bigarré, un pays d'immigration, un pays où les descendants des «deux peuples fondateurs » ont vu leur part de la population nationale s'éroder sérieusement au cours du xxᵉ siècle.

Alors que, dans un tel contexte, se pose la difficulté de définir l'**identité** canadienne, la « culture canadienne » et encore plus la « nation canadienne », le concept de multiculturalisme peut paraître pratique pour certains, compte tenu de la véritable mosaïque des communautés culturelles et des nations qui forment aujourd'hui la population du Canada.

Les objectifs poursuivis par la politique de multiculturalisme sont les suivants :

- fournir une aide aux communautés culturelles afin qu'elles conservent et entretiennent leur identité ;
- fournir à ces groupes une assistance afin qu'ils surmontent les obstacles à leur pleine participation à la société canadienne ;
- promouvoir les échanges entre les Canadiens de toutes les origines ;
- fournir une assistance aux immigrants dans l'acquisition d'une des deux langues officielles.

La politique multiculturelle du gouvernement canadien est actuellement remise en question par de nombreux intervenants : par les nationalistes québécois, par des fédéralistes canadiens et même par des personnes issues des **communautés culturelles** qui doutent de ses vertus. On lui reproche, en particulier, de cultiver le cloisonnement ethnique et de contribuer à la construction d'un « Canada-mosaïque », un pays qui ne serait, en fait, qu'un assemblage hétéroclite, une courtepointe dont chaque pièce représente une communauté culturelle isolée, qui se contente de définir son identité en exaltant ses origines, sa distinction.

≫ **bilinguisme, mosaïque (culturelle), interculturalisme**

Multilatéral

Qui associe plusieurs parties, plusieurs **acteurs** politiques.

En **relations internationales,** le terme désigne l'implication de plus de deux **États.** Par extension, le multilatéralisme est un principe ou une politique qui consiste à associer le plus grand nombre d'États possible dans le processus de prise de décision qui les concerne, donc à favoriser la concertation et une certaine forme de démocratie sur le plan international. L'**ONU** et, en particulier, son Assemblée générale se veulent l'expression la plus achevée du multilatéralisme. *A contrario*, on parlera d'unilatéralisme.

Multinational

≫ **État multinational, firme multinationale**

Multipartisme

Régime politique caractérisé par l'existence d'un grand nombre de **partis** politiques et par la compétition qui les anime.

Formellement, tous les régimes démocratiques autorisent le multipartisme. Cependant, dans certains systèmes politiques utilisant le mode de scrutin **majoritaire uninominal à un tour** (États-Unis, Québec, par exemple), ce n'est qu'un multipartisme de façade qui prévaut. Bien que, sur le bulletin de vote, l'électeur semble avoir une bonne variété de possibilités, dans les faits, seuls deux partis sont en mesure de soutenir la compétition (pour le contrôle des pouvoirs exécutif et législatif), et ils sont les seuls à pouvoir gagner les élections – à tour de rôle. Par contre, les autres **modes de scrutin,** qui font place à la représentation proportionnelle, favorisent bien davantage le multipartisme ; c'est le cas en Suède et en Italie, entre autres.

>> **bipartisme, parti unique**

Multipolarité

En **relations internationales,** concept selon lequel la planète est soumise au leadership d'au moins trois **puissances** mondiales, sinon bien davantage. Plusieurs auteurs mentionnent, par exemple, en matière de relations économiques internationales, la «triade» formée par le Japon, l'**Union européenne** et les États-Unis. Dans une certaine mesure, des **États émergents** (Chine, Inde et Brésil par exemple) sont devenus des acteurs importants sur la scène internationale, renforçant l'idée de multipolarité.

>> **bipolarité, unipolarité**

Municipalité

Au Canada, il s'agit d'un troisième ordre de **gouvernement,** après les gouvernements fédéral et provinciaux. Les **commissions scolaires** incarnent, quant à elles, le quatrième ordre de gouvernement. Toutefois, comme ces dernières, les municipalités sont sous juridiction provinciale (alinéa 8 de l'article 92 de la **Loi constitutionnelle de 1867**). Les pouvoirs qu'elles détiennent leur sont délégués par l'**Assemblée nationale** et elles ne peuvent les excéder. Ce sont donc des lois québécoises, dont la Loi sur les cités et villes, qui régissent les municipalités et leur attribuent 11 champs de **compétence législative** (finance, impôt foncier, environnement, salubrité publique, santé et bien-être, loisirs, etc.). Les municipalités sont administrées par un conseil municipal (d'au moins six membres) et par un maire, tous élus. Les édiles municipaux ont le pouvoir d'adopter des règlements municipaux (qui respectent le cadre général des lois provinciales), de les faire appliquer et, éventuellement, pour les plus importantes d'entre elles, de les faire respecter.

Mur de Berlin

Enceinte installée en août 1961 par le gouvernement de la République démocratique allemande (RDA, communiste) pour entourer, sur 165 km, la ville de Berlin-Ouest afin de mettre un terme à l'exode des citoyens est-allemands vers l'Occident (et le système capitaliste). Berlin étant située au cœur de la RDA, deux millions et demi d'Allemands de l'Est sont passés à l'Ouest en transitant par Berlin-Ouest entre 1949 et 1961. Pour stopper cette hémorragie, le gouvernement de la RDA, appuyé par Moscou, a donc installé ce cordon étanche de barbelés, renforcé plus tard par un mur, de même que par un *no man's land*, des miradors, des patrouilles, etc.

Véritable produit de la **guerre froide,** plus célèbre maillon du **rideau de fer,** le mur de Berlin a certainement été l'un des symboles les plus visibles de la division hermétique de l'Allemagne, de l'Europe, voire de la planète, en deux camps **antagonistes.** Son ouverture puis sa destruction (en 1989) marquent de façon claire le processus d'effondrement du bloc de l'Est et préfigureront la réunification de l'Allemagne.

Musulman

▨ Nom désignant un adepte de l'**islam.**

▨ Monde musulman : aire géographique et culturelle recouvrant l'Afrique du Nord, une bonne partie de l'Afrique occidentale, sahélienne et de l'Afrique du Nord-Est, l'ensemble du Proche-Orient et du Moyen-Orient (sauf Israël), ainsi que certains pays d'Asie (ex-républiques soviétiques asiatiques, Bangladesh, Malaisie, Indonésie, etc.). Il s'agit donc, avant tout, d'un groupe de 45 pays où l'islam est la religion de la majorité, voire de la quasi-totalité des habitants. Certains incluent dans l'aire musulmane des zones limitrophes où l'islam est également implanté, bien que minoritaire.

Pour les musulmans, trois villes sont sacrées : La Mecque, Médine et Jérusalem (al-Quds, en arabe), « lieux auxquels sont rattachés des événements de la vie d'Adam, d'Ève, d'Abraham, d'Ismaël et de Muhammad et qui ont été déclarés sacrés par l'Islam » (Reeber, 1995, p. 26). La Mecque, « pôle historique et spirituel de l'islam vers lequel s'orientent cinq fois par jour les musulmans en prière » (*Reeber, ibid*), est aussi le cœur géographique du monde musulman. Des millions de pèlerins y convergent chaque année. La garde des lieux saints situés à Médine et à La Mecque confère à l'Arabie Saoudite un certain statut – et une audience particulière – dans le monde musulman. Par ailleurs, la langue dans laquelle a été écrit le Coran, l'arabe, est la langue maternelle d'un musulman sur cinq ; son influence dépasse pourtant le poids démographique de ses locuteurs. Enfin, le monde musulman abrite une communauté définie non seulement par ses valeurs spirituelles, mais également par ce que l'on pourrait appeler des références culturelles (philosophiques, juridiques, artistiques, etc.).

>> **chiisme, sunnisme**

Nation

▨ Vaste ensemble d'êtres humains dont les membres se caractérisent par une **identité** commune – définie par divers éléments d'ordre matériel ou spirituel – et disent former, collectivement, une communauté distincte des autres nations de la planète.

Selon les auteurs et les écoles de pensée, on verra qu'il existe deux conceptions fort différentes de la nation. Voici une illustration de la première, dite subjective : « Le regroupement opéré par la nation se fonde sur des passions, des intérêts et des représentations communs, qui imprègnent les nationaux de la conviction d'avoir un destin commun différent de celui des autres nations. Ce destin est enraciné dans un passé commun, fait d'épreuves surmontées en commun. [...] [L'historiographie] présente la formation de la nation comme une succession d'étapes orientées dans un sens défini et conduites par des héros fondateurs. [...] Le destin commun proposé par le passé et réalisé dans le présent est, enfin, saisi comme un projet pour l'avenir. La nation n'est pas seulement une donnée, elle devient un idéal, la volonté de continuer à vivre ensemble, en surmontant de nouvelles épreuves» (Boudon, 1993, p. 159).

Pour sa part, le modèle républicain français de la nation veut que cette dernière soit formée de l'ensemble des citoyens et citoyennes vivant sur le territoire de l'État. On remarque ici que la nation est fondée sur l'espace territorial habité (*jus soli*) plutôt que sur la parenté génétique des individus (*jus sanguini*).

Inversement, la seconde approche, dite objective, s'appuie sur des critères matériels et vérifiables pour déterminer l'existence d'une nation. Il s'agit habituellement d'une combinaison de certains des éléments suivants : la langue, la religion, la **race,** l'**ethnie,** les us et coutumes.

>> **peuple**

Nation building

▨ En relations internationales, entre autres, défi auquel faisaient face les anciennes colonies devenues presque subitement des États et devant se forger, parfois dans la foulée d'un partage colonial arbitraire, une nouvelle identité nationale. Par extension, on emploie également ce mot pour désigner le processus de reconstruction nationale de certains pays, faisant suite au renversement violent du régime en place et à l'**implosion** qui l'accompagne (par exemple, Afghanistan, Irak).

▨ Expression utilisée au Canada pour décrire les efforts de l'État fédéral en vue de devenir l'**État-nation** auquel s'identifierait toute la population du pays. Ce processus d'édification nationale n'a jamais été simple, car pour justifier son existence, l'État canadien a eu à faire face à plusieurs défis, tant à l'externe qu'à l'interne. Face aux grandes puissances qui ont été témoins de sa naissance et de sa croissance, le Canada a dû apprendre à se définir et à marquer son autonomie. Par exemple, il a dû renoncer progressivement à être l'extension de la civilisation et de l'Empire britanniques en Amérique du Nord. Il a dû également affirmer sa spécificité et sa souveraineté devant l'envahissant voisin américain (ces défis demeurent encore actuels, à des degrés divers). À l'interne, il combat les pressions centrifuges qu'exercent les différents **nationalismes** s'affirmant sur son territoire : celui des nations autochtones, celui du peuple québécois et celui du peuple acadien. L'idée qu'il y ait une seule nation au Canada, la nation canadienne comptant 34 millions d'individus, est un produit du *nation building* canadien. La survie de cette idée et l'extension de sa popularité exigent des efforts soutenus et continuels de la part de l'État qui en est le dépositaire. L'établissement d'**institutions** nationales (idéalement consensuelles) et l'adoption, puis la diffusion de symboles nationaux reconnus doivent alimenter cette construction de l'État-nation ; pensons au Parlement fédéral, à l'hymne national du

Canada, à l'unifolié, à la **Charte canadienne des droits et libertés,** au multiculturalisme, etc. Au Québec, au moins depuis les années 1960, l'État provincial a cherché
lui aussi à réaliser cette parfaite adéquation entre lui-même et la population québécoise, désormais vue comme une nation. Ce processus d'édification nationale de la
part de l'État québécois est rarement désigné par l'expression *nation building*, bien
qu'il procède *grosso modo* de la même logique. On parlera plutôt de nationalisme
québécois, de «revendications historiques du Québec», de protection des champs de
compétence législative du Québec, d'affirmation nationale, etc.

National-socialisme

>> **nazisme**

Nationalisation

Transfert à l'**État** de la propriété d'une entreprise privée ou, encore, de biens appartenant à des particuliers. Exécutée par le gouvernement, le plus souvent à la suite
de l'adoption d'une loi, et effectuée – officiellement du moins – pour en faire profiter
également l'ensemble des citoyens.

>> **étatisation**

Nationalisme

Courant de pensée moderne qui valorise de façon plus ou moins radicale la **nation,**
sa sauvegarde, son essor, voire sa prédominance. Cette **idéologie** politique est
ambiguë ; elle peut, selon le contexte, être considérée comme **progressiste** ou, au
contraire, comme **réactionnaire.**

Par exemple, au XVIIIe siècle, en France, la gauche fait de la nation la seule titulaire
légitime de la **souveraineté** politique aux dépens des anciennes classes dominantes
(aristocratie et clergé). Dans un tel contexte, le nationalisme vise, en fin de compte, à
remettre au **peuple** le contrôle du pouvoir.

Plus tard, au XXe siècle, le sentiment national joue un rôle important dans la remise
en question de l'ordre colonial, plusieurs peuples et mouvements du **tiers-monde**
réclamant l'**indépendance** nationale aux puissances impérialistes. On distinguera
donc le nationalisme chez un peuple n'ayant pas encore conquis sa souveraineté (ni
créé son propre **État** indépendant) du nationalisme s'exprimant au sein d'une nation
qui a déjà son propre État.

Dans ce dernier cas, le nationalisme peut s'apparenter à un **chauvinisme** de grande
puissance. Le nationalisme peut ainsi être associé au conservatisme, à la droite et
à la réaction. L'exacerbation du sentiment national peut conduire à l'exclusion, à la
xénophobie et à l'**antisémitisme.** L'extrême droite fasciste, entre autres, prône
des politiques intérieures et extérieures fondées sur le développement incessant et
sans limites de la puissance nationale, ce qui conduit tôt ou tard au militarisme et à
l'**impérialisme.**

>> **patriotisme**

Nationalité

Appartenance d'un individu à un **État.** Lien juridique qui rattache chaque personne à un pays précis et lui donne – dans ce cadre géographique bien défini – des droits (comme la citoyenneté et, très souvent, le droit de vote, le droit de vivre et de circuler librement, etc.) et des responsabilités (comme payer des impôts, faire le service civil ou militaire, etc.).

» **citoyenneté**

Nations Unies

» **ONU**

Nazisme

Abréviation de l'expression allemande *national-sozialist.* Cette **idéologie** d'**extrême droite,** variante du **fascisme** italien, se développe en Allemagne à la suite de la Première Guerre mondiale et de la crise économique de 1929. Adolf Hitler (1889–1945) exposera les fondements du national-socialisme dans le livre *Mein Kampf* (*Mon combat*).

Opposé à la démocratie et au suffrage universel, Hitler prône la soumission à « un seul chef, un seul parti, un seul peuple ». Faisant appel au mythe de la supériorité de la « race aryenne », aux préjugés antisémites et au sentiment national (toutes les classes sociales devant être au service des intérêts de la **nation**) et aboutissant à une définition **raciste** de l'État, les nazis mettront en place un régime totalitaire basé sur la terreur et sur une **répression** impitoyable.

Le nazisme conduira aux horreurs de la Seconde Guerre mondiale (guerre pour la conquête de « l'espace vital » de la race aryenne) et à la folie meurtrière des camps de concentration et des chambres à gaz.

» **holocauste**

Néocolonialisme

Terme employé pour caractériser le type de domination du Nord sur le Sud qui prévaut à l'époque contemporaine, et ce, malgré la **décolonisation** et l'accession – formelle – à la souveraineté des peuples d'Afrique, d'Amérique latine et d'Asie autrefois assujettis.

Ainsi, après la fin de la décolonisation, se développe une nouvelle forme d'exploitation des peuples dits du **tiers-monde** par les pays industrialisés. Elle ne repose pas sur le contrôle politique direct ni sur la présence permanente de forces armées sur ces territoires, mais sur des mécanismes plus subtils comme :

- les diverses initiatives d'« aide internationale » (le prêt, l'**aide liée,** etc.) et ce qui s'y rattache très souvent (comme l'**ajustement structurel**) ;
- le rôle déterminant joué par les **firmes multinationales,** issues des pays riches, dans le prétendu « développement économique » des pays du Sud ;

- une **division internationale du travail** présentée comme logique et «naturelle», qui oblige les pays du tiers-monde à fonder l'essentiel de leur économie sur certaines activités bien précises (l'extraction ou encore la transformation à faible coût) ;
- la **détérioration des termes de l'échange.**

>> **dépendance, impérialisme, oppression**

Néoconservatisme

Terme principalement employé à propos de la vie politique intérieure des États-Unis. Il y est apparu durant les années 1970 pour décrire l'émergence de nouveaux ténors conservateurs réagissant durement aux mobilisations sociales des années 1960, comme le mouvement pour les droits civiques, l'opposition à la guerre du Vietnam, le mouvement féministe, la contre-culture et la libération sexuelle. Très souvent d'anciens libéraux, ces nouveaux ténors, contrairement aux conservateurs traditionnels, proviennent de milieux intellectuels urbains (journalistes, professeurs d'université, écrivains, etc.) et n'appartiennent pas à la droite religieuse protestante. Plusieurs sont des démocrates ayant déserté le parti parce que choqués par la place qu'y prenaient les forces **progressistes** et inquiets des débordements auxquels pouvait conduire le **libéralisme politique** et l'intervention de l'État. À leurs yeux, ces dérapages (qu'ils appellent le multiculturalisme, la rectitude politique, l'absence de patriotisme, la dépendance à l'État, le socialisme) menacent les fondements mêmes de la civilisation américaine.

La réaction néoconservatrice, jumelée à d'autres forces de **droite,** a finalement triomphé de façon spectaculaire avec l'élection de Ronald Reagan (1911–2004) à la présidence des États-Unis en 1980. Depuis ce temps, le courant néoconservateur exerce une influence importante sur la vie américaine, tant en politique intérieure qu'en relations internationales. Son **militarisme** et son anticommunisme durant la **guerre froide** ont évolué, depuis 1991, vers une politique de soutien résolu au **sionisme** de l'État israélien et en une hostilité à l'égard de plusieurs peuples de l'aire arabo-musulmane, soupçonnés de sympathiser avec l'Islam radical ou d'autres idéologies suspectes. Brandissant les mots d'ordre de démocratie et de liberté, les néoconservateurs sont également des apôtres du libre-échange, de la mondialisation néolibérale et de la **déréglementation** ; ils dénoncent avec virulence les mesures gouvernementales tendant vers le redressement des inégalités ou la justice sociale.

>> **conservatisme, néolibéralisme**

Néolibéralisme

Doctrine économique et sans aucun doute politique, relativement récente, opposée à l'interventionnisme (opposée aux politiques **keynésiennes,** par exemple) et conduisant au démantèlement de l'**État-providence.** Ce «nouveau» **libéralisme** a connu un regain de popularité à la suite des problèmes économiques du début des années 1970 dans les pays capitalistes (ralentissement de la croissance, augmentation du chômage, de l'inflation, des taux d'intérêt, des déficits et de l'endettement publics, etc.) et à la suite de l'échec des systèmes à économie planifiée (en URSS, par exemple).

Le néolibéralisme propose, sous couvert de rationalisation, un retour à l'**économie de marché,** au laisser-faire et au libre-échange, remettant en question l'intervention de l'État, prônant la **privatisation,** la **déréglementation,** la libéralisation des prix, les coupures dans les programmes sociaux et la réorganisation du marché du travail (sous-traitance, remise en question des droits syndicaux, affaiblissement marqué du régime d'assurance-chômage, etc.).

>> **capitalisme, mondialisation**

Népotisme

De l'italien *nipote*, « neveu ». Forme d'abus de pouvoir de la part d'un élu ou d'un fonctionnaire qui consiste à accorder un poste ou un avantage à un membre de sa famille, voire à un ami, plutôt que de procéder selon des normes et procédures transparentes (concours public, affichage, appel d'offres, etc.).

>> **favoritisme, prévarication**

Nettoyage ethnique

Sur un territoire donné, entreprise consistant en l'expulsion, la **déportation,** voire l'élimination systématique des membres d'une **nation,** d'une **ethnie** ou d'une communauté, afin que le territoire ne soit occupé que par les individus appartenant à la nation ou à l'ethnie dominante. L'expression est consacrée depuis le démembrement de l'ex-Yougoslavie (1991–1995) et les atrocités qui l'ont marqué. Elle a été reprise par la suite pour désigner d'autres cas de purification ethnique, d'homogénéisation nationale : Darfour au Soudan, Rwanda, Kosovo.

Neutralisme

Au sens large, attitude ou tendance politique qui consiste à favoriser la **neutralité** à l'égard des conflits entre puissances. Plus précisément, cette attitude a été développée systématiquement par des pays du **tiers-monde** qui, dans le contexte de la **guerre froide,** ont refusé de s'aligner sur l'un des deux grands blocs.

>> **non-alignement ou non-aligné**

Neutralité

Statut d'un État qui s'engage à ne pas prendre part à une **guerre** ou à un conflit international. Ce statut peut être temporaire ou permanent, comme il peut être le résultat d'une prise de position unilatérale ou d'un **traité** en bonne et due forme.

>> **neutralisme, non-alignement ou non-aligné**

Noblesse

Dans le système féodal, classe des nobles (seigneurs, chevaliers, barons, comtes, marquis, etc.) qui était censée posséder des qualités morales supérieures.

>> **aristocratie, féodalité**

Nomenklatura

Mot russe signifiant «liste des personnes du régime ayant droit à des prérogatives exceptionnelles» (Rey, 1992, p. 1329). Terme employé pour désigner la classe privilégiée d'individus composant la haute direction du Parti communiste et de l'État, en Union soviétique. Par extension, s'entend aussi dans le sens suivant : caste qui s'est installée au pouvoir dans un régime **autoritaire.**

Non-alignement ou non-aligné

Désigne, en **relations internationales,** une attitude qui s'est développée à la suite de la conférence de **Bandoeng** (Indonésie) en 1955. Dans le contexte de la **guerre froide,** les représentants de 29 pays d'Afrique et d'Asie ont décidé de rester neutres, donc de ne pas prendre parti pour une des deux superpuissances. Tout en refusant de se conformer à la politique d'un des deux blocs, les pays du **tiers-monde** qui ont constitué le mouvement des non-alignés ont élaboré leurs propres revendications : **décolonisation,** non-alignement et nouvel ordre économique international. Une dizaine de conférences ont suivi celle de 1955. À La Havane, en 1979, 95 États étaient représentés. La dernière rencontre a eu lieu à Belgrade, en 1991. Des chefs d'État comme Castro (Cuba), Tito (Yougoslavie), Nasser (Égypte) et Nehru (Inde) ont été des figures de proue du mouvement des pays non-alignés.

Les difficultés économiques, les divergences d'intérêt et les dissensions idéologiques ont grandement affaibli le mouvement des non-alignés, mais il n'en reste pas moins que leurs revendications se sont consolidées et ont été reprises à d'autres niveaux (Groupe des 77, Assemblée générale de l'**ONU,** etc.).

Nord-Sud

Expression fréquemment employée en relations internationales qui permet de distinguer deux réalités : d'une part, les pays riches et développés, de l'autre, les pays dits du **tiers-monde,** censés être «en voie de développement». On dit, par exemple, rapports Nord-Sud, dialogue Nord-Sud, tensions Nord-Sud. Les frontières de ces deux ensembles ne sont pas de nature géographique, mais bien économique, politique et historique.

Le Sud s'affirme comme **acteur** à la suite des vagues de **décolonisation** qui balaient l'Afrique et l'Asie après la Seconde Guerre mondiale ; à partir des années 1970, il propose le **non-alignement** et l'avènement de nouvelles règles de répartition des richesses à l'échelle planétaire. Notons que la majorité des pays du Sud est située dans l'hémisphère Nord (par exemple, Égypte, Inde, Venezuela) ; la minorité, dans l'hémisphère Sud (par exemple, Indonésie, Pérou, Tanzanie).

L'ensemble appelé Nord comprend *grosso modo* les mêmes pays que l'**OCDE,** auxquels certains auteurs ajoutent maintenant l'Europe de l'Est et, parfois, quelques autres pays (dont Israël). Ainsi, on y trouve des pays situés dans l'hémisphère Sud (Australie et Nouvelle-Zélande, par exemple). Beaucoup de pays du Nord ont pratiqué la **colonisation** et contribuent à perpétuer, encore aujourd'hui, le transfert des richesses du Sud vers le Nord.

» **centre/périphérie, développement, néocolonialisme**

Nouveaux pays industrialisés (NPI)

▨ Expression employée par la Banque mondiale et l'OCDE pour désigner ces **États** qui, parmi ceux qui formaient autrefois le **tiers-monde,** ont le plus fidèlement reproduit le modèle de **développement** caractérisant les pays du Nord : industrialisation rapide, **libéralisme économique,** société de consommation, **productivisme,** insertion poussée dans les échanges économiques mondiaux, etc. Au cours des années 1980, la notion de NPI était plus ou moins associée aux « quatre dragons », c'est-à-dire la Corée du Sud, Hong-Kong, Singapour et Taiwan, ainsi qu'au Brésil, mais on lui a rattaché progressivement plusieurs autres pays d'Asie de l'Est (Chine, Malaisie, Philippines, Thaïlande), d'Amérique latine (Argentine, Chili, Mexique) et d'Afrique (île Maurice). Les contours du concept de NPI sont encore flous et sujets à de nombreuses discussions. Certains lui préfèrent les expressions « économies en émergence » ou **États émergents.**

Nouvel ordre mondial

▨ Expression employée pour désigner une ère nouvelle en relations internationales, qui s'ouvre avec la disparition du bloc de l'Est et la fin de la **bipolarité.** Cette ère nouvelle se caractérise par le remodelage des rapports de force sur la planète et le changement de certaines « règles du jeu » au plan international. À partir de la guerre du Golfe en 1991, on voit que la dynamique au sein du Conseil de sécurité de l'**ONU** est modifiée (une certaine convergence d'intérêts entre la Russie et les États-Unis ; discrétion de la Chine), ce qui lui permet d'intervenir directement dans nombre de conflits, en application de la charte des Nations Unies (au Kosovo et en Afghanistan notamment). Certains auteurs parlent du triomphe du droit international sur la logique de l'affrontement, alors que d'autres qualifient plutôt ce nouvel ordre mondial de *pax americana*, sorte de paix imposée par le seul empire qui subsiste, les États-Unis.

Avec l'effondrement des économies **socialistes** et l'adhésion de la quasi-totalité des pays du globe au **capitalisme,** il y a effectivement un vainqueur – et un perdant – suite à la **guerre froide.** Outre le triomphe du **néolibéralisme,** cela signifie un déplacement des équilibres : la compétition étant dorénavant de type Nord-Nord (entre des blocs économiques comme l'**ALENA,** l'**Union européenne,** le Japon) et quelques nouveaux « joueurs » tentant de se faire une place dans cette course entre les « grands » (Chine, Inde, Pakistan, Brésil, Mexique, Iran, Corée du Sud, etc.).

Noyauter

▨ Action qui consiste à introduire dans une organisation hostile ou rivale des agents chargés de la diviser, de la désorganiser et, éventuellement, d'en prendre la direction et le contrôle. À titre d'exemples, peuvent être victimes de noyautage des syndicats, des **groupes de pression,** des **partis** politiques ou, encore, une administration quelconque. Termes associés : **entrisme,** infiltration.

Obstruction parlementaire
>> *filibuster*

OCDE

Organisation de coopération et de développement économique. Organisme regroupant 34 pays, pour la plupart occidentaux, riches et développés, dont le but est de permettre de coordonner leurs politiques économiques et de suivre attentivement l'évolution de l'économie mondiale afin d'esquisser les stratégies de croissance et de prospérité.

L'OCDE est née en 1961 et succède à l'Organisation européenne de coopération économique, créée dans la foulée du plan Marshall, qui devait répartir l'aide américaine pour la reconstruction de l'Europe de l'Ouest. L'OCDE regroupe 20 États d'Europe occidentale : Allemagne, Autriche, Belgique, Danemark, Espagne, Estonie, Finlande, France, Grèce, Irlande, Islande, Italie, Luxembourg, Norvège, Pays-Bas, Portugal, Royaume-Uni, Slovénie, Suède et Suisse. Elle compte aussi le Canada, les États-Unis, le Mexique, le Chili, l'Australie, la Nouvelle-Zélande, la Corée du Sud, Israël, le Japon et la Turquie. Quatre pays d'Europe de l'Est y ont récemment adhéré : la Hongrie, la Pologne, la République slovaque et la République tchèque. La Russie, la Colombie et la Lettonie sont candidats à l'adhésion, et il y a « engagement renforcé » avec l'Afrique du Sud, le Brésil, la Chine et l'Inde.

L'OCDE ne dispose pas d'un pouvoir exécutif sur la scène internationale. Cependant, ses analyses et ses recommandations ont un écho certain chez les pays membres et servent de balises aux États **capitalistes.** Elles portent sur le commerce et le **libre-échange,** les finances publiques et l'endettement des États, le développement, l'aide internationale, etc.

Oligarchie

Du grec *oligarkhia*, commandement de quelques-uns. **Système politique** dans lequel le pouvoir est sous le contrôle d'un petit groupe de personnes.

Groupe de personnes restreint, privilégié et puissant.
>> **aristocratie, autoritaire**

Ombudsman

Institution d'origine suédoise que l'on trouve maintenant dans plusieurs pays. Au Québec, le titre officiel de l'ombudsman est protecteur du citoyen. Il s'agit d'une personne indépendante, généralement nommée par le pouvoir législatif et qui, à l'aide des ressources et du personnel qui lui sont alloués, doit défendre les droits des citoyens dans leurs rapports avec les pouvoirs publics. L'ombudsman reçoit et examine les plaintes des citoyens à l'endroit de l'administration publique et, au besoin, intervient auprès des autorités concernées.

OMC

▧ L'Organisation mondiale du commerce est une association de 159 **États** désirant faciliter les échanges commerciaux entre eux et obtenir l'ouverture du marché mondial. Les représentants des divers pays membres de l'OMC y négocient l'élimination progressive des mesures entravant les échanges de marchandises et de services : barrières tarifaires, contingentements, etc. L'OMC régit plus des quatre cinquièmes du commerce mondial.

L'OMC a succédé à l'Accord général sur les tarifs douaniers et le commerce (*General Agreement on Tariffs and Trade*, GATT), qu'elle remplace depuis 1995. Tout comme le GATT, l'OMC cherche à établir, à terme, l'équivalent d'un système planétaire de **libre-échange.** Elle dispose cependant de pouvoirs supérieurs à ceux du GATT pour y arriver, dont celui d'arbitre pour régler les différends commerciaux. L'OMC s'inscrit dans la droite ligne des principes du **libéralisme économique** appliqué à l'échelle de la Terre : **division internationale du travail, mondialisation,** hégémonie exercée par le marché.

ONG

▧ Une organisation non gouvernementale (ONG) est une association sans but lucratif, issue de la **société civile,** créée le plus souvent par des volontaires, des bénévoles ou encore des **militants,** qui œuvre dans son propre pays ou à l'échelle internationale. Les ONG peuvent intervenir dans des domaines aussi variés que le développement, le travail, l'éducation, la santé, la culture, les conditions de vie des femmes, etc.

Elles ont toutes deux points en commun :

- elles n'ont pas été créées par l'**État** et n'en sont pas un appendice ;
- en matière de développement international, elles sont des interlocutrices importantes et, parfois même, des partenaires d'acteurs institutionnels (ONU, autres organisations intergouvernementales, etc.).

Selon plusieurs spécialistes du développement, les ONG jouent un rôle clé : elles font partie intégrante du tissu social et contribuent à sa «bonne santé», si l'on peut dire. C'est à l'aide d'ONG (syndicats, groupes de femmes, associations étudiantes, organisations de défense des droits, groupes écologistes, organismes de solidarité et d'entraide, missions et congrégations religieuses, etc.) que la population peut s'organiser de façon autonome, pour son propre développement ou celui d'autres peuples. Exemples d'ONG : Médecins sans frontières, Greenpeace, Amnistie internationale, Développement et Paix, etc.

ONU

▧ L'Organisation des Nations Unies (ONU) est une **organisation intergouvernementale** regroupant la quasi-totalité des États de la planète (193 sur 194) ; elle fut créée à la fin de la Seconde Guerre mondiale dans le but de réunir et de préserver les conditions indispensables à la paix mondiale. Parmi celles-ci, mentionnons le respect du droit international et des droits de la personne, le dialogue entre États, le droit des peuples à disposer d'eux-mêmes, le développement, la coopération, etc.

Le « système ONU » est en fait une constellation d'agences, d'instances et d'orga-nismes ; certains fonctionnent de façon autonome (**BIRD, Fonds monétaire internatio-nal, OMC,** etc.), d'autres sont étroitement intégrés à l'ONU (Unicef, Haut-Commissariat aux réfugiés, etc.). Enfin, il faut distinguer les organes centraux de décision, comme le Conseil de sécurité et l'Assemblée générale. La répartition des pouvoirs entre ces organes, leur composition et leur fonctionnement reflètent la situation internationale qui prévalait en 1945.

Le Conseil de sécurité, qui détient le pouvoir **exécutif,** est composé de cinq membres permanents disposant d'un droit de *veto* ; ces membres sont les grands vainqueurs du deuxième conflit mondial : les États-Unis, la Russie, le Royaume-Uni, la France et la Chine. Il compte aussi 10 membres temporaires qui siègent pour une période de 2 ans ; ceux-ci sont choisis par l'Assemblée générale. Le Conseil de sécurité peut ordonner des sanctions contre des États (**embargo**) et autoriser l'intervention d'armées dans un conflit, pour le régler par la force.

Pour l'essentiel, les pouvoirs de l'Assemblée générale, qui réunit tous les membres de l'ONU et fonctionne selon le principe « un pays égale un vote », ont une portée symbo-lique. Une des limites majeures de l'ONU est donc que le pouvoir n'y est pas réparti de façon démocratique (grâce à son droit de *veto*, un des cinq membres permanents du Conseil de sécurité peut à lui seul bloquer, en toute fin de processus, une initiative ou une position massivement appuyée par les États membres de l'ONU). Pourtant, sur le fond, les orientations votées par l'Assemblée représentent bien la volonté de la majorité des États de la planète. Enfin, l'ONU a pu, dans certaines circonstances, être un forum de discussion et de négociations internationales important.

>> **Société des Nations**

OPEP

>> **cartel**

Opposition

▨ En politique, il s'agit de l'ensemble des personnes, groupes et **partis** politiques qui s'opposent au **gouvernement** ou à l'autorité politique qui détient le pouvoir. Selon le contexte et le régime en vigueur, l'opposition peut être légale ou illégale, divisée ou unanime, pacifique ou violente, chétive ou puissante.

▨ En **régime parlementaire,** le même terme désigne plus précisément l'ensemble des députés qui ne sont pas membres du parti ou du **groupe parlementaire** au pouvoir. Dans ce même régime, on qualifiera d'opposition « extraparlementaire » celle qui se situe en dehors du **parlement** : mouvements sociaux, groupes de pression, etc.

Opposition officielle

▨ En **régime parlementaire** de type britannique, l'opposition officielle est formée des députés (ou du **groupe parlementaire**) du parti qui s'est classé deuxième quant au nombre des députés qu'il a fait élire au moment des élections générales. Le chef de ce parti (s'il est élu député dans sa propre **circonscription électorale**) devient « chef de l'opposition officielle ». Représentant le deuxième plus grand courant de l'opinion publique, le chef et le parti d'opposition officielle ont droit à des privilèges : moments et temps de parole durant les séances, budgets de recherche, représentations proto-colaires, accès aux médias, etc.

>> **cabinet fantôme**

Oppression

Action d'opprimer, c'est-à-dire de dominer, de réduire à un état de subordination, en usant de moyens abusifs comme la force, la contrainte, la privation de droits, la violence.

>> **coercition**

Orangiste

Au sens strict, membre de l'Ordre d'Orange, association fraternelle de protestants qui vouent une admiration à Guillaume III d'Orange (1650–1702), roi d'Angleterre ayant vaincu les catholiques irlandais et défendu farouchement le protestantisme devant les pressions hégémoniques de la France catholique. L'ordre est fondé en 1795 par des protestants irlandais et essaime un peu partout dans l'Empire britannique, entre autres au Canada à partir de 1830. Le mouvement est réputé pour son opposition à l'émancipation politique des catholiques d'Irlande (notamment en Ulster) comme à celle des catholiques et des francophones du Canada.

Aujourd'hui, dans l'univers canadien, épithète péjorative servant à désigner un Anglo-Saxon à la fois conservateur et intolérant à l'égard des francophones ou des aspira-tions politiques québécoises.

Organisation des États américains (OEA)

Organisation régionale regroupant tous les États d'Amérique sauf Cuba (expulsée en 1962) et le Honduras (suspendu à la suite du coup d'État qui a renversé le président élu José Manuel Zelaya en 2009). Créée en pleine **guerre froide** par les États-Unis, l'OEA fut d'abord un organisme farouchement anticommuniste, une plate-forme continentale dont les Américains se servaient pour combattre les progrès de l'ex-trême gauche en Amérique. Cuba n'est pas le seul État à avoir goûté à la médecine de l'OEA ; le Nicaragua et la Grenade ont eux aussi été sanctionnés pour leurs pen-chants « à gauche ». Depuis le début des années 2000, l'élection de nombreux gou-vernements de tendance **progressiste** (au Brésil, en Bolivie, au Chili, au Nicaragua, au Salvador, au Venezuela, etc.) a fait en sorte que cette chasse aux sorcières a forcément perdu de sa vigueur. En 2009, la résolution de 1962 excluant Cuba a été déclarée nulle et non avenue, offrant la possibilité à Cuba de réintégrer l'organisa-tion. Jusqu'en 2004–2005, le grand chantier des 34 États membres de l'OEA était la **ZLEA,** ou Zone de libre-échange des Amériques, définie au Nord comme une extension de l'**ALENA** à l'ensemble du continent. La présence de gouvernements progressistes latino-américains aux tables de négociation a considérablement ralenti la réalisation de ce projet.

>> **organisation intergouvernementale**

Organisation intergouvernementale (OIG)

▨ Regroupement international mis sur pied par des **États** qui, par l'entremise d'une charte ou d'un traité, s'engagent à poursuivre ensemble un certain nombre d'objectifs, et ce, à l'aide de représentants nommés par chacun des gouvernements impliqués. Ainsi, des organisations comme l'**ONU,** le **Fonds monétaire international** et la **BIRD** réunissent-elles au mieux des gouvernements (mais surtout des **mandataires** de ces derniers) et non les **nations** elles-mêmes, comme leur nom nous porterait à le croire.

Très souvent, ces regroupements fonctionnent selon le principe « un **État** égale un vote », puisqu'ils sont censés former – dans l'esprit, du moins – une sorte d'association volontaire de concertation ou d'entraide entre pays. Cependant, dans les faits, on remarque le plus souvent la prépondérance de l'influence de certaines puissances, qui s'exerce par des dispositifs comme le droit de *veto*, la règle de l'unanimité ou le droit de vote proportionnel. Les OIG sont des **acteurs** à part entière de la scène mondiale, au même titre que les États, et peuvent bénéficier de pouvoirs assez étendus (selon le cas) ; elles sont reconnues par le droit international et bénéficient donc d'une personnalité juridique.

La nature des objectifs qu'elles poursuivent peut varier énormément, selon l'étendue de leur vocation (régionale ou universelle), de leur champ d'action (spécialisé ou général) et de leurs fonctions (offre de services, négociation, intervention, etc.).

Organisation régionale

▨ Créée à la suite d'un **accord** juridique de type confédéral entre des États souverains, il s'agit d'une organisation internationale qui, contrairement à l'**ONU,** qui a une vocation universelle, a des objectifs, des champs d'intervention ou des juridictions se limitant à un continent, à une région, à une vaste aire culturelle ou, encore, à un enjeu d'ordre économique ou militaire. **Acteurs** politiques incontournables des relations internationales contemporaines, leur nombre est sans cesse croissant. À titre d'exemples, mentionnons l'**Organisation des États américains** (l'OEA), l'**Union africaine** (l'UA), la Ligue arabe, la Conférence islamique, l'Organisation de coopération et de développement économique (l'**OCDE**), le **Mercosur,** l'Accord de libre-échange nord-américain (l'**ALENA**), la Asia-Pacific Economic Cooperation (**APEC**), etc.

Organisme gouvernemental

▨ Organisme (souvent coiffé du titre de commission, comité, conseil, agence ou société) mis sur pied et financé par l'**État** à des fins spécifiques qui varient beaucoup d'un cas à l'autre : enquête, recherche, gestion, contrôle, etc. Certains sont permanents alors que d'autres sont créés *ad hoc* (comme les **commissions d'enquête**). Les organismes gouvernementaux sont légion. Mentionnons, par exemple, le Conseil de la radiodiffusion et des télécommunications canadiennes (CRTC), l'Agence canadienne de développement international (ACDI) ou, au Québec, le Conseil du statut de la femme, le Conseil permanent de la jeunesse, la Commission des droits de la personne, etc.

>> **société d'État**

Orthodoxie

▣ Ce qu'affirme la doctrine officielle, le dogme établi, l'esprit comme la lettre de la règle. Dans l'univers religieux, l'orthodoxie correspond à ce qui est officiellement professé et considéré comme vrai par les autorités cléricales.

▣ De façon plus large, scrupuleuse conformité aux textes « sacrés », aux lois ou aux normes dominantes dans un contexte donné (arts, littérature, droit, politique, morale, etc.). Mentionnons, par exemple, ce que les médias désignent comme « l'aile orthodoxe du Parti québécois », constituée des souverainistes dits « purs et durs », aile qui veut que le rôle premier d'un gouvernement de ce parti – peu importe les circonstances et nonobstant le mandat qui lui a été confié lors des élections – soit d'abord et avant tout de préparer et de réaliser la souveraineté du Québec.

>> **étapisme**

OTAN

▣ Organisation du traité de l'Atlantique Nord. **Alliance** militaire créée en 1949 à l'initiative de pays de l'Europe de l'Ouest et de l'Amérique du Nord, alors que la confrontation entre les États-Unis et l'URSS faisait rage. Sa création tient au moins à deux raisons : la volonté de certains États européens de lier la superpuissance américaine (qui possède l'arme atomique) aux problèmes de sécurité qu'ils éprouvent devant l'expansion de l'influence soviétique en Europe, et la volonté des États-Unis d'**endiguer** cette même expansion et d'encercler l'URSS et ses alliés.

Des 28 pays membres de l'OTAN, un peu plus du tiers donnent sur les rives mêmes de l'Atlantique Nord : États-Unis, Canada, Danemark, Islande, Norvège, Royaume-Uni, France, Espagne et Portugal (qui bordent l'Atlantique). L'organisation regroupe aussi l'Allemagne, la Belgique, la Grèce, l'Italie, le Luxembourg, les Pays-Bas et la Turquie. Depuis la chute de l'URSS, l'expansion de l'OTAN se poursuit. En 1997 d'abord, trois pays d'Europe de l'Est y ont été admis : la Hongrie, la Pologne et la République tchèque. Sept autres ont fait leur entrée dans l'OTAN en 2004 : l'Estonie, la Lituanie, la Lettonie, la Bulgarie, la Roumanie, la Slovaquie et la Slovénie. Enfin, l'Albanie et la Croatie ont intégré l'alliance en avril 2009.

L'OTAN est un rejeton de la **guerre froide.** À quoi sert-elle maintenant que cette guerre est terminée ? Diverses réponses sont avancées. D'abord, l'OTAN sert à protéger les intérêts vitaux de ses membres, des pays **capitalistes** faisant presque tous partie de l'**OCDE** ; ensuite, l'OTAN préserve la stabilité du **nouvel ordre mondial.** En étant la plus puissante alliance de la planète, elle peut intervenir militairement dans les conflits (situés bien au-delà de la zone de l'Atlantique Nord…) avec force et rapidité. À certaines occasions, elle le fait sous un mandat du Conseil de sécurité, ce qui fait dire à certains qu'elle joue de plus en plus le rôle de « bras armé de l'ONU ».

OUA

>> **Union africaine**

Pacte

>> convention, traité

Pacte de Varsovie

Alliance militaire qui regroupait autour de l'URSS ses **États satellites** en Europe de l'Est durant la **guerre froide** : Albanie, Bulgarie, Hongrie, Pologne, République démocratique allemande (RDA), Roumanie et Tchécoslovaquie. Fondé en 1955, le Pacte se voulait une réponse à la création d'alliances militaires antisoviétiques par les pays d'Europe de l'Ouest et les États-Unis (**OTAN** et Union de l'Europe occidentale), et plus spécialement à l'inclusion de la République fédérale d'Allemagne (RFA) en leur sein. Si l'on fait le bilan des interventions militaires du pacte de Varsovie, on peut constater qu'en définitive, il a surtout servi à sauvegarder les intérêts de l'URSS dans sa **zone d'influence** en Europe. Il fut dissous en 1991.

Paradigme

Modèle, cadre général de référence, système de représentation en fonction duquel les êtres humains analysent la réalité. En science, selon Thomas Kuhn (1922–1996), qui a popularisé la notion dès 1962, un paradigme correspond à un ensemble théorique structuré, formé de lois et d'hypothèses, admis par la plupart des chercheurs constituant la communauté scientifique. La notion a été reprise par la suite en sociologie, en philosophie, en science politique, etc.

Paradis fiscaux

Contrairement à l'image véhiculée par les médias, les paradis fiscaux sont plus que des îles paradisiaques où les riches déposent leur fortune dans des banques afin d'éviter le fisc. Ce sont des villes, des territoires, des pays où les lois sont permissives au point où l'on parle de zones de non-droit. Le terme anglais *offshore*, littéralement « hors des côtes », désigne une extraterritorialité plus juridique ou politique que géographique. Parmi les caractéristiques de ces juridictions dites de complaisance, Jacques B. Gélinas mentionne l'absence de taxation, le secret bancaire (qui permet de cacher l'origine et la destination des capitaux, le blanchiment d'argent provenant du crime organisé, etc.), des procédures d'enregistrement expéditives et peu coûteuses, la liberté totale des mouvements de capitaux, l'absence de loi concernant le monde du travail ou l'environnement, etc.

En plus des îles Caïmans, de la Barbade et autres Monaco, les exemples vont des États du New Jersey et du Delaware, aux lois sur l'impôt plus que libérales depuis 1880, à Halifax, devenue ville financière *offshore* en 2006, en passant par la Suisse, où le secret bancaire est légal depuis 1936, et le Québec, « paradis des compagnies minières » selon l'Institut Fraser, ***think tank*** canadien. On évalue actuellement le nombre de juridictions de complaisance à 80 (Deneault, 2010, p. 52). On y retrouve plus de 16 000 milliards de dollars appartenant à de grandes fortunes, 54 % des dépôts internationaux y transitent et la moitié du stock total des investissements directs à l'étranger passe par les paradis fiscaux. Au moins 100 milliards de dollars canadiens y seraient investis (Gélinas, 2008, p. 225).

Plus que la simple évasion fiscale, ces « paradis » permettent « le financement d'organisations, de sociétés, d'acteurs, ainsi que de structures par lesquelles il devient de plus en plus aisé pour eux de dominer les États de droit et de mener hors la loi leurs politiques privées. [...] Frauder le fisc ne se résume plus dès lors à économiser des coûts, mais consiste à mettre à mal le financement des institutions publiques et par conséquent la notion même de bien public, pour constituer, *offshore*, des pôles de décision occultes sur des questions d'envergure historique » (Deneault, 2010, p. 8).

>> **zone franche**

Parlement

Assemblée délibérante de certains États, titulaire du pouvoir **législatif.** Y sont examinées et discutées les affaires publiques, et étudiés, débattus et votés des projets de loi. Le parlement a aussi comme fonction de contrôler le **gouvernement.** Généralement composé de **députés,** un parlement peut être monocaméral (formé d'une seule **chambre,** c'est le cas au Québec avec l'**Assemblée nationale**) ou bicaméral (formé de deux chambres, comme c'est le cas au Canada, avec la **Chambre des communes** et le **Sénat**).

Parlementaire

Personne qui est membre d'une assemblée ou d'une **chambre** constituant un **parlement** ou en faisant partie : **député** et sénateur, par exemple. Généralement élus, les parlementaires représentent le **peuple** et exercent, en son nom, le pouvoir **législatif.**

Dans la typologie classique des **régimes** politiques, ce terme qualifie un régime caractérisé par la collaboration des pouvoirs **exécutif** et **législatif,** le premier étant issu du second et redevable devant lui dans le cadre des travaux réguliers du **parlement.**

>> **régime parlementaire**

Parti

Appareil créé dans le but de prendre le pouvoir politique et de le conserver ; il s'agit donc d'une organisation durable, pourvue d'un **programme politique** et qui recherche l'appui de la population en vue d'être portée au pouvoir.

Dans les démocraties occidentales, les partis sont des associations volontaires de citoyens et de citoyennes ; souvent, l'essentiel de leurs préoccupations est de remporter les élections. Les activités d'un parti politique peuvent être fort variées : outre la diffusion de leur message, la sollicitation, le financement (par exemple, collecte de fonds) et les débats entourant l'adoption du programme, le parti peut jouer le rôle de canal entre les aspirations de la population et le gouvernement, ou encore travailler à l'enracinement, dans l'opinion publique, d'un projet de société, d'une cause précise. Ainsi, certains distinguent les partis d'idées des autres (voir ***catch-all party***). Les premiers ont ceci de particulier que l'exercice du pouvoir n'est pas leur objectif prioritaire à court terme. La ronde électorale sert plutôt de tremplin à la diffusion de leur message, à la propagation de leurs idées.

>> **bipartisme, électoralisme, multipartisme**

Parti courtier

Notion-clé de la science politique canadienne, voulant que l'enjeu de la vie politique, pour les partis, consiste à rallier le plus grand nombre d'électeurs en proposant, au moindre coût possible, les engagements électoraux qui vont convaincre, à la pièce, une myriade de segments de la population ayant chacun des intérêts très spécifiques à satisfaire. Le parti serait donc, en quelque sorte, un courtier en politiques (publiques), dont le but est de troquer celles-ci contre le maximum de votes, tout en cherchant à réduire le prix politique de ces nouveaux votes – donc sans s'aliéner les bastions traditionnels de son électorat.

Historiquement, le Parti libéral et le Parti conservateur seraient les deux formations passées maîtres dans l'art de bâtir à bas prix ces grandes coalitions électorales pancanadiennes, en canalisant l'attention et le débat sur des enjeux modestes ou locaux, balayant trop souvent sous le tapis les grands clivages sociaux qui divisent le pays (classes sociales, nations, questions morales, etc.). Inversement, le NPD, lié dans le passé aux syndicats et aux fermiers, aurait obéi à une autre logique, de même que les partis dits régionaux (par exemple le Reform party ou Alliance canadienne, pour l'Ouest, et le Bloc québécois, pour le Québec).

>> *catch-all party*, **électoralisme**

Parti d'opposition

Désigne le ou les **partis** politiques opposés au parti (ou à la **coalition** de partis) qui détient le pouvoir.

En **régime parlementaire** de type britannique, on distingue parmi les partis d'opposition le parti de l'**opposition officielle.** Ce dernier est le parti politique qui s'est classé deuxième quant au nombre de députés élus au **Parlement.** Dans l'ensemble, les partis d'opposition sont tous les partis qui ont fait élire des députés aux dernières élections, à l'exception du **parti ministériel,** qui exerce le pouvoir.

En plus de participer à l'exercice du pouvoir **législatif,** les députés des partis d'opposition (ou, encore, les **groupes parlementaires** de l'opposition) ont comme fonction, en **chambre,** de questionner, de critiquer et d'exiger que le pouvoir exécutif réponde publiquement de la gouverne des affaires de l'État (c'est la **responsabilité ministérielle**).

Parti ministériel

En **régime parlementaire,** le parti ministériel (qu'on appelle aussi, au Québec, le « groupe » ministériel) est celui qui fait élire le plus de députés aux élections générales et qui contrôle donc le plus de **sièges** à l'**Assemblée législative.** Son chef, s'il est élu dans sa circonscription, devient **premier ministre,** donc chef du gouvernement. Il a le privilège de choisir, parmi les membres de son **caucus,** ceux qui deviendront ses **ministres.**

Parti unique

▨ Le régime de parti unique est caractérisé par l'**hégémonie** complète d'un seul parti sur la vie politique du pays – donc par l'interdiction de tous les autres partis. On trouvait les régimes de parti unique dans les États **fascistes** (Allemagne, Espagne, Italie, Portugal, sur des périodes de longueur variable au xxᵉ siècle) et on les trouve encore dans les États **communistes** (Corée du Nord, Chine, Cuba, Laos, Vietnam, etc.), ainsi que dans d'autres pays (Érythrée, Syrie, etc.).

Dans ce type de régime, le parti devient un organe extrêmement puissant qui non seulement dirige le gouvernement, mais cherche aussi à contrôler toutes les institutions publiques et à établir son influence sur toutes les forces vives de la société. Son appareil hautement structuré et hiérarchisé peut devenir à la fois un réseau de renseignements, une machine de **propagande,** une pépinière de cadres et de fonctionnaires pour l'État et le seul lieu autorisé où s'expriment les tendances et se joue le jeu politique.

Partisan

▨ Relatif à un **parti,** à une cause.

▨ Personne engagée dans la défense d'une **idéologie** ou d'un **régime.**

▨ De façon plus précise, le terme peut désigner un combattant engagé dans une organisation militaire clandestine. Ce fut le cas, notamment, des combattants antifascistes français, italiens ou grecs pendant la Seconde Guerre mondiale. « Guerre de partisans » : **guérilla.**

>> guérillero

Partisanerie

▨ Terme utilisé surtout au Québec pour désigner l'attitude de certains **acteurs** préoccupés exclusivement par les intérêts de leur **parti.** Il s'agit d'un type de dévouement à une cause ou à une **doctrine** qui conduit à la partialité, à l'intransigeance et au **sectarisme.**

>> dogmatisme

Partition

▨ Action de procéder à la scission d'un territoire (État, ville, etc.), le plus souvent sur des bases idéologiques, dans un contexte de **guerre,** de **guerre civile** ou de **guerre froide.** Le résultat de ce démembrement est forcément arbitraire et artificiel : partition de l'Irlande en 1920, partition de l'Allemagne en 1948, partition de la Corée en 1953, partition de Chypre en 1974 et, plus tard, partition de l'URSS après 1989 et de la Yougoslavie après 1990. Synonyme : morcellement.

Sur la scène québécoise, durant les années 1990, dans le cadre d'un chantage exercé contre le mouvement souverainiste, une poignée d'extrémistes a évoqué le scénario de la partition du territoire provincial dans l'hypothèse où la population du Québec voterait « oui » à un référendum sur la souveraineté.

>> balkanisation

PAS

>> ajustement structurel

Patriarcat

▦ «Terme employé en sociologie pour désigner un type d'organisation sociale où l'autorité familiale et politique est exercée par les hommes, chefs de famille» (Rey, 1992, p. 1452).

▦ Selon la pensée féministe, le patriarcat est un système organisé de domination masculine qui soutient le type de rapport d'autorité exercé par le chef de famille sur sa femme et ses enfants et le reproduit à l'échelle de la vie économique et des institutions publiques. Le système patriarcal remonterait à l'époque où s'est généralisé le modèle familial conjugal dit «moderne» – prévalant encore de nos jours – fondé sur la monogamie (plus précisément sur la fidélité de la femme envers son époux), le pouvoir prépondérant de l'homme au sein de la famille et, enfin, la propriété individuelle. L'ensemble des formes d'oppression et d'exploitation systématiques des femmes, à travers les époques et les **modes de production** (féodal, capitaliste, socialiste, etc.), trouve donc sa raison d'être dans l'existence d'une structure organisée, universelle et plusieurs fois millénaire : le patriarcat.

>> **chauvinisme, phallocrate, sexisme**

Patriotisme

▦ Amour de la patrie. Cet attachement sentimental à son pays est souvent lié à une forme d'engagement pour sa défense, engagement pouvant aller jusqu'au sacrifice ultime en cas de conflit armé.

>> **chauvinisme, nationalisme**

Patriotisme constitutionnel

▦ Notion développée par le philosophe Jürgen Habermas et répondant au besoin, pour des sociétés pluriethniques, de proposer un attachement à l'**État** fondé sur d'autres critères que la race, la nation, la religion ou les origines ethnoculturelles. En lieu et place, le patriotisme constitutionnel met de l'avant une identification à l'État s'appuyant sur des principes républicains comme l'**État de droit,** le respect des droits humains fondamentaux, la démocratie, le **pluralisme,** etc. Pour la politologue Diane Lamoureux, il s'agit d'un «mécanisme correspondant aux principes d'une société libérale et démocratique permettant de désethniciser la citoyenneté en remplaçant les filiations culturelles, qui sont par définition spécifiques, par une adhésion à des institutions et à des symboles politiques relevant de l'universalisable» (Lamoureux, 1995, p. 132).

Au Québec et au Canada, la notion est souvent invoquée dans les débats entourant la définition de l'identité. Par exemple, on s'en sert afin de distinguer l'identité collective canadienne et le **nationalisme** canadien (fondés en principe sur des institutions et symboles comme la **Charte canadienne des droits et libertés,** la citoyenneté canadienne, le parlementarisme, etc.) du nationalisme québécois qui reposerait, lui, sur des traits identitaires spécifiques (langue, culture, code civil, etc.).

Patronage

>> **favoritisme**

Péréquation

▣ Principe de redistribution égalitaire dans une situation où il y a déséquilibre. Il peut s'agir d'une plus juste redistribution de ressources, de coûts, de produits, etc.

▣ Au Canada, un mécanisme de péréquation, mis de l'avant par le gouvernement fédéral en 1957, vise à équilibrer les revenus fiscaux des différents gouvernements provinciaux. Selon une formule plusieurs fois renégociée et modifiée dans le cadre des relations fédérales-provinciales, le gouvernement central contribue à permettre aux provinces « moins riches » de disposer de revenus fiscaux plus équitables par rapport aux provinces plus prospères.

>> **transferts fédéraux**

Pérestroïka

▣ Mot russe signifiant « restructuration ». **Politique** réformatrice mise de l'avant à partir de 1985 par le gouvernement du Parti communiste d'Union soviétique, sous la direction de Mikhaïl Gorbatchev (1931–). Cette politique visait à donner un nouveau souffle à la vie économique en URSS en restructurant l'intervention de l'État, par exemple en autorisant l'initiative privée dans un certain nombre de secteurs, en s'ouvrant aux capitaux étrangers dans le cadre de partenariats, en transférant des terres à de petits producteurs agricoles, etc. La *pérestroïka* a connu son terme en 1991 avec la fin du régime communiste, qui a coïncidé avec la dissolution de l'Union soviétique.

>> *glasnost*

Périphérie

>> **centre/périphérie**

Peuple

▣ Terme dont l'usage s'apparente à celui de **population,** mais qui a une signification plus précise : il désigne l'ensemble des **citoyens** d'un pays. Les expressions « s'en remettre au peuple » et « aller devant le peuple » sont courantes. Liée à la définition même de la démocratie (gouvernement du peuple, par le peuple, pour le peuple), cette notion incarne l'idée « d'un espace public de citoyens égaux qui organisent leur destin commun. C'est le "vouloir vivre ensemble" qui légitime, au-delà des divergences d'opinions, l'autorité des dirigeants. Il constitue un ciment essentiel de la démocratie, […] [fonction] qu'institutions et procédures ne peuvent remplir » (Robert, 2003, p. 7).

▣ En **relations internationales,** l'usage du terme « peuple » tend à se confondre avec celui de **nation.** Ainsi, l'ONU reconnaît le « droit des peuples à disposer d'eux-mêmes ». Toutefois, certains insistent pour établir des nuances entre les deux concepts : « [Une] hiérarchie implicite s'est établie dans les discours politiques : la nation est considérée comme une catégorie supérieure au peuple. En référence à l'évolution historique, les nations sont perçues comme des ensembles plus évolués et plus explicitement politiques ; chacune d'elles a constitué un État indépendant [...] ou sur le point de devenir indépendant, alors qu'un peuple est considéré comme un ensemble "moins avancé" vers ce "stade" et qu'il est défini par des caractéristiques plus culturelles que politiques » (Lacoste, 1993, p. 1218).

>> **ethnie**

Phallocrate

De *phallus* (membre viril en érection) et *kratos* (puissance, force). Celui qui est convaincu de la supériorité du genre masculin. Cette conception, érigée en système (la phallocratie), conduit à la domination des hommes sur les femmes, et ce, tant sur les plans social ou institutionnel que privé.

>> **chauvinisme, sexisme**

Plate-forme électorale

Ensemble du discours et des engagements pris par un **parti** ou par un candidat en période électorale. Généralement, il s'agit d'éléments spécifiques de leur programme politique, éléments qui sont particulièrement importants ou alors directement liés aux grands débats de l'heure. L'expression vient du fait qu'anciennement, en Amérique, les **politiciens** utilisaient principalement le train pour rejoindre la population et faire campagne ; ils prononçaient souvent leurs discours électoraux de la plate-forme du wagon de queue du train.

>> **programme politique**

Plébiscite

Du latin *plebiscitum*, littéralement : décision du peuple. Consultation populaire qui vise à renouveler la confiance dans le gouvernement ou en son dirigeant. Le **référendum,** qui porte habituellement sur une question précise, peut, comme une élection générale, avoir un caractère plébiscitaire impliquant le maintien ou le rejet de l'autorité en place.

En droit international, le plébiscite (tout comme le référendum) désigne de façon plus précise une consultation permettant à une population de se prononcer sur son statut international : annexion à un autre État, séparation, accès à l'**indépendance** nationale, etc.

Ploutocratie

Du grec *ploutos* (richesse) et *kratos* (pouvoir). **Régime** politique où le **pouvoir** est contrôlé par les riches. Qualificatif parfois attribué, par dérision, aux **démocraties libérales.**

Pluralisme

Principe qui consiste à admettre la diversité et la libre expression des idées politiques et économiques ou, encore, des croyances religieuses. Associé au **libéralisme politique,** le pluralisme est généralement l'objet de garanties constitutionnelles : libertés de pensée, de croyances, de presse, d'association, etc. Politiquement, le pluralisme est associé à la **démocratie** et se traduit concrètement par l'existence et la libre concurrence de plusieurs partis politiques (**bipartisme** ou **multipartisme**), de même que par la multiplication des **groupes de pression.**

Pluralité

S'agissant d'un scrutin, le mot pluralité désigne le plus grand nombre de voix. On dit aussi **majorité** simple ou relative.

Plus-value

Gain réalisé par le **capitaliste** grâce à la différence existant entre le prix qu'il paie à un ouvrier pour une journée de travail (le salaire payé à l'ouvrier) et la valeur créée par ce même ouvrier après une journée de travail dans son entreprise. Ce gain est à la base même du profit, motivation essentielle du capitaliste.

Selon Karl Marx (1818–1883), la force de travail (que vend l'ouvrier) est une marchandise comme les autres, dont la valeur est déterminée, comme toute marchandise, par la quantité de travail qui y a été incorporée. Cependant, la force de travail a une caractéristique bien particulière : le coût d'entretien de cette marchandise et celui de sa reproduction (représentés par le salaire) sont moins élevés que la valeur produite par cette même marchandise, sur les lieux de travail. Cette différence est exploitée par le capitaliste, à son propre bénéfice.

PMA

Pays les moins avancés. Catégorie définie au sein du système des Nations Unies « à partir de trois critères : PNB par habitant inférieur à 100 dollars (au prix de 1968) ; valeur ajoutée de l'industrie inférieure à 10 % du PIB ; analphabétisme supérieur à 20 % des plus de 15 ans » (Piriou, 1996, p. 85–86). Selon le Conseil économique et social de l'ONU, la liste des PMA comptait 49 pays en 2009, répartis ainsi : 33 en Afrique (Angola, République démocratique du Congo, Soudan, etc.), 10 en Asie continentale (Afghanistan, Myanmar, Népal, etc.), 5 dans la région du Pacifique Sud (Kiribati, Tuvalu, etc.), et 1 en Amérique latine et Caraïbes (Haïti).

>> **indice de développement humain, quart-monde**

Polarisation

Processus menant au regroupement de forces, d'acteurs ou de tendances politiques autour d'un ou de plusieurs pôles. Ainsi, selon les situations, on sera en présence de l'un de ces phénomènes : **unipolarité, bipolarité, multipolarité.**

Polis

Mot grec généralement traduit en français par **cité.** En **science politique,** les concepts de *polis* et de cité occupent une place de premier ordre. Pour les Grecs de l'Antiquité, le *polis* correspondait à une réalité géographique à laquelle une population s'identifiait (la ville, le cas échéant son port, les terres avoisinantes, les villages périphériques, etc.), mais aussi, et surtout, le *polis* grec correspondait à une réalité politique : un pouvoir organisé et **souverain,** régissant par une loi commune le territoire et la population de la Cité.

Dans ce sens, la Cité grecque s'apparente à l'**État** moderne. Le *polis* grec représente plus que la ville moderne (qui n'est pas souveraine au sens strict du terme) et moins que l'État moderne (qui recouvre une réalité plus importante sur le plan quantitatif). On qualifiera donc le phénomène de cité-État (ou, encore, d'État-cité).

Il s'agit là d'une des plus anciennes manifestations du phénomène politique, les hommes se regroupant en fonction de besoins et d'idées (les **idéologies** politiques) et s'organisant sur la base d'une loi commune (les **régimes** politiques). La réflexion, le questionnement et l'étude de ce phénomène, dès l'Antiquité (chez Hérodote, Thucydide, Platon et Aristote, par exemple), donneront naissance à la science politique.

Politicien

Personne qui occupe ou tente d'occuper un poste, généralement électif et rémunéré, au sein d'une **institution** politique décisionnelle (**parlement, Chambre** d'assemblée, **Sénat,** conseil municipal, etc.). Peu importe la bannière sous laquelle ils se présentent, qu'ils soient candidats défaits ou victorieux, au pouvoir ou dans l'opposition, **députés,** sénateurs, **ministres,** ou encore conseillers municipaux ou maires, les politiciens font de **« la » politique** une profession, voire une carrière, tout au moins pendant un certain temps. Le terme peut avoir une connotation péjorative, les politiciens étant associés à l'**électoralisme.** Tout en étant des synonymes de politicien, les expressions « homme politique » et « femme politique » n'ont pas la connotation péjorative du premier terme.

Politicologue

>> politologue

Politique (la)

La politique fait référence à l'action politique : faire de la politique signifie participer activement à des discussions, à des débats, à des **conflits** qui sont d'intérêt public. C'est donc défendre des intérêts, des idées, des valeurs et, ultimement, participer à la dynamique, à la vie de la **Cité** et tenter d'en influencer la gouverne.

Ainsi, on peut très bien faire de la politique en s'impliquant dans son syndicat ou en le dénonçant, en participant à une grève étudiante ou en étant contre, en fondant un groupe écologiste ou en finançant une entreprise pollueuse, etc.

« La politique ne se limite pas à l'activité **partisane,** mais inclut toutes celles qui favorisent la participation des **citoyens** […]. On ne peut plus accepter aujourd'hui que la tradition ou la foi détermine à notre place ce qui est bien. Le salut provient de la délibération. Et la délibération est au cœur de la politique. La politique est le seul moyen de contrer la bureaucratie, le déterminisme technologique, l'**hégémonie** des pouvoirs économiques et la **tyrannie** des experts » (Venne, 2001, p. A6).

Politique (le)

▨ Du grec *polis*. Phénomène propre aux êtres humains, qui consiste principalement – mais non exclusivement – à vivre en **Cité,** en État. Le phénomène politique peut être abordé sous deux angles essentiels : il s'agit d'un groupe de personnes (l'angle sociologique) organisé (l'angle institutionnel) qui doit faire face à des réalités ou à des problèmes d'intérêt public exigeant que des choix soient faits, que des décisions soient prises.

Dans un premier temps, nous sommes en présence d'un groupe de personnes, d'une société humaine (allant du simple village à la communauté internationale), regroupant plusieurs **acteurs** aux intérêts et valeurs qui peuvent converger, diverger ou s'opposer, et qui animent la vie de la société. La nécessité de faire des choix ou de prendre des décisions politiques (qui concernent donc l'ensemble de la Cité) engendre des **conflits** et des rapports de pouvoir (pouvant aller de la simple discussion à l'affrontement armé) opposant acteurs et **idéologies.**

D'autre part, ce groupe ou cette société sont organisés. Des règles, des mécanismes, des **institutions** ont été développés dans le but de régir, de contrôler ou encore de policer la vie de la société ou la dynamique politique. Ce pouvoir organisé (qui est aussi un des enjeux des conflits entre les acteurs) vise donc l'intégration des acteurs et la régulation des conflits, et tente d'assurer la gouverne de la société. L'organisation et le fonctionnement du pouvoir, les modes de **gouvernement,** donc les **régimes** politiques, constituent le deuxième aspect du phénomène politique.

Le politique, qui est aussi l'objet d'étude de la **science politique,** ne se laisse pas cerner facilement. Bien que l'État, cité des **temps modernes,** soit une des principales manifestations du phénomène politique, ce dernier est beaucoup plus vaste. En effet, l'espace du politique ne saurait être limité aux seuls politiciens, confondu avec l'**électoralisme** ou restreint aux cadres de l'État. Nombreux sont les types d'acteurs politiques (allant du simple **citoyen** aux **organisations intergouvernementales**) et les lieux où le pouvoir s'exerce : le couple, la famille, l'école, la communauté de croyants, le travail, les médias, l'économie, etc., sont autant de manifestations du phénomène politique.

» **science politique**

Politique (une)

▨ Ensemble des principes qui orientent les prises de position ou les attitudes d'un **acteur** politique. Par exemple, on parlera du conservatisme d'un individu, de la politique néolibérale d'un parti politique, de la politique de gauche d'un gouvernement, etc.

▨ Ensemble des règles ou des lois régissant un secteur d'activité. Par exemple, on parlera de la politique vestimentaire d'une école, de la politique d'embauche d'une entreprise, de la politique fiscale ou linguistique d'un État, etc.

» **politique étrangère, politique intérieure**

Politique étrangère

▨ Ensemble des orientations, décisions et conduites adoptées par un gouvernement sur le plan des relations extérieures, c'est-à-dire des relations d'un **État** avec le reste de la planète.

Politique intérieure

▨ Ensemble des orientations, décisions et conduites adoptées par un gouvernement dans le cadre des relations avec les citoyens et autres **acteurs** présents sur le territoire national.

Politologue

▨ Synonyme : politicologue. Spécialiste de la **science politique.** Plus rarement, et en Europe surtout, le synonyme « politiste » est aussi utilisé.

Population

▨ Terme générique pour l'ensemble des habitants d'un pays, d'une **province,** d'un territoire, d'une ville, etc. Terme neutre qui ne présume pas de l'existence d'une nation unitaire ni ne tient compte du statut des habitants en question (citoyens ou pas, immigrants ou non, etc.).

Populisme

▨ Sur le plan politique, discours et attitudes de certains dirigeants, fondés sur les opinions et les pressions populaires plutôt que sur les convictions politiques. Le populisme est le fait de **politiciens** ou de dirigeants charismatiques, de tendance plus ou moins autoritaire, qui prétendent représenter le peuple (réduit aux termes de « monde ordinaire », de « classe moyenne » ou, encore, de « majorité silencieuse »), promettant de lui redonner le droit de parole et le pouvoir « usurpés ». Ils se présentent généralement comme les champions de la stabilité politique et économique, voire de la loi et de l'ordre, d'une certaine forme de justice sociale et d'intervention de l'État (travail pour tous, contrôle des salaires, politique fiscale rigoureuse, **protectionnisme,** etc.) et d'un **nationalisme** plus ou moins exclusif.

Postmodernité

▨ Notion très contestée dont la signification en sciences humaines reste pour le moment assez imprécise.

Selon la plupart des auteurs qui utilisent ce concept et revendiquent sa pertinence, le terme suggère qu'en Occident, nous entrons depuis 30 ans dans une nouvelle ère, une nouvelle période historique. Les **temps modernes** sont révolus. À l'instar de la Renaissance, cette charnière entre le Moyen Âge et les temps modernes, la postmodernité serait une période pivot, qui annonce la venue d'une nouvelle époque dans l'histoire de l'humanité. Notre rapport au monde est à nouveau profondément bouleversé, tout comme ce fut le cas à l'aube des temps modernes. Dans leur vie culturelle, sociale, économique, politique et spirituelle, les êtres humains sont littéralement en train de changer de **paradigme.** Le projet des Lumières est épuisé. Les êtres humains ne se définissent plus du tout de la même façon. Conséquemment, leur façon de vivre est en train de changer radicalement, notamment sur le plan politique (Boisvert, 1995, p. 67–105).

Toujours selon les défenseurs du concept de postmodernité, c'est la fin des **idéo-logies.** La **classe politique** opère en vase clos. Les citoyens ne croient plus ni aux **partis,** ni aux **classes sociales,** ni aux **nations**; ces catégories sont périmées. Avec la sphère privée qui revendique plus d'espace, c'est **le politique** qui prend de nouvelles formes: ici le triomphe de la majorité silencieuse, là une **société civile** ultra-pluraliste mais expurgée de toute logique **partisane,** là encore ces jeunes qui font du *no future* un programme. Même l'**État** changerait de nature: il subirait une dynamique d'éclatement, sous l'influence d'une myriade de petites communautés locales réclamant leur autonomie au nom d'une identité spécifique et d'une logique du *small is beautiful.*

Pouvoir

- Au sens large, être en mesure ou avoir la capacité d'agir ou de faire quelque chose (liberté, autonomie, **indépendance, souveraineté**).

- Caractérise un certain type de relations ou de rapports sociaux. Dans ce sens, il s'agit de la «capacité d'un individu ou d'un groupe d'exiger et d'obtenir d'un autre individu ou groupe la réalisation de ce que ces derniers n'auraient pas fait spontanément» (Debbasch et Daudet, 1992, p. 342). Synonymes: influence, autorité, force.

- Droit (exercé par des individus, des groupes ou des institutions) ou capacité légale, donc codifiée, de prendre des décisions exécutoires, de statuer, de décréter, d'ordonner ou de trancher. Dans un sens plus précis, synonyme d'autorité ou de pouvoir public (municipal, régional ou national) et, ultimement, du pouvoir de l'État. Dans ce cas, le pouvoir est fondé, en dernière instance, sur le monopole de la contrainte physique.

  Souvent honni parce qu'il est associé à des situations de domination, de privilèges et d'inégalités, le pouvoir peut aussi être considéré comme une garantie contre le désordre et la base de la paix civile. Objet d'étude privilégié en **science politique,** le pouvoir est à la fois le produit des inévitables conflits d'intérêts ou d'idées qui opposent les différents **acteurs** politiques au sein de la **Cité** et le moyen de contenir ou de policer ces mêmes conflits.

PPP

- S'inscrivant dans le contexte du **néolibéralisme,** les partenariats public-privé (PPP) ont connu une popularité importante dans certains pays de l'OCDE depuis le début des années 1990. Il s'agit pour les gouvernements et les municipalités de faire appel à des entreprises privées pour financer, mettre en place ou gérer des équipements ou des services destinés au public (hôpitaux, autoroutes, gestion de l'eau, sécurité publique, etc.). Dans le cadre de contrats à long terme, variant de 25 à 99 ans, les entreprises sont rétribuées par l'État, qui leur garantit un montant annuel indexé, ou par des tarifs versés par les usagers.

  Selon Jacques B. Gélinas, les avantages escomptés sont, entre autres, le transfert des risques au privé, une baisse des coûts grâce au jeu de la libre concurrence et l'efficacité propre à l'entreprise. Or, les analyses démontrent que l'expérience des

PPP est loin d'être concluante. Dans tous les cas de figure, si le projet est rentable, l'entreprise engrange les profits, alors que les contribuables assument les coûts des infrastructures, des services et, donc, les profits de l'entreprise. Par contre, s'il y a déficit ou abandon du projet, c'est l'État et donc les contribuables qui devront le sauver à grands frais et assumer les pertes (Gélinas, 2008, p. 236). On parlera alors de PPPP : Profits Privés, Pertes Publiques! Le gouvernement libéral de Jean Charest en est venu à abolir, en 2010, l'Agence des partenariats public-privé du Québec qu'il avait lui-même mise en place en 2004.

Prébende

- Du latin *praebendus*, qui doit être fourni. Allocation généreuse rattachée à une fonction ou à une charge publique, attribuée le plus souvent par le régime en place à une personne qui l'appuie.

Précédent

- Fait, manière d'agir ou décision antérieure qui peut servir d'exemple et permettre de comprendre ou de justifier une situation analogue.

- Sur le plan judiciaire, jugement qui établit des principes susceptibles d'être invoqués dans des causes similaires à venir. L'ensemble de ces jugements constitue la **jurisprudence.**

Premier ministre

- En régime parlementaire, le premier ministre est chef du gouvernement, donc responsable du pouvoir **exécutif.** Il nomme (et démet) les ministres et dirige le cabinet ou le conseil des ministres.

- Sauf exception, le premier ministre est le chef du parti politique qui a la confiance du **parlement** ou de la **chambre.** Normalement, il s'agit du chef du parti qui a fait élire le plus grand nombre de candidats aux élections générales (pourvu qu'il soit lui-même élu député).

Prérogatives

- Du latin *praerogativa*, qui vote le premier. Au sens large, il s'agit d'un **pouvoir,** d'un avantage ou d'un privilège attribué à un groupe particulier, aux détenteurs d'une fonction ou aux membres d'un État.

- De façon spécifique, dans le droit constitutionnel britannique, donc au Canada et au Québec, l'expression « prérogatives royales » désigne les pouvoirs absolus que détenait le roi, pouvoirs qui sont désormais exercés par le premier ministre.

  » **aristocratie, nomenklatura**

Président

- Celui qui dirige une assemblée, un groupe ou une société et dont les fonctions sont d'organiser le travail, de diriger les débats, de maintenir l'ordre, d'être le porte-parole officiel et, parfois, de trancher relativement à certaines décisions.

◼ Personnage de premier plan dans une **république** : le président en est le **chef d'État.** Il en est ainsi en **régime présidentiel,** où le président peut cumuler les fonctions de chef d'État et de chef du gouvernement.

Prévarication

◼ Geste illégal ou très douteux posé par un fonctionnaire, dans le cadre de son travail, pour son propre bénéfice ou celui d'un proche : abus de pouvoir, détournement de fonds, malversation, trafic d'influence, corruption, exaction, **népotisme,** etc. À l'échelle de la planète et depuis des siècles, mettre un terme à la prévarication est l'objectif officiel de maintes administrations publiques et de maints gouvernements…

>> **favoritisme**

Primaires

◼ Dans le processus de désignation du candidat à la présidence des États-Unis, les primaires sont une étape décisive pour chacun des deux grands partis. Elles ont lieu de janvier à juin, durant l'année où se tient l'élection présidentielle. Chaque État définit les règles des primaires se déroulant sur son territoire et la date précise de celles-ci varie d'un État à l'autre. À la base, les primaires permettent aux membres ou sympathisants de chacun des partis d'exprimer leur préférence quant à savoir qui doit porter les couleurs de la formation politique lors du scrutin présidentiel. Au fil des mois, le procédé permet l'élimination de candidats moins populaires et le ralliement de leurs électeurs autour, habituellement, des deux principales figures de chaque parti. Le couronnement du vainqueur se fait lors de la convention nationale du parti, sur la base du nombre de délégués obtenus par chaque candidat lors des primaires.

Les types et modalités des primaires varient beaucoup d'un État à l'autre ; toutefois, dans tous les cas, les électeurs expriment leur préférence par bulletin secret. Certaines primaires laissent davantage de place aux électeurs dits indépendants, c'est-à-dire qui ne sont pas identifiés à un parti précis lors de leur inscription sur la liste électorale. En ce cas, elles permettent de « tester » la popularité des nombreux candidats à la présidence auprès de l'électorat. Dans quelques États, on tient des **caucus** à la place des primaires.

Bien que les primaires présidentielles soient les plus médiatisées et fassent l'objet de la plus grande attention, le processus des primaires est également employé à d'autres échelles, pour désigner, notamment, les candidats au **Congrès** et au pouvoir législatif de chaque État.

Primauté du droit

>> **État de droit**

Prince

◼ Depuis la publication, en 1513, du livre de Machiavel (Niccolò Machiavelli) intitulé *Le Prince*, l'expression désigne plus que le titulaire d'un titre de noblesse, soit, de façon générale, celui qui exerce le pouvoir, le détenteur de la **souveraineté.**

>> **machiavélique**

Privatisation

▨ Cession (ou, dans certains cas, rétrocession) au secteur privé de la propriété ou de la gestion d'une entreprise ou d'un service jusque-là contrôlé par le secteur public, donc par l'État. Faisant partie des grandes stratégies du **néolibéralisme,** la privatisation est présentée par la **droite** comme un des éléments de solution aux difficultés économiques et budgétaires de l'État. Les partenariats public-privé (**PPP**) représentent une forme de privatisation plus *modérée* qui a connu une certaine popularité auprès de nombreux pouvoirs publics (le gouvernement du Québec et de nombreuses municipalités, entre autres).

Pro-choix/pro-vie

▨ Termes réservés au débat sur l'avortement. Les pro-choix sont les personnes appuyant autant le droit des femmes à disposer librement de leur corps que l'aptitude des couples à choisir dans quel contexte et à quel moment ils veulent fonder une famille. Les pro-choix sont donc favorables au droit à l'avortement. Inversement, les pro-vie militent pour la protection des « **droits** » du fœtus, arguant que toute vie – même embryonnaire – est sacrée et qu'elle a, de ce fait, préséance sur la volonté des géniteurs. Ainsi, les pro-vie veulent l'abolition du droit des femmes à l'avortement – les plus **radicaux** d'entre eux prônant cette abolition même dans les cas de maladie grave durant la grossesse, de malformation congénitale, de viol, d'inceste, etc.

Proclamation royale de 1763

▨ Après la **Conquête** de 1760 et à la suite du Traité de Paris, la Proclamation royale de 1763 vise à réorganiser le territoire et l'administration de certaines colonies britanniques de l'Amérique du Nord.

Ainsi, l'ancien territoire de la Nouvelle-France, devenu la province de Québec, est réduit au pourtour de la vallée du Saint-Laurent (donc coupé de ses alliés amérindiens, des pêches et de la traite des fourrures). La Proclamation royale prévoit l'application immédiate des lois anglaises. La colonie sera désormais dirigée par un gouverneur et son conseil, nommés par Londres, et une **chambre** d'assemblée sans **responsabilité ministérielle** devra être élue (en fait, elle ne verra jamais le jour). Le régime seigneurial est aboli et remplacé par le système britannique de gestion des terres agricoles. L'évêque catholique est désormais soumis à l'autorité du roi d'Angleterre. Tout catholique et, pratiquement, tout francophone qui veut occuper un poste au sein de l'administration devra abjurer sa foi (serment du Test). Or, contrairement à l'esprit et à la lettre de la Proclamation royale, et ce, pour de nombreuses raisons tant locales que continentales, les premiers gouverneurs anglais adopteront une politique de conciliation avec les élites canadiennes-françaises (seigneurs et clergé catholique). Cette collaboration trouvera son expression dans l'**Acte de Québec,** en 1774.

Enfin, à la suite des soulèvements et de la résistance des Amérindiens contre les Britanniques (sous la direction de Pontiac notamment) et pour s'assurer le contrôle des vastes territoires à l'ouest, la Proclamation royale reconnaît l'existence de droits aux autochtones et désigne la Couronne (soit le gouvernement britannique) comme « protectrice » de ces droits.

Procureur général
>> solliciteur général

Productivisme

▨ **Idéologie** qui fait de la croissance ininterrompue de la production l'objectif premier de toute société et la condition indispensable du progrès, de la prospérité et du développement collectifs. En ce sens, les indicateurs économiques (PIB, solde de la balance commerciale, volume des exportations, etc.) sont prioritaires pour les tenants de l'idéologie productiviste, au détriment de l'environnement et de la qualité de vie.
>> développement durable

Programme d'ajustement structurel (P.A.S.)
>> ajustement structurel

Programme législatif
>> discours du trône

Programme politique

▨ Document écrit, généralement assez détaillé et précis, décrivant les fondements ou les principes de base d'un groupe ou d'un **parti,** de même que ses intentions, ses buts, voire son projet de société et les moyens d'action qu'il entend mettre de l'avant pour le réaliser. Dans le cas des partis politiques, plus particulièrement en période électorale, il s'agit, en quelque sorte, d'un engagement, à tout le moins moral, envers la population.

Maints observateurs et analystes de la scène politique constatent que, dans l'éventualité où un parti gagne les élections, ses dirigeants, qui forment le **gouvernement,** ont une fâcheuse tendance à prendre leurs distances par rapport au programme. Cela peut s'expliquer par le fossé qui existe entre d'une part le programme adopté, traduisant possiblement un certain idéalisme, ou une forme de **clientélisme,** ou encore la volonté de l'aile plus militante du parti et, d'autre part, le principe de réalité auquel le chef du parti est soumis s'il est élu à la tête du gouvernement : contingences économiques, situation budgétaire, pressions de divers ordres, en particulier de la part de l'opinion publique et des **lobbys.** Le programme peut donc rester en tout ou en partie lettre morte, ce qui nuit à la crédibilité des politiciens, des partis et de la vie politique.
>> cynisme, électoralisme, plate-forme électorale

Progressiste

▨ De façon générale, on qualifie de progressistes des **idéologies** de tendances diverses, mais qui partagent l'idée d'un progrès continu et ascendant de l'humanité.

▨ Caractérise la position de ceux qui sont partisans de réformes profondes, lesquelles, selon le contexte, favorisent les besoins et les intérêts de classes sociales ou de groupes qui sont discriminés, dominés, voire exploités. Sur l'axe idéologique

gauche-droite, les progressistes, partisans de la justice, de l'égalité et de la démocratie, sont situés à **gauche.**

Prolétariat

▦ **Classe sociale** formée par l'ensemble des ouvriers, c'est-à-dire des personnes qui
doivent leur subsistance à la vente de leur force de travail (contre un salaire). Selon
Karl Marx (1818–1883), le prolétariat, classe numériquement majoritaire, est exploité
par la **bourgeoisie** (minoritaire) et doit mettre un terme à cette exploitation grâce à
une **révolution** qui permettra le passage au **socialisme,** un **mode de production**
qui répartit mieux le produit du travail et vise à éliminer l'injustice économique.

Propagande

▦ Information faisant la promotion d'une cause et diffusée par divers moyens (la parole,
la presse écrite et électronique, des affiches ou des créations artistiques). La raison
d'être de la propagande n'est pas la diffusion de la connaissance ou l'analyse des faits.
Son but premier est d'amener l'opinion publique à soutenir des idées, une **doctrine,**
un **gouvernement,** un homme ou une femme politique, de gagner l'adhésion, de
susciter un engagement ou de discréditer les points de vue opposés. Tout en n'étant
pas forcément mensongère, la propagande tend souvent à prendre certaines libertés
avec la vérité : exagération, déformation, manipulation, **désinformation,** etc.

» **démagogie, populisme, totalitarisme**

Prorogation du parlement

▦ En **régime parlementaire** de type britannique, comme au Canada et au Québec,
décision du pouvoir **exécutif** ou du **gouvernement** de mettre fin à une **session
parlementaire.** Dans ce cas, le premier ministre et ses ministres conservent leurs
fonctions, mais contrairement à un simple ajournement des travaux, les comités parlementaires ne siègent plus et les motions ou projets de loi qui n'ont pas été adoptés cessent d'exister, «meurent au feuilleton» selon l'expression consacrée ; ils ne
pourront être repris, à moins d'une entente unanime entre les partis à la reprise des
travaux à la **session parlementaire** suivante.

Protecteur du citoyen

» **ombudsman**

Protectionnisme

▦ Contraire de **libre-échange.** Politique économique adoptée par une **province,** un
pays, voire un ensemble de pays (par exemple, l'**Union européenne**) voulant protéger les producteurs locaux de la concurrence qui leur serait faite par les produits
en provenance de l'extérieur. Divers outils sont à la disposition d'un **État** : imposition
de droits de douane ou de quotas à l'importation, politique d'achat préférentiel aux
entreprises nationales, mesures fiscales ou budgétaires aidant la production locale,
etc. Il s'agit donc de protéger le marché intérieur en rendant moins accessibles ou
moins avantageuses les marchandises importées.

Protectorat

▨ Territoire ayant un statut «transitoire» : il n'est plus une **colonie,** puisqu'il est doté de son propre **État** ayant les pleins pouvoirs sur les affaires intérieures, et n'est pas encore un État **souverain** puisqu'en matière internationale, les pouvoirs sont exercés par un pays protecteur, généralement une grande **puissance.** Un tel statut peut se justifier par l'incapacité de l'État protégé, qui est naissant, d'assurer lui-même sa défense, sa sécurité, son intégrité devant un ennemi ou en cas de **guerre.** Le plus souvent, cette situation cache la volonté de la puissance protectrice, qui est de préserver sa **zone d'influence** dans la région. Par exemple, les dominions de la couronne britannique ont expérimenté avec l'Angleterre une relation semblable à celle d'un protectorat.

>> **dominion**

Protocole

▨ Entente ou accord formel passé entre des parties. À la suite d'une grève, par exemple, on parlera d'un protocole de retour au travail.

▨ En **relations internationales,** texte (compte rendu officiel, procès-verbal ou ensemble des résolutions) faisant suite à une réunion ou à une conférence internationale et qui a valeur de document diplomatique ou d'**acte.** La plupart du temps, un protocole vient compléter ou préciser un **accord** précédent. Une fois signé par des représentants ou **mandataires,** le texte d'un protocole constitue un engagement formel au même titre qu'un **traité** ou qu'une **convention,** mais il doit ultérieurement être soumis à une **ratification.**

▨ Ensemble des règles qui régissent la présentation de textes ou, encore, l'organisation de cérémonies qui ont un caractère officiel. En relations internationales, le protocole prévoit la marche à suivre, l'ordre de préséance, l'étiquette et le détail du cérémonial dans les rencontres diplomatiques.

Province

▨ Du latin *provincia*, de *vincere*, vaincre. Désigne des divisions à l'intérieur d'un **empire** (romain ou britannique, par exemple), d'un royaume (la Belgique ou les Pays-Bas) ou d'un **État** (le Canada). En France, le terme, au singulier, désigne l'ensemble du pays à l'exception de la capitale.

▨ Au Canada, dénomination de 10 des 13 entités géopolitiques qui constituent la fédération. Les provinces ont toutes les caractéristiques d'un État, mais leur **souveraineté** politique est toutefois limitée à un certain nombre de champs de compétences législatives exclusifs (santé publique, affaires sociales, éducation, ressources naturelles, etc.) ou partagés (avec le **gouvernement** fédéral, comme c'est le cas pour la fiscalité, l'agriculture, l'immigration, etc.). Les pouvoirs des provinces sont précisés dans la **Constitution,** entre autres dans les lois constitutionnelles de 1867 et de 1982, qui les garantissent. Ils sont aussi, et surtout, peut-être, le résultat de rapports de force et de négociations avec le gouvernement fédéral, de même que de jugements émis par des tribunaux, dont la Cour suprême du Canada au premier chef.

Initialement, en 1867, les provinces étaient conçues comme un ordre de gouverne-ment secondaire, soumis au fédéral (**lieutenant-gouverneur** nommé par le fédéral, droit de désaveu, etc.). Or, les gouvernements provinciaux sont devenus politique-ment, sinon juridiquement, des interlocuteurs égaux au fédéral. D'autre part, même s'il existe un principe d'égalité entre les provinces, le Québec possède certaines caractéristiques qui lui sont propres : son **code civil,** son droit de retrait (avec pleine compensation financière) de certains programmes fédéraux, ses pouvoirs particuliers dans le domaine de l'immigration, etc. De plus, le statut de la province de Québec a été et continue d'être l'objet de discussions et de conflits : province « comme les autres », statut particulier, société distincte, société à caractère unique, État souverain et associé, etc. La question du Québec demeure entière.

Puissance

▣ Grand **pouvoir,** capacité importante, forte influence, force active, **autorité.**

▣ Personnes ou groupes qui, dans la société, sont investis de ces attributs. Par exemple, « la puissance publique » (l'**État**) et « la puissance religieuse » (l'Église).

▣ En **relations internationales,** on utilise le terme « puissance » pour désigner un pays influent à l'échelle d'une région, d'un continent, du globe ou, encore, dans un sec-teur d'activité donné. À la limite, tous les États sont des puissances, que l'on pourra classer ainsi : **superpuissances,** grandes puissances, puissances moyennes, petites puissances, etc. Les critères habituellement utilisés pour procéder à ce classement sont d'ordres géographique (superficie, avantages **géopolitiques** et **stratégiques,** etc.), démographique (population), économique (ressources naturelles, richesses accumulées, dynamisme de l'activité, etc.), politique (**diplomatie,** forces armées, etc.), **idéologique** (rayonnement culturel à l'extérieur des frontières, capacité de mobilisation intérieure, etc.), entre autres.

Putsch

>> **coup d'État**

Quart-monde

▣ Au sein du **tiers-monde,** groupe des pays les moins avancés (**PMA**) et pour lesquels le **développement** pose des défis extraordinaires. Selon la **BIRD,** trois raisons (la grande pauvreté des habitants, le faible taux d'alphabétisation et la faible industriali-sation de l'économie) permettent de cibler ainsi un groupe d'environ 50 pays du Sud particulièrement défavorisés. Parmi ceux-ci, le Mozambique, l'Éthiopie, le Soudan, le Bangladesh et Haïti.

Quorum

▣ Nombre minimum de membres qui doivent être présents pour qu'une assemblée (étudiante, syndicale, législative, etc.) puisse valablement siéger, délibérer et prendre des décisions. Le quorum est généralement précisé dans les statuts et règlements de l'association ou de l'institution en question.

Race

■ Au sens large, subdivision au sein de l'espèce. Dans le cas de l'espèce humaine, le bien-fondé du concept de race n'a jamais été démontré scientifiquement. Bien au contraire, l'étude scientifique des gènes ne montre pas d'adéquation nette entre les supposées «races» et le patrimoine génétique des individus qui les composent. Biologiquement, donc, il est impossible de découper précisément les contours d'une race ou d'une autre.

La notion de race (les Blancs, les Noirs, etc.) et le terme «race» demeurent toutefois d'usage très courant, y compris en sciences humaines. Le mot «race» désigne une très vaste famille d'êtres humains ayant en commun la couleur de la peau. Il exclut d'emblée les considérations culturelles (langue, mœurs), politiques (**nationalité**) et psychiques (caractères intellectuels).

» **ethnie**

Racisme

■ Comportement consistant à dénigrer, à mépriser ou à **exploiter** des individus, à réduire leurs **droits,** à s'attaquer à leur intégrité, à leur refuser les possibilités et la place dans la société qu'on accorde aux autres individus, sur la simple base de leur «appartenance raciale» ou **ethnique.** Le racisme peut être pratiqué par des individus, des groupes, des institutions ou des États (l'**apartheid** en Afrique du Sud, jusque dans les années 1990).

■ **Idéologie** selon laquelle la nature a établi des différences d'aptitudes, de qualités, voire de destinées entre les races ; elle sert à justifier la **discrimination** ou d'autres comportements racistes. Cette **doctrine** a longtemps été alimentée par les travaux scientifiques, avant le XXe siècle en particulier, mais l'idée qu'il existe des inégalités d'ordre héréditaire entre les races est aujourd'hui complètement discréditée par la recherche. La pensée raciste apparaît donc maintenant, dans le meilleur des cas, comme un égarement de l'esprit et, dans le pire, comme une preuve de perdition morale, de démence. En effet, au cours du XXe siècle, l'idéologie raciste a servi à légitimer des entreprises d'une atrocité ahurissante (génocide des Arméniens, des Juifs, des Tutsis rwandais, etc.). Aucun pays n'est à l'abri des idées racistes, car les voies qui peuvent y mener sont multiples : difficultés économiques, débats sur l'immigration, visées **impérialistes,** et parfois... le **nationalisme.**

» **antisémitisme, chauvinisme, xénophobie**

Radicalisme

■ Attitude politique associée à des prises de position de principe arrêtées et tranchantes. Les radicaux (le terme vient du latin *radicalis*, pour racine), qui tiennent à des changements profonds et fondamentaux, sont donc peu favorables aux compromis. Sur un axe gauche-droite, ils peuvent être situés près des extrêmes.

Raison d'État

▨ Principe qui place la sécurité et la sauvegarde de l'**État** au-dessus de toute autre considération, qu'il s'agisse d'intérêts particuliers ou régionaux, de considérations morales ou éthiques. La raison d'État étant associée, à tort ou à raison, à l'intérêt public, des dirigeants ont pu, sous ce prétexte, poser des gestes illégaux ou passer outre la **Constitution.**

Rapatriement

▨ Action de ramener au pays, d'assurer le retour chez eux de biens ou de personnes situés à l'étranger. Par exemple, un État peut vouloir rapatrier ses **ressortissants** si leur vie est menacée dans le pays où ils séjournent ; un investisseur peut vouloir rapatrier les bénéfices générés à l'étranger par une entreprise lui appartenant.

▨ Le rapatriement, de Londres à Ottawa, de la **constitution** canadienne, ou plus exactement de l'**Acte de l'Amérique du Nord britannique,** est un épisode marquant de l'histoire du pays, puisqu'il définit, encore aujourd'hui, les conditions dans lesquelles se posent les rapports entre le Québec et l'État fédéral. En effet, lors des négociations ayant précédé ce rapatriement, en novembre 1981, le Québec s'est trouvé complètement isolé vis-à-vis du fédéral et des neuf autres provinces, qui ont procédé sans son accord à des modifications fondamentales de la loi suprême du pays (certains auteurs ont baptisé cet épisode « la nuit des longs couteaux »). Depuis lors, le Québec est la seule province à ne pas avoir signé la nouvelle constitution que s'est donnée le Canada en 1982. Les diverses tentatives de le ramener dans le giron constitutionnel canadien, comme l'**Accord du lac Meech,** ayant toutes échoué, le statut du Québec continue d'être, à ce jour, une des principales épines au pied de l'État canadien et la « question nationale » demeure entière. Depuis le début des années 1990, la présence forte et remarquée, au Parlement canadien, du Bloc québécois est l'une des conséquences politiques les plus palpables de l'incapacité canadienne à corriger cette exclusion du Québec de la constitution de 1982.

>> **Loi constitutionnelle de 1982**

Rapports de production

▨ Concept propre à la théorie **marxiste** qui désigne l'organisation des relations entre êtres humains – non seulement au travail, mais aussi dans les divers aspects de leur vie – prévalant dans un **mode de production** donné. Il englobe diverses réalités comme les caractéristiques du processus de production (division du travail, techniques utilisées, etc.), les règles relatives aux échanges, à la propriété et à l'organisation du travail, ainsi que tout le cadre juridique permettant un tel ordre des choses. Aussi appelés « rapports sociaux ».

Selon l'analyse marxiste, les rapports de production qu'a connus l'humanité depuis l'Antiquité étaient tous des rapports d'exploiteurs à exploités. « Les principaux [...] sont les suivants : les rapports d'esclavage, où le maître est non seulement propriétaire des **moyens de production,** mais aussi de la force de travail (de l'esclave) ; les rapports de servitude, où le seigneur est propriétaire de la terre et où le serf, qui est sous la dépendance du seigneur, doit travailler gratuitement pour lui un certain nombre de jours par année ; finalement, les rapports **capitalistes,** où le capitaliste est le propriétaire des moyens de production et où l'ouvrier doit vendre sa force de travail pour pouvoir vivre » (Harnecker, 1974, p. 38).

Rapports marchands

Rapports basés essentiellement sur la valeur marchande, c'est-à-dire la valeur d'échange sur le marché. De nos jours, particulièrement, l'économie **capitaliste** (axée sur l'accumulation maximale, la compétitivité et la maximisation des profits) fait en sorte que les choses, les personnes, les ressources, la nature, le temps, etc., sont perçus comme des possibilités de gains en capital et sont évalués strictement dans une perspective financière, sous l'angle des coûts et des bénéfices. Terme associé : marchandisation.

Ratification

Il s'agit d'un **acte** par lequel les autorités ou institutions ayant la compétence pour engager un État sur le plan international approuvent un **traité.** Il ne faut donc pas confondre signature et ratification, cette dernière constituant un engagement formel donnant à la première un caractère de légalité. Au Canada, par exemple, le premier ministre de l'époque a signé le protocole de Kyoto en avril 1998, mais sa ratification exigeait un vote majoritaire au Parlement, vote qui a eu lieu en décembre 2002.

Réactionnaire

Qualifie une attitude réfractaire au changement.

De façon plus précise, on qualifie de réactionnaires des **acteurs** ou des positions politiques qui, dans un contexte donné, vont dans le sens des besoins et des intérêts de classes sociales ou de groupes dominants ou privilégiés. Sur l'axe idéologique gauche-droite, « la réaction » correspond à la **droite.**

» **conservatisme, rétrograde**

Réalignement électoral

Selon le politologue Réjean Pelletier, il s'agit d'une réorganisation majeure du système de partis, traduisant « le changement durable et significatif qui se produit alors dans les fidélités partisanes et dans l'identification des électeurs à un parti donné » (Pelletier, 1989, p. 363). En somme, des clientèles électorales qui jusqu'alors avaient été relative-ment stables, migrent progressivement vers d'autres formations politiques. Cette réor-ganisation, qui est un processus à long terme, obéit à des transformations significatives de la société ou de l'univers politique. On peut penser, par exemple, à une évolution de la structure sociale, à des scissions au sein des élites dirigeantes, à l'apparition d'un nouveau clivage idéologique fondamental, à des changements dans la composition de l'électorat ou à des modifications importantes au sein du système politique.

Sur la scène fédérale canadienne, on peut considérer qu'un tel réalignement s'est produit depuis 1993, alors qu'on a observé les phénomènes suivants : éclatement de la coalition conservatrice dirigée par Brian Mulroney, arrivée en force de partis régionaux (le Bloc québécois et le courant Reform Party/Alliance canadienne), luttes fratricides au sein du Parti libéral du Canada (depuis 2002), multiplication des gouvernements minoritaires (depuis 2004), déclin du **bipartisme,** etc.

>> **gouvernement de coalition**

Réalisme

Une des grandes écoles de pensée en relations internationales, l'approche réaliste tente d'expliquer la vie politique à l'échelle planétaire en s'appuyant avant toute chose sur la logique de l'intérêt national de chaque État. Machiavel (1469–1527), souvent identifié comme un fondateur de ce courant théorique, avance dans *Le Prince* que chaque État est essentiellement à la recherche du maximum de puissance et que les États vivent entre eux dans l'**état de nature,** puisqu'ils ne sont soumis à aucune autorité supérieure. Selon lui, la planète correspond, au plan politique, à une sorte de jungle des États et les événements internationaux s'expliquent, en définitive, par le jeu des rapports de force entre États. En matière de politique extérieure, la profession de celui qui gouverne est donc à la fois de maintenir la puissance de son État en préparant sa défense et d'accroître cette puissance par tous les moyens possibles : la ruse, la crainte, l'intimidation et, au besoin, la contrainte. Au fil des siècles suivants, les thèses réalistes en relations internationales ont été enrichies par nombre d'auteurs, comme Thomas Hobbes (1588–1679), Hugo Grotius (1583–1645) et Karl Von Clausewitz (1780–1831). Ce dernier précise la façon dont les fins de la guerre sont modulées par les acteurs politiques, eux-mêmes habités par des contradictions. Ainsi, Clausewitz distingue-t-il la logique de la guerre dans l'absolu, logique qui veut l'anéantissement de l'adversaire, et l'exercice de la guerre dans la réalité, qui est toujours limité par divers facteurs d'ordre politique, liés aux caractéristiques des protagonistes (peuples, dirigeants, armées, etc.), à leurs objectifs et à leurs stratégies. Même si la logique des intérêts pousse constamment à l'affrontement brut, le conflit prend dans la réalité la forme que les conditions politiques présentes rendent possible, y compris la trêve, qui n'est qu'une phase de préparation à l'action. Au xxᵉ siècle, Edward Carr (1892–1982), Hans Morgenthau (1904–1980), Raymond Aron (1905–1983) et George Kennan (1904–2005) ont donné une grande diffusion aux thèses réalistes, les ont précisées et en ont fait une composante essentielle de l'étude des phénomènes internationaux en science politique. Plus ou moins synonyme : *realpolitik.*

>> **idéalisme, révolutionnaire**

Realpolitik

>> **réalisme**

Rébellions de 1837–1838

Les **insurrections** de 1837–1838, au Haut-Canada et au Bas-Canada, sont causées, entre autres, par des années successives de mauvaises récoltes, une situation de crise économique qui perdure, des conditions de vie misérables pour la grande majorité de la population, de même que par l'intransigeance de Londres et des classes privilégiées. De plus, une crise politique est en germe dans l'**Acte consti-tutionnel de 1791,** lequel attribue tous les pouvoirs au gouverneur et à son conseil législatif, nommés par Londres, laissant l'Assemblée élue par la population sans aucun pouvoir.

Au Haut-Canada, une clique de conservateurs privilégiés, unis par les liens fami-liaux et par la corruption, et alliés au gouverneur, le *Family Compact*, contrôle le Conseil législatif et exerce le pouvoir. William Lyon Mackenzie (1795–1861), dirigeant réformiste élu à l'Assemblée, prend la tête d'un vaste mouvement d'opposition qui réclame la **responsabilité ministérielle,** de même que le contrôle de l'administra-tion et des terres de la Couronne. Après l'échec des négociations avec Londres, l'op-position se radicalise et lance un appel à l'insurrection, laquelle sera écrasée par les troupes britanniques.

Au Bas-Canada, sur la même toile de fond, se développe une situation plus com-plexe : aux difficultés sociales et économiques et à la crise politique se superpose un conflit « national ». Alors que l'Assemblée élue est en majorité « canadienne-française », le pouvoir est aux mains du gouverneur et de son conseil, postes qui sont très largement contrôlés par des anglophones. En outre, plusieurs éléments contri-buent à faire planer une menace sur l'identité nationale des Canadiens français, parmi lesquels deux projets d'union des deux Canada (1811, puis 1822), une immigration de plus en plus importante, essentiellement anglophone, et le fait qu'une partie des terres soient réservées aux agriculteurs anglais (Cantons de l'Est et Outaouais).

À la lutte pour la démocratie parlementaire et contre les privilèges s'ajoutent donc des revendications nationales. Après l'échec des négociations avec Londres, bénéficiant d'appuis populaires importants, les radicaux du Bas-Canada – regroupés au sein du Parti patriote et dirigés par Louis-Joseph Papineau (1786–1871), Wolfred Nelson (1791–1863) et Jean-Olivier Chénier (1806–1837) – réclament l'**indépendance** de la colonie. Après trois semaines de lutte armée sporadique (automne 1837) et après une deuxième tentative qui avortera en 1838, les forces rebelles, infé-rieures en nombre, mal équipées et mal dirigées, seront elles aussi écrasées par les troupes britanniques.

>> **lutte de libération nationale**

Recall

>> **révocation**

Rectitude politique

De l'américain *political correctness*. Expression décrivant un mouvement qui est né au sein d'universités américaines dans les années 1980, a connu une certaine importance puis laissé sa marque. Initialement lié aux valeurs de la **gauche,** opposé à toute forme de **discrimination,** ce mouvement a rapidement été associé à la **droite** radicale. Confondant le fond et la forme, la lutte contre toute manifestation de discrimination basée sur le sexe, la race, l'orientation sexuelle, l'âge ou la condition physique a conduit à une volonté de censure (en sociologie, les auteurs de recherches faisant référence à des variables comme le sexe, l'origine ethnique ou l'âge étaient accusés de faire preuve de discrimination), et ce, plus particulièrement sur le plan du langage. Ainsi, les textes devaient être féminisés de façon systématique et, dans le langage courant, les Noirs américains sont devenus des «personnes d'origine afro-américaine», les vieilles personnes, des «aînés», les aveugles, des «non-voyants», les handicapés, des «personnes à mobilité réduite», etc. Après avoir conduit aux limites de l'absurde et suscité de vifs débats quant à son caractère autoritaire et dogmatique, le mouvement est aujourd'hui en régression et l'expression «P. C.» (qui désigne les tenants de cette tendance) a souvent un caractère dérisoire.

Référendum

Consultation populaire qui permet à l'ensemble des citoyens de se prononcer directe-ment sur un projet, en l'approuvant (le «oui») ou en le rejetant (le «non»). Un référen-dum peut être consultatif (comme c'est le cas au Québec) ou décisionnel (en France, par exemple, il s'agit d'un mode d'amendement de la Constitution). Le cas échéant, chaque État possède ses propres lois concernant les référendums. Ainsi, bien qu'en général les dirigeants du gouvernement demandent à tenir un référendum, une **assemblée légis-lative** (c'est le cas, notamment, dans certains États américains) ou encore la population (au palier municipal au Québec, par exemple) peut aussi prendre cette initiative.

>> **plébiscite**

Réformisme

Qualifie l'attitude politique qui consiste à favoriser des réformes dans les domaines sociaux, économiques ou politiques. Contrairement aux **révolutionnaires,** tenants de changements rapides et profonds, les réformistes proposent des changements partiels et complémentaires, à faire à plus ou moins long terme et toujours en utilisant des moyens respectueux des lois et des **institutions.**

Réfugié

Selon la Convention de Genève, «est réfugiée toute personne, craignant avec raison d'être persécutée du fait de sa race, de sa religion, de sa nationalité, de son appar-tenance à un groupe social ou de ses opinions politiques:

- qui se trouve hors du pays dont elle a la nationalité et ne peut ou ne veut se récla-mer de la protection de ce pays;

- qui, si elle n'a pas de nationalité et se trouve hors du pays dans lequel elle avait sa résidence habituelle, ne peut ou ne veut y retourner».

S'ajoutent à ces motifs la guerre, la répression ou d'autres menaces à la sécurité et l'intégrité (HCR, 2009). Selon le Haut-Commissariat aux réfugiés de l'ONU, il y a environ 15 millions de réfugiés dans le monde, principalement à cause des guerres civiles et des conflits ethniques ou régionaux. S'ajoutent à ce nombre 27 millions de personnes déplacées à l'intérieur de leur propre pays. La très grande majorité des réfugiés trouve asile dans les pays du tiers-monde; seule une minorité d'entre eux parvient à émigrer dans les pays riches et développés.

Régalien

Du latin *regalis*, du roi, rattaché au roi. En science politique, cet adjectif renvoie aux **prérogatives** qui sont celles du monarque absolu. Il s'agit donc des pouvoirs royaux suprêmes, notamment ceux relatifs à l'usage de la force. Par extension, le terme désigne les principaux attributs associés à la **souveraineté** des États, à savoir le pouvoir de légiférer et celui de battre monnaie, le contrôle du territoire national, le monopole de l'exercice de la violence légitime, la diplomatie et les relations internationales, etc.

Régime

Du latin *regere*, gouverner. Forme de **gouvernement** d'une société (monarchie, oligarchie, démocratie, république, théocratie, etc.). Une typologie classique des régimes politiques est fondée sur le mode d'organisation des pouvoirs législatif, exécutif et judiciaire de l'État moderne. Sur cette base, on distingue trois grands types de régimes : les régimes de concentration, de séparation et de collaboration des pouvoirs, soit la dictature, le régime présidentiel et le régime parlementaire.

Régime fasciste

Une des variantes possibles du régime de **parti unique.** Outre le projet de société qu'il poursuit (voir **fascisme**), ce qui caractérise le régime fasciste est la place exagérée que prend l'appareil d'État, au point de contrôler les moindres aspects de la vie. Ce gigantesque État «embrasse les plus diverses manifestations de l'activité sociale : la vie familiale, la vie économique, la vie intellectuelle, la vie religieuse, etc. Son indiscrétion est complète. Il pénètre à l'intérieur des familles, des entreprises ; il descend dans le secret des consciences ; il juge des intentions et des abstentions ; il retire son sens au qualificatif "privé" [...]. Il dirige le travail, mais il s'occupe aussi "d'après le travail" ; il proscrit certains spectacles et en prescrit d'autres qu'il suscite ; il emmène les enfants en colonie de vacances et les jeunes mariés en voyage de noces...» (Prélot et Lescuyer, 1990, p. 678).

Régime militaire

Régime politique dictatorial instauré généralement après un **coup d'État** perpétré par des militaires. Dès la conquête du pouvoir, ceux-ci adoptent un système de gouvernement **autoritaire** dans lequel ils conservent un rôle prépondérant.

Les régimes militaires étaient très communs en Amérique jusqu'à la fin des années 1980 ; actuellement, on les trouve surtout en Afrique (Libye, Togo, etc.) et en Asie (Birmanie-Myanmar).

Régime parlementaire

Régime politique d'origine britannique caractérisé par l'existence d'un **parlement** au sein duquel siègent les titulaires des pouvoirs législatif et exécutif. Alors que le pouvoir législatif est exercé par l'ensemble du parlement, le pouvoir exécutif ou gouvernemental est contrôlé par un premier ministre (le chef du parti majoritaire au parlement) et son cabinet ou conseil des ministres (ceux-ci étant choisis par le premier ministre parmi les membres du parlement).

Si on constate une certaine **séparation des pouvoirs** (ils sont confiés à deux institutions différentes), cette séparation est relative (contrairement au régime de type présidentiel), car l'exécutif est partie intégrante du législatif. On parlera donc, dans ce cas, de **collaboration des pouvoirs** : l'exécutif propose les grandes orientations législatives et il est responsable de la mise en œuvre des lois et de l'administration publique, alors que le législatif étudie les projets de loi, en débat et les vote, et contrôle l'exécutif. Le premier ministre et ses ministres doivent donc répondre directement devant le parlement de la gouverne et de l'administration publique (entre autres, au moment de la « période de questions »).

À la limite, il y a dépendance organique entre les tenants des deux pouvoirs : d'une part, le premier ministre peut dissoudre le parlement, donc convoquer des élections générales ; d'autre part, le parlement peut retirer sa confiance au gouvernement, donc révoquer l'exécutif (c'est la **responsabilité ministérielle**).

Régime présidentiel

Régime politique basé sur l'application rigoureuse du principe de la **séparation des pouvoirs** législatif, exécutif et judiciaire, qui sont confiés à trois institutions distinctes et indépendantes. Un président, élu directement par la population (devant laquelle il est responsable), est chef du gouvernement et contrôle donc le pouvoir exécutif. Une ou des assemblées électives (**parlement,** congrès, etc.), elles aussi directement responsables devant le peuple, sont titulaires du pouvoir législatif. Enfin, le pouvoir judiciaire est confié à des tribunaux indépendants des deux premiers pouvoirs.

Généralement, une **constitution** de type présidentiel prévoit un ensemble de mesures permettant à chacune des institutions de faire contrepoids aux pouvoirs de l'autre, assurant un certain « équilibre » du pouvoir (en anglais, le système de ***checks and balances***).

Région

Au sens large, désigne une portion de l'espace international (le Moyen-Orient ou l'Afrique australe, par exemple) ou une subdivision à l'intérieur d'un **État** (les Prairies ou les Maritimes au Canada). Bien que le terme soit d'usage courant en géographie tout comme en **science politique,** il est pratiquement impossible d'en donner une définition exacte et arrêtée. Les critères permettant de préciser les contours d'une région sont nombreux et varient selon les besoins de la cause : caractéristiques géographiques et physiques, données démographiques, sociologiques et économiques, statuts politiques ou particularités administratives, etc.

Au Québec, structure administrative du territoire ayant un statut légal. La **loi** québécoise reconnaît, en effet, l'existence de 17 régions (Abitibi-Témiscamingue, Bas-Saint-Laurent, Gaspésie, Saguenay–Lac-Saint-Jean, etc.). Développée dans une perspective de **décentralisation** de l'**administration publique,** cette structure vise à rapprocher les responsables des services et la population qui est directement concernée. L'existence de régions devrait favoriser une plus grande efficacité administrative et permettre une meilleure coordination entre les **acteurs** locaux et ceux du **gouvernement** du Québec.

Régionalisme

▧ Mouvement ou orientation politique qui favorise l'**autonomie** administrative et politique des **régions.**

Règlement

▧ Au sens large, règle générale et impersonnelle, habituellement écrite, qui s'applique à un nombre indéterminé de personnes ou de situations (les règlements scolaires, par exemple).

▧ De façon plus précise, décision qui émane d'une **autorité** politique constituée, autre que le **parlement.** Il peut s'agir du **conseil des ministres** (règlement ministériel), d'un conseil municipal (règlement municipal) ou, encore, d'une autorité administrative (règlement administratif). Ce pouvoir, dit réglementaire, est encadré par la loi, et les règlements qui en sont le produit ont force de loi. Dans le cas des règlements ministériels ou administratifs, il s'agit d'un prolongement de la loi, de précisions concernant la mise en application d'une loi.

>> **arrêté**

Régulation

▧ Le fait de maintenir le bon fonctionnement d'un appareil ou d'un système. Fonction de contrôle chargée d'apporter des correctifs aux problèmes ou anomalies constatés afin d'assurer l'équilibre et la stabilité au sein d'une organisation complexe. On parlera par exemple de régulation des naissances ou, encore, de régulation des marchés. Dans les sociétés humaines, les mécanismes ou processus de régulation tentent, selon le point de vue, de garantir ou de conserver un certain ordre en limitant les effets potentiellement destructeurs liés aux antagonismes et aux conflits.

>> **institution**

Réingénierie

▧ Terme employé au Québec afin de désigner le train de mesures visant à réformer l'État, mises de l'avant par le gouvernement libéral, qui venait de prendre le pouvoir en 2003. Ces mesures devaient redéfinir le fonctionnement de l'État provincial et mettre fin à son soi-disant « interventionnisme à tout crin », en ayant recours à la formule des partenariats public-privé (**PPP**), en revoyant la raison d'être de certains programmes ou organismes et en cherchant de substantiels gains de performance dans la fonction publique, le tout dans le but de faire subir à l'État une cure d'amaigrissement.

Le projet de réingénierie, peu présent lors de la campagne électorale de 2003, a occupé (à la surprise générale) le devant de la scène de la première année du mandat du gouvernement de Jean Charest. Il a donc provoqué d'importantes mobilisations populaires en 2004 et 2005, même après avoir été réduit à un horizon moins ambitieux, rebaptisé « modernisation de l'État ». Selon plusieurs analystes, la réingénierie a été l'une des grandes erreurs d'aiguillage du gouvernement du PLQ, qui a voulu imposer, de façon brusque et inattendue, un nouveau type de rapports entre l'État et la société.

Relations internationales

▦ Au sens strict, rapports que les **États** entretiennent entre eux. Toutefois, une foule d'autres **acteurs** s'imposent par leur présence et leur rôle sur la scène mondiale : peuples, communautés de croyants, organisations intergouvernementales, alliances militaires, firmes multinationales, mouvements sociaux, ONG, etc.

▦ Champ d'étude en **science politique** (mais aussi en droit, en géographie, en histoire, en économie, etc.) dont l'objet est décrit au paragraphe précédent. La spécialité des relations internationales est l'analyse scientifique des phénomènes internationaux dans le but de les décrire, les expliquer, les décoder, les comprendre. Pour cela, plusieurs théories et approches s'offrent à l'étudiant et au chercheur. On peut les regrouper en trois grandes familles : l'école **réaliste,** l'école **idéaliste** et l'école **révolutionnaire.** De plus, on peut distinguer divers sous-champs ou spécialités en relations internationales : études stratégiques, politique étrangère des États, intégration économique régionale ou planétaire, **géopolitique,** etc. Toutes (disciplines, théories, écoles et spécialités) concourent à saisir les facteurs, les mécanismes et les lois déterminant les faits internationaux, et contribuent à l'étude des relations internationales.

Remaniement ministériel

▦ En **régime parlementaire,** modification partielle de la composition du conseil des ministres, donc du gouvernement. Décision du **premier ministre,** un remaniement ministériel peut impliquer une redistribution des responsabilités entre les **ministres,** mais aussi l'admission de nouveaux membres au sein du conseil et l'exclusion d'autres membres de ce même conseil. Un remaniement ministériel peut être « mineur » ou « important ». Dans ce dernier cas, le premier ministre peut vouloir éviter la sclérose de son gouvernement, donner une nouvelle direction, donc une nouvelle orientation politique à certains ministères, ou, encore, en période préélectorale, annoncer le type de direction qu'il entend donner à son éventuel nouveau gouvernement.

Représentation proportionnelle

▦ Principe à la base de certains **modes de scrutin** selon lequel les **partis** politiques devraient obtenir un pourcentage de **sièges** (au sein de l'Assemblée) équivalant au pourcentage du nombre de **votes** exprimés qu'ils ont obtenu lors des élections générales. Bien qu'il existe plusieurs variantes de la représentation proportionnelle (intégrale ou approchée, par exemple), il s'agit toujours d'un **scrutin de liste,** où l'**électeur** est appelé à choisir d'abord un parti plutôt qu'un candidat, une orientation politique plutôt qu'un représentant. Tout en étant « juste » et représentant fidèlement les différentes tendances au sein de l'opinion publique, la représentation proportionnelle favorise la multiplication des partis politiques et rend plus difficile la formation de **gouvernements majoritaires** ; on assiste alors à la mise en place de gouvernements de **coalition** formés de représentants de deux ou de plusieurs partis politiques, ce qui peut engendrer une certaine instabilité gouvernementale. Par contre, le fait qu'un plus grand nombre de forces politiques soient représentées au parlement peut contribuer à enrichir les débats au sein de l'institution.

Représentativité

Enjeu soulevé par les élections et la démocratie représentative, à savoir : les élus sont-ils véritablement le reflet des préoccupations et caractéristiques de leur électorat ? Cet enjeu est au cœur du fonctionnement des démocraties occidentales : qui sont les dirigeants et parlent-ils vraiment au nom du peuple ? Afin de tenter de le déterminer, on peut considérer les trois aspects suivants :

- au plan sociologique : les élus sont-ils un juste reflet de la composition de l'électorat, eu égard à l'âge, au sexe, à l'origine ethnique ou régionale, au statut social, etc. ?

- au plan idéologique : dans quelle mesure les idées, valeurs, sensibilités et orientations politiques mises de l'avant par le gouvernement émanent-elles vraiment des plus larges secteurs de la population ou, à tout le moins, reçoivent-elles l'appui de ceux-ci ?

- au plan de la mécanique démocratique : quels sont les dispositifs permettant de vérifier si l'élu parle valablement au nom d'une majorité de ses électeurs ? Le **mode de scrutin** est-il à caractère proportionnel ? À quelle fréquence procède-t-on à la consultation systématique de la population ? L'élu se prête-t-il, en cours de mandat, à un exercice par lequel il se met à l'écoute de ses commettants, voire se soumet à leur volonté ?

Ceci étant dit, il faut considérer que la représentation de leurs commettants n'est pas la seule tâche des élus. Ceux-ci doivent aussi défendre les idées pour lesquelles ils se sont fait élire, les leurs et celles du parti auquel ils adhèrent, le cas échéant. Ils peuvent donc être amenés à débattre avec ces mêmes commettants, voire à adopter des positions qui vont à l'encontre de celles de la majorité d'entre eux et ainsi prendre le risque de se faire battre aux élections suivantes. Cette fonction politique peut donc entrer en contradiction avec la représentativité.

Répression

Action de refréner, d'étouffer, de faire taire. Dans la vie politique, forme de **coercition** dont l'objet est d'empêcher un mouvement, un état d'esprit ou une tendance de se manifester. Contraire à l'idéal démocratique, la répression est un instrument très prisé non seulement par les régimes **autoritaires,** mais aussi, à l'occasion, par certaines **institutions** faisant du maintien de l'ordre un absolu (autorités politiques, armée, police, etc.).

République

Dès la Rome antique, la *res publica* ou « chose publique » désignait un mode de **gouvernement** où ceux qui détenaient le titre de **citoyen** exerçaient le pouvoir.

Depuis la Révolution française, on définit la république par opposition à la monarchie : le pouvoir, le gouvernement et la gestion de l'État étant « chose publique » contrôlée par l'ensemble des citoyens, par opposition à l'autorité et à la possession personnelle d'un seul.

Plusieurs pays se qualifient de « républiques » sans pour autant être des modèles démocratiques (République islamique d'Iran, République démocratique du Congo, République populaire démocratique de Corée, etc.). Le terme désigne alors la nature d'un État dont le régime – théoriquement – tire sa légitimité du peuple.

Dans une république démocratique, le chef de l'État, soit le président de la république, peut être élu directement par le peuple et exercer un pouvoir réel (République française, États-Unis d'Amérique, République sud-africaine, Mexique, Haïti, etc.) ou être choisi par les représentants du peuple et remplir alors des fonctions générale-ment protocolaires (les républiques d'Italie, d'Autriche, d'Irlande, d'Israël, etc.).

Responsabilité ministérielle

En **régime parlementaire,** la responsabilité ministérielle permet au **parlement** (le législatif) d'exercer un certain contrôle sur le gouvernement (l'exécutif). Il s'agit d'une **convention constitutionnelle** qui permet aux représentants du peuple (les dépu-tés de la **Chambre des communes** à Ottawa, ceux de l'**Assemblée nationale** à Québec) de questionner le gouvernement et d'exiger des comptes de celui-ci (soit le **Cabinet** à Ottawa ou le **Conseil des ministres** à Québec). Conséquemment, le pre-mier ministre et ses ministres doivent répondre de la gouverne des affaires de l'État et de l'administration de la chose publique dont ils sont « responsables », et répondre aussi de leurs intentions, déclarations, projets, actions ou, le cas échéant, de leur silence ou de leur inaction.

Dans l'éventualité où une majorité des députés retire sa confiance au gouvernement (lors d'un **vote de confiance,** d'un **vote de censure** ou en refusant d'adopter un projet de loi gouvernemental important), l'exécutif doit alors démissionner.

A contrario, le cabinet ou conseil des ministres est libre de gouverner à sa guise, dans le respect des lois et de la Constitution, tant qu'il dispose de l'appui d'une majorité de députés en **chambre.** On dit alors qu'« il a la confiance de la chambre ».

Dans le cas où le gouvernement est majoritaire (un parti politique ayant fait élire une majorité absolue de députés, soumis à la discipline de parti), la possibilité de dé-mettre le gouvernement n'est que théorique. Par contre, un gouvernement minoritaire (le parti ayant fait élire le plus de députés, mais ne disposant que d'une majorité relative des votes en chambre) risque à tout moment la défaite.

Ressortissant

Personne qui, par sa citoyenneté, ressortit à l'autorité d'un État donné. Ce terme désigne donc tout citoyen relevant d'un pays donné puisqu'il en a la **nationalité.**

Lorsque cet individu séjourne hors de son pays (diplomate, coopérant, travailleur saisonnier, représentant commercial, étudiant étranger, touriste, etc.), il a droit en principe à des services consulaires, voire à une protection diplomatique, de la part de l'État dont il a la nationalité.

» **rapatriement**

Rest of Canada
» ROC

Rétrograde

▨ Qualificatif péjoratif servant à désigner le caractère conservateur, passéiste et politiquement arriéré d'une personne, d'un groupe, d'une institution, d'une idéologie, etc.

» **conservatisme, réactionnaire**

Révocation

▨ En anglais : *recall*. Action par laquelle des commettants peuvent mettre fin sur-le-champ au mandat d'une personne qu'ils ont élue, avant que celui-ci n'arrive à son terme. Notamment, si la loi le permet, acte par lequel la population « congédie » un élu entre deux élections (et provoque la tenue d'un nouveau scrutin pour le remplacer). Cette procédure, qui relève de la démocratie directe, répond au souci populaire de contrôler pleinement, et à tout moment, la façon dont les élus remplissent leur mandat.

Révolution

▨ Technique radicale de prise du pouvoir politique qui suppose une implication manifeste de larges couches de la population, l'usage de la violence pour renverser le régime en place, ainsi que son remplacement brutal par un ordre totalement neuf. Une révolution signifie davantage qu'un simple transfert du pouvoir politique d'un groupe à un autre ; elle consiste également en une transformation fondamentale des structures d'un pays, qu'elles soient économiques, sociales, juridiques, morales, etc. Une révolution introduit un nouveau système de valeurs, porté par une idéologie et un projet de société radicalement différents de l'ordre existant, qui ont su mobiliser le peuple : **libéralisme politique** (États-Unis en 1776, France en 1789), **socialisme** révolutionnaire (Russie en 1917, Chine en 1949), **islamisme** (Iran en 1979).

Par extension, on utilisera également le terme « révolution » pour parler d'un changement profond et général survenu dans un domaine précis de l'activité humaine : révolution industrielle, révolution scientifique, révolution sexuelle, etc.

Révolution tranquille

▨ Période charnière dans l'histoire du Québec, s'étendant selon bon nombre d'auteurs de 1960 à 1966 – soit les deux mandats du gouvernement libéral de Jean Lesage (1912–1980) –, marquant la rupture avec la période précédente (un Québec que l'on voulait rural, profondément catholique et dominé par le clergé) et ouvrant définitivement la voie de la modernité à la société québécoise. La mort du premier ministre et chef de l'Union nationale, Maurice Duplessis (1890–1959), annonce la fin de la « grande noirceur » au Québec et le début d'une nouvelle ère au cours de laquelle il s'agira de rattraper le retard pris par rapport au reste de l'Amérique du Nord ou à certains pays de l'Europe de l'Ouest.

Deux dynamiques de changement et de progrès s'installent, parallèlement, durant la Révolution tranquille : une première, plus spectaculaire et que l'histoire retiendra davantage, est conduite par la nouvelle **élite** canadienne-française et s'exprime à travers l'appareil d'**État** ; la seconde, qu'on a parfois tendance à oublier, renvoie au mouvement d'émancipation sociale, politique, culturelle et nationale conduit par la population elle-même.

D'une part, donc, la Révolution tranquille est cette vaste entreprise de réforme amorcée dans le but de moderniser le Québec et de le rendre compatible avec les nouvelles exigences de l'économie **capitaliste.** Sous la direction de l'élite, l'État joue à cet égard un rôle colossal et devient **État-providence.** Il dote la province d'une série d'institutions publiques et s'attaque à de grands chantiers, non seulement en remodelant les principales infrastructures (énergie, transport, communication, etc.), mais aussi en offrant des services publics décents : éducation postsecondaire (par exemple par la création des cégeps en 1967), santé et affaires sociales.

D'autre part, le Québec connaît aussi une effervescence animée par la **société civile** elle-même : de grands débats publics, la contestation, l'action syndicale et ouvrière, la mobilisation populaire autour de thèmes comme la langue, l'identité et l'avenir du Québec, sont à l'ordre du jour. Du côté des mœurs, des idées et de la culture, c'est l'explosion. Le **nationalisme,** qui cesse d'être canadien-français et devient québécois, connaît une montée fulgurante. Vue sous cet angle, la Révolution tranquille déborde jusque dans les années 1970.

Les « acquis de la Révolution » commenceront à être remis en cause à la fin du premier mandat du gouvernement du Parti québécois, vers 1980, alors que – à l'échelle occidentale – s'abat une grave récession et s'ouvre une ère de **néolibéralisme** qui ébranle sérieusement l'État-providence.

Révolutionnaire (théorie)

Théorie des relations internationales (RI). Ses tenants ont une approche à la fois analytique et normative ; ils veulent expliquer et comprendre les mécanismes à la base des RI, mais veulent aussi les transformer de façon radicale. Ils sont donc à la fois théoriciens et acteurs politiques. Selon eux, la société internationale est caractérisée par des inégalités économiques et sociales et donc par des rapports de domination et d'exploitation qui transcendent les rapports entre les États. Les RI sont par conséquent soumises à une dynamique de conflit, de lutte entre dominants et dominés à l'échelle internationale. L'histoire ayant un sens, les dominés sont selon cette théorie appelés à renverser cet ordre inégalitaire. Cette approche se démarque de celle de l'**idéalisme,** qui postule l'existence d'une communauté d'intérêts universelle, et du **réalisme,** selon lequel les RI sont le résultat des égoïsmes étatiques qui s'affrontent dans un perpétuel **état de nature.**

Parmi les précurseurs de cette école de pensée, mentionnons les jacobins, faction radicale de la Révolution française de 1789. Pour eux, non seulement la nation devient la seule détentrice légitime de la souveraineté, mais désormais l'Europe devient un vaste champ de bataille opposant d'une part les peuples opprimés, qui luttent pour la **république** et pour leurs droits, et, d'autre part, les régimes monarchiques coalisés qui veulent maintenir l'Ancien régime et les privilèges de l'aristocratie. Karl Marx (1818–1883) et Friedrich Engels (1820–1895), entre autres théoriciens du socialisme, apporteront une contribution capitale à la théorie révolutionnaire. L'idée que les rapports économiques déterminent les rapports sociaux s'applique forcément au plan international. Ainsi, le capitalisme ne connaissant pas de frontières, les classes sociales qu'il engendre, la **bourgeoisie** et le **prolétariat,** et la lutte qui les oppose ne doivent pas en connaître non plus. D'où la conclusion du *Manifeste du Parti communiste* en 1848 : «Prolétaires de tous les pays, unissez-vous!» Au début du xxe siècle, Vladimir Illitch Lénine (1870–1924), à la suite des travaux de l'économiste anglais John Atkinson Hobson (1858–1940), poussera plus loin l'analyse du capitalisme international : le développement des monopoles et la saturation des marchés nationaux, forçant les puissances capitalistes à la conquête de nouveaux marchés, conduisent à l'**impérialisme** moderne, au **néocolonialisme** et aux **luttes de libération nationale** qui vont marquer la scène internationale, entre 1950 et 1980 à tout le moins.

» décolonisation, matérialisme historique

Rideau de fer

▦ Expression utilisée par les Occidentaux, à partir de 1946, pour désigner la **frontière** politique coupant en deux l'Europe (de la mer Baltique au nord jusqu'à l'Adriatique au sud) qui s'installe à mesure que l'URSS affermit son emprise sur ses **États satellites** et les isole du reste du continent européen, ce qui achève la division de celui-ci en deux blocs bien distincts : l'un **communiste**, à l'est, l'autre **capitaliste,** à l'ouest. Le «rideau de fer» se matérialisera plus tard sous la forme de frontières effectivement hermétiques – avec *no man's land*, miradors, mitrailleuses automatiques, etc. – tout le long de la limite occidentale de l'Europe de l'Est.

La première brèche qui sera percée dans le rideau de fer est l'ouverture par la Hongrie de sa frontière avec l'Autriche, en mai 1989 ; dans les mois suivants, celui-ci disparaîtra complètement, avec les transformations politiques que connaissent aussi la RDA, la Pologne, la Tchécoslovaquie, etc.

» **mur de Berlin**

RIN

▦ Rassemblement pour l'indépendance nationale. Mouvement politique québécois fondé en 1960 et devenu parti en 1963, il fut le premier à mettre de l'avant, sur la scène électorale, le mot d'ordre d'indépendance du Québec. Il a réuni les premiers animateurs du nationalisme québécois moderne, comme Andrée Ferretti, André D'Allemagne (1929–2001) et Pierre Bourgault (1934–2003). Son programme, plutôt à **gauche,** dépassait largement la question nationale ; ainsi, ce parti soutenait «un projet de changement social axé sur l'intervention généralisée de l'État, sur une redistribution plus égalitaire des revenus, sur la laïcisation de la société et sur la nationalisation des ressources naturelles» (Monière, 2001, p. 120). Ce programme, jumelé à l'idée d'indépendance, permit au RIN d'obtenir près de 6 % des voix aux élections provinciales de 1966. Après la fondation par René

Lévesque (1922–1987) du Mouvement souveraineté-association (MSA), qui devint peu de temps après le Parti québécois, le RIN se saborda en 1968 au profit de cette nouvelle formation politique.

Riniste

▨ Relatif au **RIN.**

ROC

▨ *Rest of Canada*. Expression créée au Québec afin de désigner en bloc les neuf autres provinces canadiennes. Autrefois, plusieurs disaient « le Canada anglais », vocable dont on a constaté assez vite les évidentes limites : évacuation de la réalité francophone hors Québec, inclusion des Anglo-Québécois (dont le point de vue sur le caractère distinct du Québec diffère parfois de celui des autres anglophones du Canada), etc.

La locution *Rest of Canada* traduit une vision typiquement québécoise de la fédération canadienne : il y a « eux » (l'Ontario, l'Ouest canadien, les provinces atlantiques) et il y a « nous » (le Québec). L'expression n'est donc pas revendiquée par ceux qu'elle désigne. S'agissant d'aborder la délicate dynamique Québec/Canada, Charles Taylor, éminent philosophe politique, suggère un autre vocable, un peu plus neutre, celui de « Canada hors Québec », ou CHQ (Taylor, 1992, p. 183).

Rogue state

>> **État voyou**

Roi nègre

▨ Dirigeant fantoche. Pantin politique choisi par le colonisateur parmi les **autochtones** et dont le rôle est d'amener ses semblables à rester dociles, à la grande satisfaction du colonisateur. Dans la bouche de certains nationalistes québécois, comme Pierre Falardeau dans son film *Le temps des bouffons* (1993), désigne un Canadien français occupant un poste important et ayant vendu son âme aux Britanniques ou aux Canadiens anglais : « Des rois nègres à peau blanche qui parlent bilingue [...]. Toute la gang des Canadiens français de service costumés en rois nègres biculturels. »

Sanction royale

▨ Au Canada, acte par lequel le représentant officiel de la Couronne (le **gouverneur général** au fédéral ou le **lieutenant-gouverneur** au provincial) donne son consentement à un projet de loi adopté par le **Parlement** ou l'**Assemblée législative.** Vestige de la monarchie britannique, un tel consentement est nécessaire pour que la loi entre en vigueur. Un refus d'accorder ladite sanction équivaudrait à l'exercice d'un *veto.* Depuis 1926, le gouverneur général ne jouit plus d'une **légitimité** suffisante pour exercer un tel *veto*, ce qui explique qu'aujourd'hui, la sanction royale est automatiquement accordée.

Sanctions internationales

▦ Mesures coercitives prises contre un **État** dans le but de le « punir » parce qu'il n'a pas voulu adopter un comportement qu'on lui intimait d'adopter. Décidées par un État, un groupe d'États ou encore l'**ONU,** les sanctions peuvent prendre une variété de formes : bannissement, *boycott,* embargo, **blocus,** etc.

Satellites

>> **États satellites**

Science politique

▦ Étude scientifique des phénomènes politiques en vue d'en découvrir le sens, d'en saisir la mécanique, d'en comprendre la portée. Deux questions essentielles découlent de cette brève définition : qu'est-ce qu'un phénomène politique et comment l'étudie-t-on scientifiquement ?

Quels sont les contours du politique et à partir de quand un fait devient-il un phénomène politique ? Il n'existe pas de réponse nette et définitive à cette question. Déterminer qu'un fait est politique ou non dépend beaucoup du regard que l'observateur pose sur son objet ; ce regard est conditionné par une époque, un lieu, une culture donnés. Cependant, la plupart des auteurs reconnaissent trois familles de phénomènes politiques :

- l'**État,** les **institutions,** donc les **régimes** politiques ;
- le **pouvoir** ;
- les faits sociaux, dans leur aspect dynamique : les **acteurs,** leurs intérêts, leurs stratégies, de même que les idées, les projets et les **idéologies** qu'ils véhiculent.

Quant à sa démarche, le « comment », la science politique « n'a pas de méthodes ni de techniques propres et utilise celles des sciences sociales suivant l'objet à étudier : méthode sociologique, méthode historique et analyse de contenu pour l'étude de documents, […] analyse comparative des divers types de Constitutions, gouvernements et rapports politiques, enfin toutes les méthodes d'enquête et techniques de la psychologie sociale et de la sociologie » (Grawitz, 1990, p. 324).

>> **cité,** *polis,* **politique (la), politique (le)**

Scrutin de liste

▦ **Mode de scrutin** où l'**électeur** choisit une liste de candidats parmi celles qui figurent sur son bulletin de vote. Chaque liste est généralement associée à un **parti** politique et le nombre de candidats qu'elle contient correspond au nombre de **sièges** à pourvoir. Il existe plusieurs variantes de ce mode de scrutin (celle où l'ordre de la liste est prédéterminé, celle où l'électeur peut établir un ordre de préférence à l'intérieur de la liste, etc.).

Scrutin majoritaire uninominal à un tour

>> **majoritaire uninominal à un tour (scrutin)**

Séance parlementaire

🔲 Réunion formelle de travail d'une **assemblée législative.** En **régime parlementaire** de type britannique, chaque séance se divise en deux parties : les «affaires courantes» (incluant la «période de questions» portant sur des problèmes d'actualité) ; les «affaires du jour» (où les parlementaires débattent des questions particulièrement importantes, discutent des projets de loi et les votent).

Sécession

🔲 Dans un pays donné, acte par lequel une fraction de la population, concentrée sur un même territoire, se sépare de ce pays et proclame soit l'**indépendance** dudit territoire, soit son rattachement à un État tiers. La sécession est donc le fruit de la volonté séparatiste d'un large groupe de personnes ne se reconnaissant pas dans l'État central dont elles ont la nationalité. Habituellement, ces personnes partagent certaines caractéristiques qui les distinguent du reste de la population de l'État qu'elles veulent quitter : langue, culture, religion, **ethnie, idéologie,** etc. Parmi des exemples patents et célèbres de guerres de sécession ayant abouti, mentionnons la séparation du Bangladesh du Pakistan (1971), l'indépendance de l'Érythrée vis-à-vis de l'Éthiopie (1993), la création de la Bosnie-Herzégovine par une rupture avec la Yougoslavie (achevée en 1995).

　》 **partition**

Secrétaires

🔲 Proches collaborateurs du président des États-Unis, les secrétaires sont les administrateurs en chef de la machine gouvernementale américaine ; chacun gère un département bien précis, l'équivalent d'un **ministère** : la défense, le trésor, le commerce, la justice, les affaires étrangères (soit le Département d'État), l'agriculture, etc. Les secrétaires, au nombre de quinze, sont invités à siéger au sein du cabinet, un organe consultatif sur lequel s'appuie le président pour prendre ses décisions et pour donner au pouvoir exécutif ses orientations. Contrairement aux ministres canadiens, qui siègent au Parlement, les secrétaires ne sont pas issus du **Congrès,** la constitution américaine leur interdisant de cumuler la fonction parlementaire et un emploi au service de l'exécutif.

Sectarisme

🔲 Attitude de certains partisans ou **militants** exaltés, souvent associés à des tendances ou à des groupes (politiques, religieux, etc.), qui consiste à professer des idées arrêtées de façon obstinée et intraitable. Termes associés : intolérance, fanatisme.

🔲 Propension, chez certains **acteurs** politiques, à tout ramener à leur propre parti ou organisation, à rejeter les idées des autres justement parce qu'elles ne sont pas les leurs. Esprit de clocher.

　》 **dogmatisme, extrémisme**

Secteur informel

　》 **économie informelle**

Sécularisation

▨ Action de faire passer de la sphère religieuse à la sphère civile, publique, laïque. Terme fréquemment utilisé en sciences sociales pour désigner cette transformation des sociétés qui, dans les **temps modernes,** ont cessé d'user du sacré ou du religieux lorsqu'il s'est agi d'expliquer et de gérer **le politique.**

Sédition

▨ Révolte contre l'autorité publique. Sont notamment considérés comme actes ou crimes séditieux les appels ou la participation à une **insurrection,** de même que la participation à des attentats ou à des complots portant atteinte à la sécurité de l'État.

>> **subversion**

Ségrégation

>> **discrimination**

Self-government

▨ De l'anglais, signifie littéralement «gouvernement par soi-même». Dans le contexte du colonialisme, «système d'administration dans lequel les citoyens sont libres de s'administrer à leur convenance, dans tous les domaines qui ne concernent pas la politique générale de la métropole» (Dionne et Guay, 1994, p. 310).

Sénat

▨ Dénomination de certaines assemblées parlementaires. À Rome, dans l'Antiquité, il s'agissait d'une **chambre** où siégeaient les représentants de l'**aristocratie.** Aujourd'hui, dans certains **régimes,** nom donné à la deuxième chambre d'un **parlement.** C'est le cas notamment en France, en Italie, en Belgique et aux États-Unis. Le statut et les pouvoirs de cette deuxième chambre varient d'un système à l'autre.

▨ Au Canada, le Sénat, dit aussi Chambre haute, est la deuxième chambre du Parlement canadien et il est donc titulaire, en partie, du pouvoir **législatif.** Les sénateurs sont nommés par le **premier ministre,** qui doit toutefois respecter certaines contraintes pour ce qui est de la représentation régionale (l'Ontario, le Québec, l'Ouest et les Maritimes ont droit, chacun, à un minimum de 24 sénateurs, Terre-Neuve, à 6, le Yukon, les Territoires-du-Nord-Ouest et le Nunavut, à 1 sénateur chacun). Héritage du xixe siècle, sans légitimité démocratique, le Sénat a été la cible de nombreuses critiques et l'objet de plusieurs projets de réforme. Alors que certaines **provinces** voudraient un sénat élu, à représentation égale pour chacune des provinces et avec des pouvoirs réels, d'autres provinces proposent au contraire de l'abolir. À défaut d'entente, le Sénat s'est maintenu jusqu'ici. Par contre, la **Loi constitutionnelle de 1982** limite les pouvoirs législatifs du Sénat. Depuis cette date, son droit de *veto* est devenu suspensif : si, après 180 jours, le Sénat n'a toujours pas adopté un projet de **loi** préalablement voté par la **Chambre des communes,** celle-ci peut passer outre l'aval du Sénat en adoptant de nouveau le même projet de loi.

Séparation des pouvoirs

▨ Principe proposé par des penseurs libéraux comme John Locke (1632–1704) et Montesquieu (1689–1755). Opposés à la **dictature** monarchique et à toute forme d'abus de pouvoir, ils croyaient que le meilleur moyen d'assurer la plus grande liberté aux citoyens était l'affaiblissement du pouvoir. En vertu du principe selon lequel « le pouvoir arrête le pouvoir », s'est développée l'idée de confier les pouvoirs législatif, exécutif et judiciaire à trois institutions distinctes et organiquement indépendantes, qui se font contrepoids, rendant pratiquement impossible la concentration des pouvoirs dans les mains d'un seul.

Alors que le **régime présidentiel** de type américain a été conçu sur la base de ce principe, le **régime parlementaire,** quant à lui, a évolué en partie dans cette direction : le principe de séparation des pouvoirs y est appliqué, mais dans une bien moindre mesure.

Séparatisme

▨ Terme péjoratif, voire quelque peu **démagogique,** utilisé par certains fédéralistes pour désigner le projet d'indépendance nationale ou de **souveraineté** politique au Québec. Puisque la très grande majorité des nationalistes québécois mettent de l'avant le maintien d'une forme quelconque d'union entre le Canada et le Québec, son emploi est donc à éviter, à moins que le but recherché soit de stigmatiser les souverainistes québécois. Il serait tout aussi injuste de remplacer unilatéralement, dans le langage courant, le mot fédéraliste par centralisateur et d'associer ainsi tout tenant du fédéralisme canadien à un ennemi des droits du Québec.

Service de la dette

▨ Somme qu'un **État** doit allouer, périodiquement, au remboursement de sa dette (capital et intérêts). Le service de la dette est donc un poste budgétaire (de dépenses) auquel un gouvernement doit consacrer une partie de ses revenus parce qu'il a contracté des emprunts sur les marchés financiers ou auprès d'autres organismes.

Session parlementaire

▨ En **régime parlementaire,** comme au Québec et au Canada, période d'une durée variable à l'intérieur d'une **législature,** qui va de la convocation de l'Assemblée nationale ou du Parlement par le premier ministre, et donc du **discours d'ouverture,** jusqu'à la **prorogation** (dite aussi clôture) ou à la **dissolution du parlement.** Dans le cadre d'une session, les travaux de l'Assemblée nationale à Québec ou de la Chambre des Communes à Ottawa ont lieu pendant des périodes allant de la mi-septembre à la mi-décembre et de la mi-février à la mi-juin. Entre chaque période, les travaux sont ajournés de telle sorte que l'étude des motions ou projets de loi qui n'ont pas été adoptés est reprise à la période suivante.

Sexisme

▨ Ensemble de conceptions et d'attitudes, plus ou moins conscientes, établissant une **discrimination** entre les sexes et postulant la supériorité des hommes et, par consé-quent, l'infériorité des femmes.

Le sexisme se traduit nécessairement par l'attribution de privilèges politiques, éco-nomiques et sociaux aux hommes, de même que par une injustice systématique à l'égard des femmes, dans la vie publique (sur les plans politique, économique, social, légal, etc.) et dans la vie privée (rapports de couple, vie familiale, etc.).

>> **chauvinisme, patriarcat, phallocrate**

Shari'a

>> *charia*

Shoah

>> **holocauste**

Siège

▨ Désigne à la fois une place de député dans un **parlement** et la fonction de député elle-même.

Sionisme

▨ Mouvement et idéologie prônant, de la fin du XIXᵉ siècle à 1948, la création d'un État pour les Juifs en Palestine. Le terme suggère en effet l'idée d'un « retour du peuple juif à Sion », l'une des collines de Jérusalem. Jusqu'alors, le sionisme incarnait une tendance minoritaire, radicale et hétéroclite au sein de la communauté juive internationale, dont les effectifs étaient concentrés en Europe (incluant l'URSS) et en Amérique. La vitalité de l'**antisémitisme** durant la première moitié du XXᵉ siècle – phénomène qui va culminer lors de la Seconde Guerre mondiale – a encouragé l'émi-gration des Juifs vers la Palestine. Le projet sioniste devient réalité le 14 mai 1948, avec la naissance de l'État d'Israël.

▨ Le terme sionisme est également employé pour désigner l'idéologie et le mouvement qui, après 1948, proposent l'expansion du territoire israélien et le renforcement de la puissance de l'État d'Israël, au point de recréer éventuellement le grand royaume d'Israël de l'époque biblique. Cette tendance belliqueuse à l'égard des Palestiniens et des pays arabes voisins est incarnée notamment par les colons juifs et la droite israélienne, ainsi que par plusieurs organisations de la **diaspora**.

Social-démocratie

▨ Terme désignant la tendance modérée au sein du mouvement socialiste qui, à partir du début du XXᵉ siècle, s'est graduellement éloignée de ses origines révolutionnaires. Au fil des décennies, les sociaux-démocrates en sont venus à considérer la démocra-tie libérale (parlementarisme, multipartisme, élections « libres ») comme le seul hori-zon politique valable et à renoncer à des principes essentiels du socialisme comme la socialisation des moyens de production. La social-démocratie accepte donc dans une bonne mesure les fondements de l'économie capitaliste : propriété privée des moyens de production, libre marché, etc. Réformistes, le **discours** et le **programme politique** sociaux-démocrates proposent une certaine intervention de l'État dans l'économie (nationalisation de quelques entreprises, politiques fiscales **progressistes,** réglementations économiques et sociales, etc.), privilégient une approche de concertation sociale (où sont convoqués entreprises, syndicats, mouvements sociaux, etc.) et témoignent d'une sensibilité aux revendications d'égalité entre les hommes et les femmes.

Le même terme désigne donc une vaste famille politique de centre **gauche** regroupant des formations aux étiquettes diverses. Par exemple, le Nouveau Parti démocratique (NPD) au Canada, le Parti socialiste français (PSF), le *Socialdemokratiska Arbetarepartiet* (SAP) en Suède, le *Sozialdemokratische Partei Deutschlands* (SPD) en Allemagne, etc. Il peut aussi faire référence à l'expérience historique, au « modèle », diront certains, de pays d'Europe du Nord (Suède, Norvège, Finlande, etc.) qui ont été sous la gouverne de partis sociaux-démocrates pendant plusieurs années depuis la fin de la Seconde Guerre mondiale.

>> **keynésien, social-libéralisme**

Social-libéralisme

Expression servant à caractériser l'évolution qu'ont connue, depuis les années 1980, la plupart des partis issus de la **social-démocratie** en Occident. Ces partis ont visiblement pris leurs distances vis-à-vis de cette dernière et ont opté pour des mesures ou positions davantage conformes au **libéralisme économique** : rigueur budgétaire, compressions dans les services publics, libre-échange, stabilité monétaire, **productivisme,** accommodements à l'égard des investisseurs, confiance dans les lois du **marché,** etc. Les formations partisanes auxquelles cette notion renvoie habituellement sont par exemple le *New Labour* britannique, le Parti social-démocrate (SPD) allemand, le Parti socialiste français, les Démocrates de gauche (*Democratici di sinistra*) italiens et le Nouveau Parti démocratique (NPD) canadien. Même s'il n'est pas formellement issu de la social-démocratie, plusieurs associent également le Parti québécois au social-libéralisme, en particulier depuis le passage de Lucien Bouchard à la tête du parti (1996–2001).

En même temps qu'ils adoptaient ces nouvelles orientations politiques, ces partis ont aussi connu une transformation significative de leurs appuis et de leur fonctionnement : influence grandissante des **technocrates** et experts en communication en leur sein, réduction du rôle des syndicats, mutations conséquentes du *membership*, attraction d'un électorat de plus en plus favorisé (classes moyennes aisées ou petite bourgeoisie), etc. Une telle évolution amène de nombreux observateurs à considérer que ces partis consolident l'ordre établi en faveur des **élites** économiques et de la **mondialisation** néolibérale. Synonymes : néocentrisme, gauche de marché, gauche « mal à droite », néolibéralisme à visage souriant, **troisième voie** social-libérale.

Socialisation politique

>> **culture politique**

Socialisme

▪ **Idéologie** et mouvement politique très diversifiés qui se sont développés au XIXᵉ siècle en Europe dans la foulée du courant humaniste et en réaction à l'exploitation « sauvage » de la classe ouvrière par la bourgeoisie capitaliste.

Le socialisme est basé sur la théorie de la **lutte des classes** et sur un refus des désordres socioéconomiques et de la violence engendrés par la propriété privée des **moyens de production** et le **libéralisme économique.** Mettant de l'avant des valeurs de justice économique, d'égalité sociale et d'internationalisme, les socialistes proposent d'atteindre ces idéaux en utilisant l'**État** pour planifier le développement économique en fonction des besoins sociaux. Cet **interventionnisme** d'État se traduit par la **nationalisation** ou l'**étatisation** de certains secteurs de l'économie, par une réglementation économique et sociale ainsi que par l'établissement de programmes sociaux (accès à l'éducation, à la santé, etc.).

Le mode de transition du **capitalisme** au socialisme, le rôle attribué à la classe ouvrière et au parti et le rôle de l'État dans le **mode de production** varient beaucoup selon les différentes tendances que l'on trouve à l'intérieur du mouvement socialiste. Parmi celles-ci, mentionnons, entre autres, la **social-démocratie** et le **communisme** (ou socialisme révolutionnaire).

Chez les **marxistes,** de façon plus précise, le socialisme peut également désigner l'étape historique transitoire qui devrait suivre le renversement du capitalisme, permettre le développement maximal de l'économie, planifié par l'État, et conduire à l'avènement de l'idéal communiste.

Société civile

▪ Le sens couramment employé est le suivant : ensemble des **acteurs** et des relations qu'ils nouent entre eux, exception faite de l'État et de son intervention. Ainsi, la société civile est formée, dans un pays donné, de l'ensemble des **citoyens** et de leurs organisations, de même que des rapports qui se nouent entre ces citoyens et organisations – excluant l'État. Il peut s'agir de rapports politiques (par exemple, les **groupes de pression**), économiques (marché du travail, libre entreprise, etc.) ou sociaux. En un mot, il s'agit de la société et – plus précisément – du politique et de l'économique, abstraction faite de l'**État.** « La société civile serait donc [...] intermédiaire entre la sphère privée et la sphère étatique. Les associations, les mouvements religieux, les courants de pensée philosophiques ou culturels élaborent des idées et des propositions qui alimentent, et éventuellement contestent, la réflexion et les prises de position des responsables politiques » (Alpe et autres, 2005, p. 240). On dit aussi les « forces vives de la société ».

Société d'État

▪ Organisme ayant la même structure qu'une entreprise du secteur privé, mais créé et financé par l'**État** à des fins spécifiques (production de biens ou de services, gestion de certains secteurs d'activité économique ou sociale, promotion de la culture, etc.) qui sont considérées comme étant d'intérêt public. Au Québec, parmi les plus connues, mentionnons Hydro-Québec, la Caisse de dépôt et placement du Québec, la Société des alcools du Québec ou, encore, Héma-Québec. Au Canada, où on utilise généralement le terme de Société de la Couronne, on pense à la Société Radio-Canada, à Postes Canada ou encore à la Société canadienne d'hypothèque et de logement. Les dirigeants des sociétés d'État sont nommés par le **gouvernement** et doivent rendre compte de leurs activités au **ministre** du secteur concerné. De plus, ils peuvent être appelés à témoigner devant des **commissions parlementaires.** Bien que le gouvernement n'ait pas de contrôle direct sur les sociétés d'État, c'est lui qui en a la responsabilité politique en dernière instance.

Société de la Couronne

≫ **société d'État**

Société des Nations

Ancêtre de l'**ONU,** la Société des Nations (SDN) est la première tentative durable de créer un organisme permanent de prévention des conflits s'appuyant sur la concertation internationale. Créée au lendemain de la Première Guerre mondiale, en 1919, la SDN a réuni pendant 20 ans plus de 40 États, la plupart européens ou américains. C'était, comme son nom anglais l'indique, une ligue (*League of Nations*), c'est-à-dire une association souple et peu contraignante d'États souverains, dont plusieurs étaient encore à la tête d'empires coloniaux. Elle était basée à Genève, en Suisse.

Rétrospectivement, on constate que la SDN se distinguait de l'ONU à maints égards. Au plan du *membership* par exemple, on note le refus des États-Unis d'y adhérer, l'absence de l'URSS jusqu'en 1934 et une faible représentation de l'Afrique et de l'Asie. Au chapitre des moyens à sa disposition, la SDN restait une organisation relativement modeste avec ses 500 salariés (l'ONU en a plusieurs dizaines de milliers, sans compter les Casques bleus). Enfin, au plan de sa capacité d'action, la SDN n'était pas dotée d'un pouvoir exécutif semblable à celui du Conseil de sécurité, autorisé à user de la force et à déployer des moyens militaires aux quatre coins du globe. Ces raisons sont souvent invoquées afin d'expliquer l'incapacité de la SDN à régler les principaux litiges internationaux des années 1930 ; l'échec patent de l'organisation est constaté lors du déclenchement de la Seconde Guerre mondiale.

Société distincte

≫ **Accord du lac Meech, asymétrique (fédéralisme)**

Société transnationale

≫ **firme multinationale**

Solidarité ministérielle

Principe en vertu duquel les **ministres** sont collectivement responsables des orientations politiques choisies par l'ensemble du **cabinet.** Pour éviter les dissensions au sein de la haute direction de l'**État,** les ministres doivent respecter cet esprit de corps

ou alors démissionner. Ainsi, les ministres sont tenus de ne pas critiquer publiquement un collègue ministre ni le premier ministre, de ne pas dévoiler le contenu des
débats ayant eu cours au sein du cabinet, de ne pas ravir au premier ministre son
privilège d'annoncer les grandes décisions, etc.

Solliciteur général

Institution d'origine britannique. L'expression utilisée au Canada est d'ailleurs un calque
de l'anglais *Solicitor General*. Au Québec, on utilise l'expression française « procureur
général » pour désigner un poste équivalent. Dans les deux cas, les fonctions associées à ce poste sont sous la responsabilité du ministre de la Justice, qui en porte
donc le titre. Solliciteur et procureur généraux sont, entre autres, responsables des
affaires judiciaires qui concernent l'État, des services de police et des établissements
correctionnels. Au palier fédéral, le solliciteur général est, de plus, responsable des
services de sécurité nationale et du contre-espionnage.

Sous-développement

>> développement

Souverain

Au sens strict : le roi, le monarque.

Au sens large : celui qui détient la **souveraineté.**

Adjectif employé pour qualifier une entité ou un être qui, dans son domaine, n'est
soumis à personne.

Souveraineté

L'autorité politique finale. Le pouvoir décisionnel suprême. La capacité de trancher,
en dernière instance. Dans un pays donné, le titulaire de la souveraineté dépend de la
nature du **régime :** ce peut être, par exemple, le roi (s'il s'agit d'une **monarchie**) ou
le peuple (s'il s'agit d'une **démocratie**).

En droit international, caractéristique d'un **État** libre de prendre seul ses propres
décisions, sans solliciter l'accord d'une autre **puissance,** que ce soit en matière de
politique étrangère ou d'affaires internes.

>> indépendance

Souveraineté-association

En 1967, après une scission au sein du Parti libéral du Québec, René Lévesque
(1922–1987) et quelques partisans fondent le Mouvement souveraineté-
association, qui allait devenir, dès l'année suivante, le Parti québécois. À l'époque,
« cette option [...] était une formule de compromis entre le maintien du Québec dans
le régime fédéral canadien, d'une part, et d'autre part, l'**indépendance** complète d'un
Québec unilingue français préconisée jusqu'alors par plusieurs groupements politiques [...]. Le compromis proposé par René Lévesque, c'était de faire du Québec un

pays **souverain** au sein d'une association économique réunissant le Québec et le reste du Canada» (André Bernard, dans Lévesque, 1988, p. 9).

Depuis maintenant plus de 40 ans, cette formule a donné lieu à de multiples interprétations, à de houleux débats et à de spectaculaires ruptures : y a-t-il un des deux termes qui soit un préalable, oui ou non, et si oui, lequel ? Ni les chefs qui se sont succédé à la direction du parti ni les membres n'ont réussi à donner une interprétation définitive de cette option et à mettre un terme au débat (dans les années 1990, sous l'influence notamment de Lucien Bouchard, une variante de la souveraineté-association a fait son apparition, pour être ensuite abandonnée vers la fin de cette même décennie : la souveraineté-partenariat).

>> **étapisme**

Soviet

▧ Mot russe signifiant «assemblée», «conseil». De 1917 à 1991, désignait en URSS l'unité de base, soit le Conseil ouvrier, fondement sur lequel se structurait l'ensemble du **système politique,** de la base jusqu'au sommet, d'où le nom Union «soviétique».

Statu quo

▧ Les choses telles qu'elles sont en ce moment ; leur état actuel. L'ordre établi.

Statut de Westminster

▧ Loi du Parlement britannique, adoptée en 1931, qui fait suite aux demandes répétées des **dominions** membres de l'Empire (Canada, Australie, Nouvelle-Zélande, Union sud-africaine, État libre d'Irlande et Terre-Neuve) et aux conférences impériales de 1926 et de 1930.

Cette loi, qui a un statut constitutionnel, reconnaît le principe de l'égalité des membres au sein du **Commonwealth.** D'une part, la Grande-Bretagne perd son statut de **métropole** : «Nulle loi émanant désormais du **Parlement** du Royaume-Uni ne doit s'étendre à l'un quelconque desdits dominions.» D'autre part, cette loi consacre l'autonomie politique des dominions, qui obtiennent leur pleine **souveraineté** en matière de politique étrangère : «Nulle loi [...] édictée par le Parlement d'un dominion ne sera invalide ou inopérante à cause de son incompatibilité avec une législation d'Angleterre [...] le Parlement d'un dominion a le plein pouvoir d'adopter des lois d'une portée extraterritoriale.»

Pour le Canada, il reste à définir une procédure lui permettant d'amender sa propre constitution, essentiellement des lois britanniques, sans l'autorisation du Parlement anglais, ce qui sera fait dans le cadre de la **Loi constitutionnelle de 1982.**

Stratégie

▧ Du grec *stratêgos*, pour chef d'armée, général. Il peut s'agir de la science qui concerne la conduite de la guerre et la défense d'un pays. Cet «art» consiste à concevoir des hypothèses quant aux mouvements possibles des forces armées, aux scénarios d'opérations militaires, et à imaginer des plans d'attaque et de défense en se basant sur des doctrines et des connaissances historiques.

Sont souvent qualifiés de «stratégiques» des renseignements, des zones géographiques, des ressources naturelles ou encore des armes considérées comme essentiels pour assurer la suprématie militaire ou encore la sécurité nationale d'un État. Il est à noter que le développement des armes nucléaires et la conquête de l'espace ont fait en sorte que les problématiques liées à la guerre et à la défense nationale sont désormais pensées à une échelle continentale et même planétaire. Le terme est donc désormais souvent associé aux questions touchant la paix et la sécurité sur le plan international. Ainsi, pendant la **guerre froide,** on qualifiera d'armes stratégiques les missiles balistiques intercontinentaux (les ICBM américains), missiles à longue portée et chargés de têtes nucléaires. De même, on parlera d'une «stratégie de dissuasion», qui consiste à développer un armement nucléaire d'une puissance telle qu'il écarte toute velléité d'engager le combat chez l'adversaire. À l'instar de l'un de ses prédécesseurs, le président Ronald Reagan (1911–2004), George W. Bush, président américain de 2001 à 2009, a poursuivi la politique dite «Initiative de défense stratégique», soit la mise en place d'un système de satellites qui constituerait un «bouclier antimissile» au-dessus de l'Amérique du Nord. Enfin, de nombreuses universités offrent désormais des programmes d'études stratégiques axés sur la recherche portant sur la sécurité et la paix à l'échelle internationale.

>> **tactique**

Subversion

Action visant la destruction des **institutions** et des valeurs établies et le renversement de l'ordre politique et social.

>> **sédition**

Sud

>> **Nord-Sud**

Suffrage

Synonyme de **vote** en tant que voix exprimée lors d'une élection, mais aussi en tant que droit de participer à un processus de prise de décision (élection, **plébiscite, référendum,** etc.). Dans ce sens, le droit de suffrage peut être «restreint» (à une certaine catégorie de citoyens), «censitaire» (lié d'une façon ou d'une autre à la fortune) ou «universel» (attribué à tous les citoyens remplissant les conditions minimales d'âge et de capacité). Enfin, l'expression peut désigner la consultation électorale elle-même.

Sunnisme

Courant majoritaire au sein de l'**islam** ralliant entre 85 % et 90 % des **musulmans** de la planète. Ainsi, les sunnites sont majoritaires dans presque tous les pays musulmans; il n'y a qu'en Irak et en Iran où les chiites dominent. Sur le plan de la **doctrine,** le sunnisme se distingue du **chiisme** en se définissant exclusivement par rapport à la tradition (la *sunna*) instaurée par le prophète Muhammad (env. 571–632). Le sunnisme est donc souvent associé à l'**orthodoxie** musulmane, tandis que le chiisme incarne, au sein de l'islam, une contestation de l'ordre établi.

C'est sur la question de la succession du Prophète que la rupture entre sunnites et chiites s'est produite. Lorsque Muhammad meurt, il ne laisse aucune instruction quant à sa succession. Même si la terminologie sunnites-chiites n'apparaîtra que beaucoup plus tard, retenons que les sunnites sont ceux qui estiment que les quatre califes « bien dirigés » qui ont régné sur le monde musulman dans les années suivant la mort du Prophète (de 634 à 661), ainsi que les deux dynasties qui ont pris la relève, soit les Omeyyades (661–750) et les Abbassides (750–1258), sont les dignes héritiers du Prophète. Inversement, les chiites soutiennent que seuls le quatrième calife « bien dirigé » (Ali) et ses descendants sont les successeurs légitimes de Muhammad.

>> **chiisme**

Superpuissance

« État qui, par l'espace géographique qu'il occupe, par ses capacités économiques et par son potentiel militaire, dispose d'une puissance nettement supérieure à celle des autres États et qui a une capacité d'action – effective ou potentielle – susceptible de se projeter dans toutes les parties du globe » (Soppelsa, 1988, p. 250). Correspondent à cette définition les États-Unis, de 1945 à aujourd'hui, et l'URSS, de 1945 à 1991.

Supranational

Caractère de ce qui est « au-dessus de la tête des **États** ». Adjectif qui sert à décrire diverses réalités ou **institutions** associées à un niveau de décision situé plus haut, dans la hiérarchie, que les pays eux-mêmes, pris un par un : **parlement** supranational, tribunal supranational, autorité supranationale. Lorsque des États acceptent ce phénomène, ils perdent volontairement une partie de leur **souveraineté** au profit d'une instance qu'ils ont eux-mêmes créée et s'engagent à respecter les décisions qui en émaneront.

Plusieurs voyaient l'**ONU,** à l'origine, comme un gigantesque parlement supranational. Parmi les exemples souvent cités, notons le tribunal du libre-échange (**ALENA**) et certains organes décisionnels de l'**Union européenne.**

Swing state

>> **État pivot**

Sympathisant

Désigne une personne qui est favorable à la cause d'un **parti,** d'un groupe ou d'un mouvement politique, et aux points de vue qu'il défend, sans pour autant adhérer de façon formelle à ce parti, à ce groupe ou à ce mouvement.

Syndicat

Association vouée à la défense de ses membres, les travailleurs et travailleuses. Pour parvenir à cette fin, le syndicat est appelé à remplir divers rôles, comme de négocier et de signer un contrat collectif de travail (la convention collective), de conseiller et d'appuyer tout membre qui serait victime d'un abus de la part d'un employeur (droit de grief), ainsi que de représenter les salariés auprès de diverses instances de consultation, de concertation ou de décision. Un syndicat doit donc son existence au fait que les salariés d'une entreprise considèrent, en majorité, que leur sort s'améliorera davantage s'ils font valoir et négocient en groupe, plutôt qu'individuellement, leurs revendications et conditions de travail.

Considérés en bloc, les syndicats peuvent constituer un **mouvement social,** dans la mesure où ils se mettent en action ensemble dans le but de faire avancer une cause ou de provoquer des transformations sociales. Éventuellement, cette action collective peut se réaliser de concert avec d'autres mouvements sociaux : mouvement **féministe,** mouvement communautaire, mouvement étudiant, mouvement **altermondialiste,** etc. Depuis environ un siècle, on observe même que le mouvement ouvrier a souvent projeté son action sur la scène proprement politique, en créant des véhicules partisans consacrés à la défense des catégories sociales numériquement les plus importantes : *Labour Party* en Grande-Bretagne, *Sozialdemokratische Partei Deutschlands* (SPD) en Allemagne, Parti socialiste et PCF en France, Nouveau Parti démocratique au Canada, etc.

» **groupe de pression, prolétariat, social-démocratie**

Système politique

Concept recouvrant non seulement la notion de **régime,** mais aussi l'ensemble des autres caractéristiques permettant de déterminer les règles et les formes de la vie politique officielle dans un État donné : le **mode de scrutin,** le système de partis (**bipartisme, multipartisme**), les lois relatives au financement des partis, la forme de l'État (unitaire, fédéral, confédéral) et le partage des responsabilités en découlant, le rôle de certaines **institutions** (dont les médias), l'encadrement des autres **acteurs** qui entrent en relation directe avec les autorités politiques (**groupes de pression, lobbys**), la **culture politique,** etc.

Tactique

Ensemble des actions ou moyens concourant à l'atteinte d'un objectif. À la différence de la **stratégie,** qui a trait aux orientations générales et aux perspectives à long terme, la tactique concerne l'organisation pratique, sur le terrain et au quotidien, des éléments qui contribuent à la poursuite des fins. Au plan militaire, par exemple, la tactique concerne la définition des manœuvres et opérations qui, sur le champ de bataille, seront les plus efficaces, c'est-à-dire qui assureront, ultimement, la victoire.

Talibans

De l'arabe *talib*, étudiant. À l'origine, les talibans sont de jeunes Afghans, formés à l'**intégrisme** musulman dans les écoles religieuses du Pakistan. Dans les années 1990, ils reviennent dans leur pays d'origine pour y mener la lutte armée au nom de la foi. Ils parviennent à prendre le pouvoir à Kaboul en 1996 et tentent d'imposer un type de **théocratie** à l'échelle du pays. Dès le début de leur offensive, l'autorité des talibans est farouchement contestée par d'autres factions qui tentent elles aussi de prendre le pouvoir par les armes. Malgré tout, dans ce contexte de **guerre civile,** l'Afghanistan est plongé dans l'obscurantisme pendant cinq ans, sous la férule du régime taliban **rétrograde,** dont les principales victimes sont les femmes. Dans la foulée des attentats du 11 septembre 2001, une coalition militaire dirigée par les États-Unis envahit l'Afghanistan ; ceux-ci soupçonnent qu'une partie du réseau Al-Qaida s'y entraîne. Défaits, les talibans prennent le **maquis** ou se réfugient au Pakistan. Ils mènent depuis ce temps une **guérilla** contre les armées étrangères présentes sur le territoire afghan et contre le gouvernement mis en place grâce au soutien des États occidentaux.

Taux de participation

Au terme d'un scrutin, pourcentage obtenu lorsqu'on divise le nombre d'électeurs ayant voté par le nombre d'électeurs inscrits sur la liste électorale. Équivalent du vote exercé, ce taux inclut donc les bulletins de vote rejetés (bulletins mal remplis, annulation de son vote par l'électeur, etc.).

Dans les pays capitalistes avancés, le taux de participation est généralement en baisse depuis plusieurs décennies. Les études à caractère démographique décèlent deux déterminants forts du vote : l'âge (plus l'âge augmente, plus la propension à voter est grande) et le niveau de scolarité (plus on est scolarisé, plus les probabilités sont fortes qu'on aille voter). On découvre aussi un effet de génération : avec l'arrivée de chaque nouvelle génération d'électeurs, le désir qu'éprouve celle-ci d'aller voter est de plus en plus faible. Ce phénomène s'expliquerait de deux façons : les cohortes d'électeurs récentes ne considèrent plus le vote comme un devoir moral et elles s'intéressent de moins en moins à l'actualité politique. Les sociétés peuvent tenter de corriger (partiellement) cette tendance en investissant dans l'accès massif à l'éducation, en particulier dans la scolarisation postsecondaire. Des efforts sont également faits afin de faciliter l'accès au vote pour toutes les catégories d'électeurs : extension des heures d'ouverture des bureaux de vote, scrutin sur plusieurs jours (incluant le vote par anticipation), possibilité de voter à domicile, etc. Dans certains pays, comme l'Australie et la Belgique, on a même instauré le vote obligatoire.

≫ **abstention, cynisme**

Technocrate

« Spécialiste » ou « expert », technicien ou gestionnaire, qui fait prévaloir les considérations techniques d'un problème au détriment des conséquences humaines et sociales.

Dans les sociétés contemporaines, de plus en plus complexes, les « connaissances » pointues et la « compétence » des technocrates en font des **acteurs** incontournables et de plus en plus puissants, et ce, dans pratiquement tous les domaines, qu'il s'agisse de l'éducation, de la santé, de la justice, des communications ou de l'économie, entre autres. Sur le plan étatique, par exemple, ce peut être des sous-ministres, des hauts fonctionnaires ou des conseillers de haut rang.

» **mandarins**

Technocratie

▨ Couche sociale ou classe des technocrates.

▨ **Système politique** dans lequel les technocrates exercent un pouvoir prédominant au détriment de la vie politique proprement dite. N'étant généralement pas élus, ni responsables devant les **parlements** ou devant l'opinion publique, les technocrates détournent le pouvoir politique et court-circuitent la démocratie.

Temps modernes

▨ Dans l'histoire occidentale de l'humanité, période de grands progrès inaugurée en Europe, dont la durée fait l'objet de discussions entre divers auteurs. La version «maximale» fait courir les temps modernes de la Renaissance jusqu'à aujourd'hui. Certains situent leur commencement au xviie siècle, d'autres au xviiie. De plus, il y a débat quant à savoir si l'ère des temps modernes est terminée ou non : des intellectuels affirment, en effet, qu'au xxe siècle, nous avons assisté à la faillite de la modernité et que nous sommes entrés dans une autre période, la **postmodernité.**

En quoi consistent donc ces grands progrès accomplis qui ont marqué l'inauguration des temps modernes ? On distingue habituellement :

- le domaine économique : accroissement phénoménal des capacités de production, industrie, extension du **capitalisme** (mercantile d'abord, puis industriel et financier) aux quatre coins de la planète ;

- le domaine géographique : découverte du nouveau continent et de nouvelles routes maritimes ; l'hypothèse de la rotondité de la Terre devient réalité ;

- le domaine scientifique : explosion du savoir scientifique (biologie, médecine, chimie, physique, etc.), invention de l'imprimerie, connaissance des origines de l'humain ;

- le domaine philosophique : fin du monopole de l'Église sur les idées et la pensée, confiance en l'être humain plutôt qu'en Dieu, croyance en la raison, rejet de la superstition ;

- le domaine politique : **État-nation,** extension de l'expérience démocratique, séparation des pouvoirs, reconnaissance des **droits la personne,** formulation de projets de société fondés sur l'égalité et la justice.

Termes de l'échange

» **détérioration des termes de l'échange**

Territoire

▨ Sur le plan politique, désigne un espace délimité par des **frontières,** occupé par une collectivité humaine et sous la **juridiction** d'une **autorité** politique. Le territoire est l'un des éléments constitutifs de l'**État,** bien que tout territoire ne soit pas nécessairement souverain. C'est le cas, par exemple, des anciens territoires coloniaux, des territoires d'outre-mer (TOM) de la République française ou, encore, des territoires canadiens.

▨ Au Canada, dénomination de trois entités géopolitiques de la fédération, soit le Nunavut, les Territoires-du-Nord-Ouest et le Yukon. À la différence des provinces, jusqu'à récemment, les territoires n'exerçaient aucune **compétence législative.** À la suite de longues négociations, le gouvernement fédéral a procédé, en 2003, à une dévolution des pouvoirs qui permet aux assemblées législatives et aux conseils des ministres (jusque-là sous la tutelle du ministère des Affaires indiennes et du Nord) de contrôler des programmes et d'exercer des responsabilités pratiquement semblables à ceux et celles des provinces, en particulier en ce qui concerne la gestion des terres publiques et des ressources (eaux, forêts, mines, etc.).

Terrorisme

▨ Actes violents inspirant la terreur et l'insécurité, commis à des fins politiques : prise d'otage, enlèvement, assassinat, pose de bombes, attentat suicide, piraterie aérienne, etc. Parmi l'arsenal des moyens à la disposition des **acteurs** voulant émouvoir l'opinion publique, déstabiliser un gouvernement ou créer un contexte insurrectionnel, le terrorisme est celui qui est décrié par le plus grand nombre et le plus fréquemment condamné. Les acteurs pouvant pratiquer le terrorisme sont de nature fort variée : individu isolé, organisations clandestines (Al-Qaida, mouvement islamiste, Kahane Chai, mouvement juif extrémiste, secte Aum au Japon, etc.), **mouvement de libération nationale** (ETA basque, PKK kurde, Tigres de libération de l'Eelan Tamoul au Sri Lanka, etc.). Enfin, mentionnons que dans certaines circonstances, des **États** peuvent être accusés de se livrer au terrorisme : démonstration de force militaire, bombardement de populations civiles, occupation militaire, intimidation, exactions et torture exercées par des forces d'occupation, etc.

Théocratie

▨ Au pied de la lettre : «gouvernement par Dieu». Dans les faits, **régime** politique **autoritaire** dans lequel les pouvoirs sont concentrés dans les mains d'un petit groupe (le clergé par exemple) – voire d'un seul homme – tirant sa **légitimité** de la relation privilégiée qu'il entretient avec Dieu ou l'au-delà. On trouve ce type de régime en Iran, par exemple.

Théorie

▨ Du grec *theôrein*, observer. Selon *Le Petit Robert*, «construction intellectuelle méthodique et organisée, de caractère hypothétique (au moins dans certaines de ses parties) et synthétique». Il s'agit de systèmes de représentation basés sur des idées et des concepts abstraits visant à aller au-delà des apparences et ayant pour fonction «de décrire la réalité en la simplifiant, d'expliquer des phénomènes que nous observons et de les unifier en les reliant les uns aux autres» (Guay et Monière, 1987, p. 14). La plupart des théories sont de tendance scientifique ou analytique. Dans ce cas, l'approche se veut objective et la théorie se construit sur l'observation de la réalité, sur des données quantitatives, sur l'expérimentation et l'analyse. Elle s'intéresse à « ce qui est ». Ses buts sont de décrire et d'expliquer un phénomène ou une réalité.

Une théorie peut aussi être de tendance normative. La perspective est alors subjective et une telle théorie se construit sur la spéculation, sur des valeurs ou des croyances. Elle s'intéresse à « ce qui devrait être » et véhicule une morale, un projet, un idéal à atteindre. Ses buts (avoués ou non) sont donc d'influencer, de convaincre et, éventuellement, de transformer ou de changer la réalité. Dans ce cas, la distinction entre théorie et **idéologie** s'estompe. À titre d'exemple, mentionnons les théories racistes, ou créationnistes.

Think tank

▨ Littéralement : « boîte à penser » ou « réservoir d'idées ». Organisme dont l'activité de recherche, d'analyse et de diffusion sert les vues des groupes de pression ou des intérêts particuliers qui l'ont mis sur pied ou le soutiennent. Le Canada compte de nombreux *think tanks*, la plupart identifiés soit à la **droite,** soit à la **gauche.** Dans le premier groupe, notons, parmi les plus connus, l'Institut économique de Montréal, le C.D. Howe Institute et l'Institut Fraser. Dans le second, mentionnons le Canadian Center for Policy Alternatives et l'Institut de recherche et d'informations socioéconomiques (IRIS).

Les *think tanks* interviennent à divers niveaux afin d'influencer les politiques publiques dans un sens favorable aux idées qu'ils mettent de l'avant (idées conformes aux intérêts qu'ils représentent) : présence de leur discours dans les médias, influence sur les autorités, publication d'ouvrages… Toutefois, à la différence des **groupes de pression,** leur travail se concentre avant tout sur la recherche, la réflexion, la production d'études fouillées, etc.

Quand ils sont appuyés par l'entreprise privée ou par de généreux mécènes, les *think tanks* peuvent avoir un budget de plusieurs millions de dollars, recruter des chercheurs très bien rémunérés et compter sur un personnel qualifié pour les tâches afférentes : contacts avec les décideurs (démarchage) ou avec les médias (relations publiques), entretien et mise à jour d'un site Internet, collecte de fonds, secrétariat, etc.

Bien que les *think tanks* traitent très souvent de considérations économiques (fiscalité, finances publiques, indicateurs de croissance et de prospérité, endettement, rôle de l'État, programmes sociaux, etc.), certains peuvent intervenir sur d'autres sujets, comme le développement durable et l'environnement (par exemple, l'Institut Pembina), les enjeux liés à la politique étrangère, la défense et la sécurité (par exemple, la Conference of Defense Association) ou encore les questions morales (par exemple, l'Institute of Marriage and Family Canada).

Ticket

▨ Dans le contexte d'une élection présidentielle aux États-Unis, la paire de candidats (d'un même parti) faisant campagne en équipe, l'un pour gagner le poste de président, l'autre, celui de vice-président. On peut dire également « les deux colistiers ».

▨ Toute liste de candidats d'un même parti, dans le cadre d'un scrutin aux États-Unis.

Tiers état

▨ Dans la France de l'Ancien Régime, soit avant 1789, la société était divisée en trois ordres : la **noblesse,** le clergé et le tiers état, c'est-à-dire les individus issus des couches sociales autres que les deux premières. Le tiers état était donc composé de la **bourgeoisie,** des artisans, des paysans, bref, des personnes qui n'appartenaient pas à l'un des deux ordres dotés de privilèges « naturels » (noblesse et clergé).

Tiers parti

▨ Parti politique de moindre importance sur le plan électoral ou parlementaire. Bien qu'ils ne puissent accéder au pouvoir à court terme, les tiers partis, qui représentent des points de vue et des intérêts minoritaires, peuvent apporter une contribution originale et importante à la vie politique. De plus, ils peuvent participer à des **coalitions** parlementaires ou gouvernementales. Dans le cas où un tel parti détient la **balance du pouvoir,** son rôle au **parlement** peut même être déterminant.

Tiers-monde

▨ Terme qui désigne l'ensemble des pays de la planète n'appartenant ni au club des pays riches et industrialisés ni au bloc communiste que formaient autrefois l'URSS et ses **États satellites.** De façon très sommaire, on pourrait dire qu'il s'agit de l'ensemble des pays d'Afrique, d'Amérique latine et d'Asie (sauf le Japon et l'ex-URSS). L'expression, employée pour la première fois par Alfred Sauvy (1898–1990), découle d'une vision idéologique de la planète datant de la **guerre froide,** vision qui découpe d'abord le globe en deux camps solides, bien structurés et redoutables, puis entrevoit « tous les autres pays », « le reste », « les tierces parties ».

On trouve donc sous le vocable « tiers-monde » un vaste groupe de pays qui n'ont en commun ni les indicateurs économiques (PIB, revenu moyen par habitant, ressources, etc.), ni le poids **géopolitique,** ni le degré de développement, ni les conditions climatiques, environnementales ou démographiques, ni le **régime** ou l'orientation politiques.

Le concept est donc très contesté. On a d'abord suggéré de le remplacer par « les tiers-mondes » pour bien marquer la diversité des situations auxquelles il renvoie. Mais, aujourd'hui, on parle de plus en plus de « la fin du tiers-monde », non seulement comme catégorie, mais aussi comme acteur des relations internationales. Le bloc communiste ayant disparu depuis les événements de 1989–1991, il n'y a plus de **bipolarité,** donc il n'y a plus de raison de parler d'un « troisième » monde.

Par ailleurs, le triomphe du **capitalisme** et de la raison marchande a induit des dynamiques régionales ou continentales plus fortes que tout autre **alignement.** Avec plus ou moins de succès, chaque pays tente de s'insérer dans le marché mondial. Selon leur aptitude à « performer » dans ce **nouvel ordre mondial** et à tirer leur épingle du jeu, les « pays du tiers-monde » seront dorénavant classés dans tel ou tel sous-groupe : **États émergents,** pays exportateurs de pétrole, pays les moins avancés (**PMA**), etc.

Toutes ces catégories font l'objet de critiques, de même que celles qui tentent de se substituer à l'expression « tiers-monde » : le **Sud,** la **périphérie,** les PVD (pays en voie de développement), etc.

Totalitarisme

▨ « Le terme est d'emploi courant depuis 1945 et s'applique aussi bien aux États qu'aux partis ou aux idéologies. Il désigne, en effet, un pouvoir autoritaire et dictatorial dont le caractère principal est d'instituer une dynamique de perpétuation du régime [...] » (Huisman et Le Strat, 1987, p. 151). De façon plus précise, **régime** politique qui tend à dominer la totalité des activités de la société et ne tolère aucune **opposition** organisée. Généralement dirigée par un dictateur et se basant sur une **idéologie** officielle, un **parti unique** et un appareil policier très puissant, l'**autorité** politique y exerce un contrôle serré sur l'information, l'éducation, la religion, l'économie, les arts, les loisirs, etc.

Traité

▨ Convention signée entre deux ou plusieurs pays ou organisations en vue d'atteindre un objectif commun : paix, sécurité, commerce, coopération, etc. D'autres termes sont plus ou moins synonymes de traité : accord, **acte,** charte, convention, déclaration, pacte, **protocole.**

>> **convention**

Transferts fédéraux

▨ Au Canada, sommes d'argent transférées aux **provinces** par le **gouvernement** fédéral dans le cadre de programmes préétablis. Ces transferts sont le produit du déséquilibre fiscal entre les deux ordres de gouvernement et de la volonté du gouvernement fédéral d'assurer, par son intervention, une certaine égalité sociale et économique au sein de la **fédération d'États.** Contrairement à la **péréquation,** gérée sur la base de la richesse relative des provinces, les transferts fédéraux sont déterminés en fonction de critères démographiques. Le plus important de ces transferts est le « Transfert social canadien » dans les domaines de la santé, de l'aide sociale et de l'éducation postsecondaire.

Transfuge

▨ Individu ayant fui son pays d'origine afin de s'établir dans un pays « ennemi ». Habituellement, la personne fait désertion pour des raisons politiques (désaccord avec le **régime** en place dans son pays d'origine).

▨ Par extension, peut désigner une personne qui quitte un parti politique pour rallier un parti rival. Exemples : René Lévesque (1922–1987), transfuge du Parti libéral du Québec ayant fondé le Parti québécois ; Lucien Bouchard, transfuge du Parti conservateur ayant fondé le Bloc québécois ; Jean Charest, transfuge du Parti conservateur ayant pris la tête du Parti libéral du Québec ; Mario Dumont, transfuge du Parti libéral du Québec ayant pris la tête de l'Action démocratique du Québec, etc.

Transnational

▨ Caractère de ce qui ne connaît pas de frontières, qui a la propriété de passer d'un pays à l'autre sans rencontrer d'obstacles. Qui échappe à toute logique nationale.

Troisième voie

▨ Notion avancée à la fin du XXe siècle par le sociologue britannique Anthony Giddens, pour qui le paysage politique se résume en définitive à trois courants : le **néolibéralisme,** la **social-démocratie** traditionnelle et la troisième voie (la nouvelle social-démocratie). Pour Giddens, les deux premiers courants sont des voies sans issue, des options socialement néfastes. Les néolibéraux font preuve de **fondamentalisme** marchand, valorisent un individualisme débridé et ont une faible conscience écologique. Les sociaux-démocrates à l'ancienne, quant à eux, ont été dépassés par la conjoncture et vivent intellectuellement à une autre époque, une ère dépassée, caractérisée par : le **corporatisme,** la domination de la société civile par l'État, un **État-providence** universel protégeant les citoyens du berceau à la tombe, une faible conscience écologique et le collectivisme. D'où la nécessité d'une troisième voie, qui redéfinit certaines valeurs de la gauche et qui élargit son programme en y intégrant des préoccupations très actuelles : démocratiser la démocratie, renouveler la **société civile,** repenser la nation en élargissant sa définition aux différences culturelles, prôner la **gouvernance** mondiale, etc. La troisième voie ou ses variantes ont inspiré diverses formations politiques, à commencer par le *New Labour* au Royaume-Uni, puis le Parti social-démocrate d'Allemagne (SPD, qui propose le concept de *neue Mitte*, ou nouveau centre). Plusieurs analystes considèrent aujourd'hui que les gouvernements qui en sont issus s'inscrivent plutôt à l'enseigne du **social-libéralisme.**

Trust

>> **firme multinationale**

Tyrannie

▨ Forme de **dictature** particulièrement cruelle, arbitraire et autocratique, dont le dirigeant (le tyran) n'hésite pas à user de la terreur et peut exiger que l'on glorifie sa personne.

>> **despotisme**

Ultimatum

▨ Ordre – de faire ou de cesser de faire quelque chose – accompagné d'une date butoir à respecter pour son exécution. Si l'**acteur** (individu, groupe, **État,** etc.) auquel cette sommation est destinée ne s'exécute pas dans le délai imposé, il s'expose à de graves représailles. Plus ou moins synonyme d'**injonction.** Celui qui lance un ultimatum doit s'assurer, préalablement, d'avoir un large éventail de moyens à mettre en œuvre pour le faire respecter, sinon il risque d'y perdre sa crédibilité. À titre d'exemple, on pense à l'attaque anglo-américaine contre l'Irak, déclenchée le 20 mars 2003, un peu plus de deux heures après l'expiration de l'ultimatum.

Unilatéral

▨ Qui n'implique qu'une seule partie, qu'un seul **acteur.** Qualifie une façon de procéder sans consulter, sans tenir compte des autres opinions. En relations internationales, on qualifie d'unilatéral un principe ou une politique étatique qui consiste à prendre des décisions ou à mettre en œuvre des mesures sans considérer les opinions ou les intérêts des autres acteurs concernés. *A contrario*, on parlera de multilatéralisme.

Uninominal

▨ « Mode de scrutin dans lequel l'électeur vote pour un seul candidat. Opposé au **scrutin de liste** » (Grawitz, 1994, p. 374).

    >> **majoritaire uninominal à un tour**

Union africaine

▨ Connue sous le nom d'Organisation pour l'unité africaine (OUA) jusqu'en juillet 2002, l'Union africaine (UA) est une **organisation régionale** regroupant la quasi-totalité des États d'Afrique, soit 54 États. Outre le maintien dans leur intégralité des **frontières** actuelles (issues de la **colonisation**), maintien dont elle a fait un principe en 1964, l'UA se donne pour objectifs de renforcer la coopération entre les pays membres et de favoriser la paix entre eux. L'UA a développé au fil des années une expertise de médiateur dans nombre de **conflits** régionaux ou locaux. Toutefois, son influence reste encore toute relative étant donné que l'intégration continentale est, pour des raisons historiques, peu avancée en Afrique.

Union douanière

▨ Association économique de plusieurs pays permettant entre eux le **libre-échange,** mais pratiquant, face à tous les autres, le **protectionnisme.** L'idée est de créer pour les pays membres un marché commun, protégé des produits étrangers par diverses barrières commerciales, convenues et appliquées conjointement par les membres.

Union européenne

▨ Association économique et politique qui regroupe 28 **États** d'Europe ayant formé entre eux une zone de **libre-échange** protégée (voir **union douanière**) permettant la libre circulation complète des personnes, des marchandises et des capitaux. L'action de ces pays s'est inscrite depuis quelques années dans une dynamique d'intégration qui a conduit à l'adoption d'une monnaie commune, soit l'euro, et qui pourrait mener, éventuellement, à une politique étrangère commune. Dans la même perspective, des luttes sont menées par divers acteurs politiques progressistes pour que l'Europe se dote d'une réglementation économique et d'une politique sociale communes.

L'Union européenne est le résultat d'une évolution qui date d'une soixantaine d'années. Elle a son origine en avril 1951, avec la création de la Communauté européenne du charbon et de l'acier (CECA) par six pays : l'Allemagne, la France, l'Italie et le Benelux (Belgique, Pays-Bas, Luxembourg). Ceux-ci forment, en mars 1957, le marché commun européen, qui n'est plus limité aux seuls secteurs du charbon et de l'acier. « Ainsi naîtra la formule communautaire : un rassemblement d'États, unis par une discipline commune, soumis à l'autorité d'un pouvoir central, s'engageant dans un processus d'intégration progressive qui doit à terme déboucher sur la constitution d'une véritable union européenne » (Rambaud, 1989, p. 68).

Par la suite, on assistera à plusieurs «élargissements»: la Grande-Bretagne, le Danemark et l'Irlande adhèrent en 1973, la Grèce, en 1981, l'Espagne et le Portugal, en 1986, et, enfin, l'Autriche, la Finlande et la Suède en 1995. En février 1992, cette communauté économique devient, par le traité de Maastricht, l'Union européenne, qui tend, depuis cette date, à évoluer lentement vers une forme de **confédération.** Elle est dotée de diverses instances d'ordre exécutif (Conseil et Commission), judiciaire (Cour de justice) ou autre (le **Parlement,** organe consultatif, a aussi un rôle de surveillance). En date du 1er mai 2004, 10 nouveaux membres se sont joints à l'UE, soit Chypre, l'Estonie, la Hongrie, la Lettonie, la Lituanie, Malte, la Pologne, la République tchèque, la Slovaquie et la Slovénie. Enfin, la Bulgarie et la Roumanie ont adhéré à l'Union en 2007. Des négociations officielles avec la Turquie sont en cours depuis décembre 2004 alors que l'Islande, la Croatie et la Macédoine sont des états candidats. L'intégration de républiques de l'Europe de l'Est dans l'Union européenne constitue une autre étape dans une éventuelle liquidation du legs de la **guerre froide.**

Unipolarité

Situation où il n'y a qu'un seul **acteur** dominant face à une multitude d'acteurs secondaires. Par exemple, en relations internationales, le leadership exercé par les États-Unis, seuls vainqueurs de la **guerre froide,** sur les affaires mondiales.

Usurpateur

Celui qui s'approprie de façon illégitime (par la fraude, la magouille, l'intrigue, le grenouillage, la violence, etc.) un titre, un poste ou une fonction qui, légitimement, revient à quelqu'un d'autre.

Utopie

Terme que l'on doit à Thomas More (1478–1535), homme politique et écrivain humaniste anglais, qui a écrit, en 1516, *L'Utopie*, une œuvre mettant en scène la vie de citoyens heureux dans un pays situé nulle part. Le mot a été repris par la suite pour désigner tout projet de **Cité** autre, dotée d'un **gouvernement** parfait. Aujourd'hui, le terme peut désigner tout à la fois une société rêvée, un idéal auquel on croit, un horizon vers lequel l'humanité devrait évoluer.

L'utopie naît du sentiment que l'on a de vivre dans un monde imparfait et oppressant, que l'on refuse. Elle répond à notre désir de transformer sensiblement cette réalité pour qu'elle nous satisfasse enfin. L'utopie est donc un modèle, élaboré afin de critiquer la société sur la base de normes nouvelles, différentes.

Le terme «utopie» peut également être utilisé de façon péjorative pour parler de projets irréalistes, d'ambitions impossibles, d'idées déconnectées, de chimères.

Verts

Terme générique qui désigne un large éventail d'individus associés à des organisations politiques vouées à la défense de l'environnement. De façon plus précise, le même terme peut désigner les partis politiques présents sur la scène électorale de plusieurs pays. À l'exception de l'Allemagne où une coalition arc-en-ciel (verts-rouges-pacifistes) a connu un certain succès entre 1998 et 2005, les partis verts, ici comme ailleurs, ont un poids politique inégal, voire très relatif. Selon Yves Surel, ces partis seraient confrontés à deux types de difficultés majeures. Au plan organisationnel, les structures et la discipline de ces partis seraient assez lâches et les membres méfiants devant tout leadership le moindrement fort. Au plan stratégique, les verts semblent rester le parti d'une cause unique, l'**environnementalisme,** au détriment des autres aspects de la vie en société (justice et affaires sociales, politique étrangère, développement économique, etc.), ce qui contribuerait à les condamner à rester dans la marge au moment des élections (Nay, 2008, p.558). Peut s'ajouter une troisième difficulté liée au **mode de scrutin** : là où on utilise un mode de scrutin majoritaire à un tour, la possibilité pour ces partis de percer et de participer au gouvernement reste très mince.

Veto

En latin, signifie « je m'oppose » : refus de donner son accord. « Acte par lequel un individu ou un organe fait obstacle temporairement ou définitivement à l'application des décisions d'un autre individu ou d'un autre organe » (Debbasch et Daudet, 1992, p. 450).

Le droit de *veto* peut être attribué à une personne (le roi, le chef d'État, le président, etc.) ou à un organe collectif (**parlement, assemblée législative, Sénat,** conseil), voire à un État, en relations internationales. Un droit de *veto* peut être définitif ou suspensif (c'est-à-dire temporaire et pouvant être renversé dans des circonstances très précises).

Le droit de *veto* n'est pas nécessairement un privilège de tenants du pouvoir ; il peut aussi s'avérer un outil précieux, dans le cas, par exemple, où il est attribué à un groupe minoritaire, empêchant ainsi ce que Tocqueville qualifiait de « dictature de la majorité ». On pense, entre autres, à la revendication d'un droit de *veto* pour le Québec quant à d'éventuels changements constitutionnels au Canada.

Vide politique

Sur la scène politique, situation créée par la disparition d'un courant important, d'un projet de société rassembleur, d'un **acteur** très populaire ; absence de choix et d'alternative qui en découle.

Vote

Synonyme de voix (du temps où le vote était public et oral) exprimée lors d'une consultation électorale.

Peut désigner le droit de participer à une consultation électorale.

Peut désigner l'élection elle-même.

Enfin, peut être synonyme du résultat de l'élection.

>> **suffrage**

Vote de censure

En régime parlementaire, vote de l'**Assemblée législative** exprimant un désaveu envers l'exécutif.

>> **motion de censure**

Vote de confiance

En **régime parlementaire, vote** de l'**Assemblée législative** exprimant ou confirmant son appui à l'**exécutif.**

Vote libre (en régime parlementaire de type britannique)

Vote au cours duquel les parlementaires, **députés** ou **sénateurs,** s'expriment librement sans être liés par la **discipline de parti.** Ce type de vote a généralement lieu quand des projets de loi ont des incidences d'ordre moral. Les parlementaires voteront alors selon ce que leur dicte leur conscience. Ce peut être le cas, par exemple, de votes portant sur l'avortement, le mariage entre conjoints de même sexe, l'euthanasie ou, encore, la peine de mort.

Vote par appel nominal

Procédure de vote au sein de certaines **assemblées législatives** où chacun des membres de l'assemblée est nominativement appelé à participer. C'est le cas, sauf exception, au **Parlement** du Canada et à l'**Assemblée nationale** du Québec.

Vote par procuration

Procédure exceptionnelle qui permet à un individu de désigner une autre personne pour exercer, en son nom, son droit de vote.

Vote secret

Ensemble des règles et procédures empêchant que le choix effectué par un électeur soit connu par d'autres que lui. Le vote secret contribue à garantir la liberté de l'électeur et la valeur du résultat final du vote.

Vote stratégique

>> **vote utile**

Vote utile

Comportement d'un électeur qui, sachant pertinemment que le candidat ou le parti auquel va sa préférence n'a aucune chance de l'emporter, accorde plutôt son vote à un candidat ou à un parti pour lequel ce vote peut faire la différence ; il cherche ainsi à empêcher le « pire » candidat ou parti d'être élu. On emploie également l'expression « vote stratégique » pour désigner ce phénomène.

Westphalien (système)

▨ Désigne le système moderne des relations internationales (RI) et donc ses paramètres généraux, de la fin du XVIIᵉ siècle à aujourd'hui. Le terme vient des **traités** signés en 1648 par les puissances européennes, traités qui mettaient fin à la guerre de Trente Ans. Cette guerre visait à unir l'ensemble de l'Europe sous l'autorité de la seule dynastie des Habsbourg d'Autriche et de l'Église catholique. Jusque-là, les RI étaient caractérisées par des rapports hiérarchiques de type féodal, prenant souvent la forme d'empires ainsi que par un droit de regard de la papauté dans les affaires internes des royaumes ou principautés. Les traités de Westphalie vont consacrer les nouveaux principes à la base des RI, soit la souveraineté des États – et donc le principe de non-intervention –, l'égalité formelle des États et l'équilibre des puissances comme principe régulateur, de même que la **sécularisation** de la diplomatie. Ces grands principes sont à la base du droit international moderne.

L'importance, voire la pertinence de cette notion est l'objet de débats parmi les spécialistes des RI, qui plus est dans le contexte actuel. Les phénomènes de **mondialisation** et de **globalisation** font en sorte qu'au moins une des pierres d'assise du système westphalien, soit la **souveraineté** des États, est mise à mal.

Whip

▨ De l'anglais, pour « fouet ». En **régime parlementaire** de type britannique, le whip est un **député** responsable de la cohésion et de la discipline au sein des membres de son **groupe parlementaire.** Il doit s'assurer que chacun des députés de son parti remplit ses fonctions parlementaires (présence en **chambre,** intervention, vote, etc.).

Winner take all

▨ Littéralement : « le gagnant rafle tout ». Situation découlant d'une application étroite et mécanique de la règle de la **majorité,** à savoir que la simple victoire lors d'une élection entraîne la possibilité de contrôler, sans partage, la quasi-totalité des pouvoirs de l'État. Cela crée une distorsion démocratique, dans la mesure où le parti qui gagne les élections – que ce soit avec une simple **pluralité** des votes ou davantage – détient un tel contrôle sur les pouvoirs **exécutif** et **législatif** qu'il n'existe plus aucun contrepoids possible pour les minorités politiques ou nationales. Par exemple, en Afrique du Sud, au début des années 1990, alors que l'ANC négociait avec le gouvernement blanc les modalités du passage à la démocratie et de la fin de l'**apartheid,** la communauté blanche s'inquiétait des effets politiques d'un éventuel balayage électoral par l'ANC (aux élections de 1994, le Congrès national africain a effectivement obtenu 63 % des voix) : quelle place le système démocratique ferait-il aux minorités ? Divers dispositifs ont été négociés pour rassurer ceux qui, selon toute vraisemblance, allaient perdre les élections : exigence d'une majorité qualifiée (des deux tiers) pour pouvoir prendre le contrôle de l'exécutif, droit de *veto* pour les partis minoritaires, etc. Au Québec et au Canada, un gouvernement (minoritaire ou majoritaire) qui, durant la totalité de son mandat, ne procéderait qu'à des nominations partisanes appliquerait la logique du *winner take all.*

Xénophobie

▣ Peur des étrangers. Hostilité – qui peut aller jusqu'à l'agression – à l'égard des personnes de **race,** d'**ethnie** et de culture différentes de la sienne (par exemple, les immigrants, les réfugiés, d'autres ressortissants étrangers).

>> **chauvinisme, racisme**

Yalta

▣ Station balnéaire sur la mer Noire, en Crimée (Ukraine), qui accueillit une importante conférence au sommet entre les chefs d'État américain (Franklin D. Roosevelt), britannique (Winston Churchill) et soviétique (Joseph Staline) en février 1945. Alors que leur victoire sur les **nazis** apparaît évidente, les Alliés ont besoin de discuter de plusieurs questions qui doivent se régler dans les mois qui suivent : le sort réservé à l'Allemagne après sa défaite (occupation, réparations, territoire, gouvernement, etc.), l'ouverture d'un second front contre le Japon afin d'obtenir sa capitulation, la création de l'**ONU** et, enfin, l'avenir des nations européennes libérées et des anciens **États satellites** de l'Axe.

Sur ce dernier point, on a souvent dit que Yalta avait présidé au partage, entre les trois grands, du monde en **zones d'influence.** Cela est plus ou moins exact. D'une part, la dynamique menant à un tel partage est déjà entamée depuis un bon moment et se poursuivra aussi après Yalta. Sur le terrain même, la progression des troupes et les victoires militaires confirment déjà, *de facto*, l'influence prépondérante de tel ou tel allié sur telle ou telle région. D'autres conférences au sommet (Téhéran, en novembre 1943, Moscou, en octobre 1944, Potsdam, en août 1945) permettent également d'aborder les thèmes de l'avenir de l'Europe libérée et des sphères d'influence. D'autre part, il n'a jamais été question lors de cette conférence de constituer des zones d'influence exclusive, mais bien relative. Chacun des Alliés devait, en principe, aider les pays libérés à se reconstruire, en les dotant de régimes **démocratiques** répondant aux aspirations des peuples libérés. Faut-il ajouter que l'interprétation faite de part et d'autre du terme «démocratique» a posé d'énormes problèmes, ce qui, entre autres, a pavé la voie à la **guerre froide.**

Zlea

▣ Zone de libre-échange des Amériques. Projet mis de l'avant par l'**Organisation des États américains (OEA)** visant à réunir l'ensemble des pays de l'Amérique, du nord au sud, sauf Cuba, dans une seule et même aire de **libre-échange.** En 2005, date butoir fixée par l'OEA, les négociations entre les 34 États n'ont pas permis de mener à une entente. Parmi les facteurs qui peuvent expliquer cette situation, mentionnons l'importance des enjeux, le poids des États-Unis au sein d'une telle organisation, les difficultés économiques et sociales engendrées par les politiques néolibérales dans les pays du Sud ainsi que l'élection de dirigeants progressistes dans plusieurs pays d'Amérique latine (Brésil, Venezuela, Argentine, Bolivie, Chili, etc.). D'autre part, depuis plusieurs années, certaines organisations commerciales régionales ont pris forme et il n'est pas dit qu'elles céderont facilement le pas à la ZLEA : **Mercosur,** Caricom, Pacte andin, **ALENA,** etc. Enfin, un **mouvement social** d'opposition à cette dynamique de **mondialisation** fortement imprégnée de **néolibéralisme** et de **néocolonialisme** s'interroge quant à l'identité des véritables bénéficiaires de cette éventuelle ZLEA.

Zone d'influence

Synonymes : sphère d'influence, sphère d'intérêt. Vaste territoire comprenant plusieurs pays, plus ou moins assujettis à l'autorité d'une grande puissance mondiale ou régionale, souvent située non loin de là. Ainsi, la zone d'influence est un ensemble de pays constituant la chasse gardée d'un État puissant, c'est-à-dire un espace où cet État est la seule puissance étrangère à pouvoir agir, sans entraves ni ingérence de la part d'une autre puissance. La zone d'influence est donc généralement le résultat d'une politique **impérialiste** menée par un État puissant, qui a recours à des pressions d'ordre essentiellement politique et économique, les moyens militaires n'étant mis en œuvre qu'en cas de crise.

« La constitution de zones d'influence est un moyen de domination pouvant offrir des avantages, tels que l'amélioration de la sécurité de l'État par la création d'un **glacis,** l'accroissement de son poids sur le plan international grâce aux moyens supplémentaires que lui apporte sa sphère d'intérêt et l'assurance de trouver à l'étranger certaines matières premières ainsi que des débouchés pour une partie de ses exportations. Aussi est-elle fréquemment recherchée dans la vie internationale par des États désireux d'affirmer leur puissance » (Kiss, 2002, p. 4960).

Voyons quelques exemples. L'arrière-cour des États-Unis (c'est-à-dire le Mexique, l'Amérique centrale et une grande partie des Antilles) forme une des zones d'influence américaines. La France compte une zone d'influence en Afrique francophone (Sénégal, Côte-d'Ivoire, Gabon, Centrafrique, Tchad, etc.). Toute l'Afrique australe est réputée zone d'influence sud-africaine. La Communauté des États indépendants (**CEI**) peut être considérée comme la zone d'influence de la Russie.

Zone franche

Dans un pays donné, territoire bien délimité à vocation commerciale et industrielle, généralement situé près d'un port ou d'un aéroport, où le gouvernement a choisi de réduire sensiblement les entraves à la liberté de produire et de faire du profit afin d'y encourager l'établissement de firmes étrangères ou locales et de stimuler l'activité économique nationale.

Les incitatifs offerts par les gouvernements dans les zones franches peuvent être de divers ordres : ne pas imposer de taxes ni de formalités douanières, ne pas surveiller de trop près les méthodes de production ni les conditions de travail, autoriser le rapatriement des bénéfices, permettre aux étrangers d'être propriétaires de biens fonciers et immobiliers, etc.

>> **maquiladoras, paradis fiscaux**

B ibliographie

ALBERTINI, Jean-Marie, et Ahmed SILEM. *Lexique d'économie*, Paris, Dalloz, 1995, 574 p.

ALCAUD, David, et Laurent BOUVET, dir. *Dictionnaire de sciences politiques et sociales*, Paris, Dalloz, 2004, 411 p.

ALPE, Yves, et autres. *Lexique de sociologie*, Paris, Dalloz, 2005, 329 p.

BALLANFAT, Paul. *Le petit Retz de l'islam*, Paris, Retz, 1988, 159 p.

BOISVERT, Yves. *Le postmodernisme*, Montréal, Boréal, 1995, 123 p.

BOUDON, Raymond, dir. *Dictionnaire de la sociologie*, Paris, Larousse, 1993, 280 p.

CADTM. *Les chiffres de la dette*, [En ligne], www.cadtm.org/IMG/pdf/TAP_les_chiffres_de_la_dette_7_avril_2009.pdf (Page consultée le 30 juin 2010)

CLARKE, Harold, Jane JENSON, Lawrence LEDUC et Jon H. PAMMETT. *Absent Mandate: Canadian Electoral Politics in an Era of Restructuring*, Toronto, Gage, 1996, 196 p.

COMMISSION FRANÇAISE JUSTICE ET PAIX. *Les 100 mots du développement et du tiers monde*, Paris, La Découverte, 1990, 328 p.

COMMISSION MONDIALE SUR L'ENVIRONNEMENT ET LE DÉVELOPPEMENT (ONU). *Notre avenir à tous*, Montréal, Les Éditions du Fleuve/Les Publications du Québec, 1988, 454 p.

DEBBASCH, Charles, et Yves DAUDET. *Lexique de politique*, Paris, Dalloz, 1992, 465 p.

DENEAULT, Alain. *Offshore: paradis fiscaux et souveraineté criminelle*, Montréal, Écosociété, 2010, 119 p.

DENQUIN, Jean-Marie. *Science politique*, Paris, PUF, 1985, 415 p.

DENQUIN, Jean-Marie. *Vocabulaire politique*, Paris, PUF, 1997, 127 p. (Coll. Que sais-je?, n° 3268).

DESCHÊNES, Gaston. *L'ABC du Parlement: Lexique des termes parlementaires en usage au Québec*, Québec, Les publications du Québec, 1992, 103 p.

DIONNE, Bernard, et Michel GUAY. *Histoire et civilisation de l'Occident*, Montréal, Études Vivantes, 1994, 537 p.

DUVERGER, Maurice. *Institutions politiques et droit constitutionnel*, Paris, PUF, 1971, tome 1, 520 p. (Coll. Thémis).

ÉTHIER, Diane. *Introduction aux relations internationales*, Montréal, Presses de l'Université de Montréal, 2006, 298 p.

FONTAINE, André. «Guerre froide», *Encyclopédie Universalis*, Paris, Encyclopædia Universalis, 1989, tome 11, 1053 p.

GÉLÉDAN, Alain, et autres. *Dictionnaire des idées politiques*, Paris, Dalloz, 1998, 405 p.

GÉLINAS, Jacques B. *Dictionnaire critique de la globalisation*, Montréal, Écosociété, 2008, 303 p.

GÉLINAS, Jacques B. *La globalisation du monde*, Montréal, Écosociété, 2000, 340 p.

GÉRÉ, François. *Dictionnaire de la pensée stratégique*, Paris, Larousse/Bordas, 2000, 318 p.

GRAWITZ, Madeleine. *Lexique des sciences sociales*, Paris, Dalloz, 1994, 384 p.

GRAWITZ, Madeleine. *Méthodes des sciences sociales*, Paris, Dalloz, 1990, 1140 p.

GUAY, Jean H., et Denis MONIÈRE. *Introduction aux théories politiques*, Montréal, Québec Amérique, 1987, 197 p.

HARNECKER, Marta. *Les concepts élémentaires du matérialisme historique*, Bruxelles, Contradictions, 1974, 258 p.

HCR. 2009 *Global Trends: Refugees, Asylum-seekers, Returnees, Internally Displaced and Stateless Persons*, Country data sheets, 2009, [En ligne], www.unhcr.org/4c11f0be9.html (Page consultée le 15 juin 2010)

HENTSCH, Thierry. *Introduction aux fondements du politique*, Sainte-Foy, Presses de l'Université du Québec, 1993, 115 p.

HERMET, Guy, et autres. *Dictionnaire de la science politique et des institutions politiques*, Paris, Armand Colin, 1998, 285 p.

HUISMAN, Denis, et Serge LE STRAT. *Le petit Retz des nouvelles idées en philosophie*, Paris, Retz, 1987, 159 p.

HUNTZINGER, Jacques. *Introduction aux relations internationales*, Paris, Seuil, 1987, 358 p.

Idéologies et régimes politiques, Ottawa, MGL, 1992, 929 p.

JULIA, Didier. *Dictionnaire de la philosophie*, Paris, Larousse, 1984, 304 p.

JURDANT, Michel. *Le défi écologiste*, Montréal, Boréal, 1984, 432 p.

KISS, Alexandre. «Zone d'influence», *Encyclopédie Universalis*, Paris, Encyclopædia Universalis, 2002, Tome 28, 4968 p.

LACOSTE, Yves. *Dictionnaire de géopolitique*, Paris, Flammarion, 1993, 1679 p.

LAMOUREUX, Diane. « Le patriotisme constitutionnel et les États multinationaux », dans François BLAIS, Guy LAFOREST et Diane LAMOUREUX. *Libéralismes et nationalismes*, Sainte-Foy, Presses de l'Université Laval, 1995, p. 131–144.

LÉVESQUE, René. *Option Québec*, texte précédé d'un essai d'André Bernard, Montréal, Éditions de l'Homme, 1988, 252 p.

MACLEOD, Alex, et autres, dir. *Relations internationales. Théories et concepts*, Outremont, Athena éditions, 2008, 573 p.

MANN-TROFIMENKOFF, Susan. *Visions nationales*, Montréal, Éditions du Trécarré, 1986, 455 p.

MONIÈRE, Denis. *Pour comprendre le nationalisme au Québec et ailleurs*, Montréal, Presses de l'Université de Montréal, 2001, 148 p.

MOREAU-DEFARGES, Philippe. *Les grands concepts de la politique internationale*, Paris, Hachette, 1995, 158 p.

NAY, Olivier. *Lexique de science politique : vie et institutions politiques*, Paris, Dalloz, 2008, 576 p.

NOËL, Lise. *L'intolérance, une problématique générale*, Montréal, Boréal, 1998, 308 p.

PARENTEAU, Danic, et Ian PARENTEAU. *Les idéologies politiques. Le clivage gauche-droite*, Québec, Presses de l'Université du Québec, 2008, 194 p.

PELLETIER, Réjean. *Partis politiques et société québécoise. De Duplessis à Bourassa*, Montréal, Québec Amérique, 1989, 397 p.

PETRELLA, Ricardo. *Le bien commun, éloge de la solidarité*, Paris, Labor, 1998, 93 p. (Coll. Quartier libre).

PIRIOU, Jean-Paul. *Lexique de sciences économiques et sociales*, Paris, La Découverte, 1996, 120 p.

POLITZER, Georges. *Principes élémentaires de philosophie*, Paris, Éditions sociales, 1977, 286 p.

PRÉLOT, Marcel, et Georges LESCUYER. *Histoire des idées politiques*, Paris, Dalloz, 1990, 954 p.

RAMBAUD, Patrick. « Europe Occidentale », *Encyclopédie Universalis*, Paris, Encyclopædia Universalis, 1989, tome 9, 1007 p.

REEBER, Michel. *L'Islam*, Toulouse, Milan, 1995, 63 p. (Coll. Les Essentiels Milan).

REY, Alain, dir. *Dictionnaire historique de la langue française*, Paris, Le Robert, 1992, 4304 p.

ROBERT, Anne-Cécile. « Peu(ple) leur chaud », *Le Monde diplomatique*, 50e année, n° 596, novembre 2003, p. 7.

SEITHER, Grégoire. *Repères historiques, Eisenhower et le complexe militaro-industriel*, [En ligne], www.voltairenet.org/article15891.html (Page consultée le 29 janvier 2010)

SMOUTS, Marie-Claude, et autres. *Dictionnaire des relations internationales*, Paris, Dalloz, 2006, 553 p.

SOPPELSA, Jacques, dir. *Lexique de géopolitique*, Paris, Dalloz, 1988, 277 p.

TAYLOR, Charles. *Rapprocher les solitudes : Écrits sur le fédéralisme et le nationalisme au Canada*, Sainte-Foy, Presses de l'Université Laval, 1992, 233 p.

VENNE, Michel. « Point-virgule », *Le Devoir*, 23 juillet 2001, p. A6.